LES DOUZE PREMIERS MOIS DE
MON ENFANT

Couverture

- Photographie:
  ANTOINE DESILETS

- Maquette:
  MICHEL BÉRARD

Maquette intérieure

- Conception graphique:
  MICHEL BÉRARD

DISTRIBUTEURS EXCLUSIFS:

- Pour le Canada:
  AGENCE DE DISTRIBUTION POPULAIRE INC.*
  955, rue Amherst, Montréal H2L 3K4 (tél.: 514-523-1182)
  *Filiale de Sogides Ltée

- Pour la France et l'Afrique:
  INTER-FORUM
  13, rue de la Glacière, 75013 Paris (tél.: 570-1180)

- Pour la Belgique, la Suisse, le Portugal, les pays de l'Est:
  S.A. VANDER
  Avenue des Volontaires 321, 1150 Bruxelles (tél.: 02-762-0662)

LES DOUZE PREMIERS MOIS DE
MON ENFANT

Centre de recherches sur l'enfance de Princeton
sous la direction de Frank Caplan

Traduit de l'anglais par Carol Dunlop-Hébert

Préface de Thérèse Gouin-Décarie

Photographies d'Antoine Desilets

LES ÉDITIONS DE L'HOMME *

CANADA: 955, rue Amherst, Montréal H2L 3K4

*Division de Sogides Ltée

TABLE DES MATIÈRES

PRÉFACE

Celui qui cherche à pénétrer l'univers du jeune enfant avant le stade de la parole se heurte à une série de difficultés qui ressemblent étrangement à celles que peut connaître l'anthropologue. Appelé à saisir la mentalité, les signes sociaux, les désirs inexprimés d'un individu dont tout le sépare (la culture, la langue, l'habitat, etc.), l'anthropologue doit se dépouiller de lui-même et devenir extraordinairement attentif à l'autre. Or le bébé nous est bien plus étranger que ne peuvent l'être l'Intha de Birmanie ou le Maori de Nouvelle-Zélande, car son univers diffère radicalement du nôtre.

Le nourrisson possède bien sûr des capacités perceptives extraordinairement précoces qui le rapprochent de nous; ainsi cette balle rouge que vous agitez dans son champ de vision, il peut dès les tout premiers jours de la vie la suivre des yeux; ses mains toutefois ne pourront la saisir qu'aux environs de quatre ou cinq mois. Imaginez, ne fût-ce que quelques instants, que votre monde soit peuplé d'objets usuels fascinants, désirables et totalement insaisissables . . . Cette mère à qui il sourit au début du deuxième mois et qu'il réclame parfois par des pleurs et des cris, il ne peut l'imaginer dans l'espace et le temps dès qu'il ne la touche plus, ne l'entend plus ou ne la voit plus. Elle cesse alors d'exister pour lui et retourne à un «nulle part» d'où heureusement il peut à l'occasion la faire resurgir. Mais combien fragile serait notre univers d'adulte si les rêves n'y avaient de permanence que dans le prolongement de nos actions . . .

C'est ce monde insolite que nous invitent à déchiffrer les auteurs du volume: Les douze premiers mois de mon enfant. Ils y décrivent minutieusement, dans un langage dépouillé de termes techniques, l'évolution motrice, verbale, intellectuelle et sociale de l'enfant depuis la première semaine de la vie jusqu'à l'âge d'un an.

Le volume a exigé deux années de travail, c'est peu quand on considère la masse de documents qui ont dû être analysés, rejetés, retenus et finalement vulgarisés. La qualité essentielle du texte reste en effet son accessibilité jointe à une rigueur scientifique tout à fait exceptionnelle pour ce genre d'ouvrage. Quelques erreurs se sont bien glissées ici et là. L'enfant de cinq mois ne comprend pas son propre nom, tout au plus peut-il répondre à l'intonation de la voix habituellement utilisée quand on l'appelle. Dix mois n'est pas le mois de l'imagination, c'est plutôt le mois de l'imitation: l'enfant de cet âge répète plus qu'il ne symbolise. Mais ces inexactitudes — et quelques autres — sont secondaires et leur portée, minime. Ce qui n'est pas secondaire et doit être souligné ici, c'est la mise en garde incessante des auteurs à propos des différences individuelles. Ainsi, les quelque douze tableaux de développement résumant les acquisitions caractéristiques de chaque mois sont tous accompagnés du même avertissement: «Il ne faut pas considérer ce tableau comme un calendrier rigide. Les bébés sont imprévibles. Beaucoup commencent à pratiquer une activité plus tôt ou plus tard que la date indiquée au tableau.»

Cette mise en garde reflète la philosophie profonde des auteurs. D'une multitude de façons, ils font saisir aux parents que chaque bébé est une personne, distincte de toutes les autres personnes, et qui, dès les premiers jours de la vie, a sa personnalité propre. On ne saurait donc généraliser leurs conseils car il n'existe pas de recette miracle applicable à tous les bébés. En éducation, il n'existe aucune recette.
Dire: «Il faut maintenant agir ainsi avec Alexandre et Natacha puisqu'ils ont tous deux six mois . . .», c'est oublier que ce qui vaut pour l'un pourra être prématuré ou déjà dépassé pour l'autre. Les indices révélateurs du point précis où en est tel bébé dans son propre développement, lui seul peut les fournir. Pour le suivre pas à pas tout en le soutenant dans ses innombrables tentatives de construction du réel, il faut le regarder, l'écouter, répondre à ses signaux, l'aimer . . . Aucun livre ne

peut apprendre cela aux parents, mais aucun livre n'apporte autant de joie . . .

Les douze premiers mois de mon enfant *n'en constitue pas moins un admirable guide qui permet de découvrir l'extraordinaire complexité de la première année, ce moment essentiel durant lequel, selon Konrad Lorenz, l'enfant se joint à l'espèce humaine.*

Ne lisez surtout pas cet ouvrage d'un seul trait, mais mois par mois à mesure que vous et votre bébé avancerez ensemble dans la vie . . . et bon voyage.

Thérèse Gouin-Décarie, Ph.D.,
professeur titulaire,
Département de psychologie,
Université de Montréal

INTRODUCTION

La naissance de votre enfant est le début d'une année jalon-née d'expériences nouvelles aussi bien pour vous que pour le nouveau-né. Au cours de l'année, celui-ci apprendra quasi mi-raculeusement les rudiments du contrôle physique, de la pensée, de la communication et des rapports sociaux. La première enfance est une période très spéciale de la vie. Com-paré aux autres petits animaux, le bébé humain dépend singu-lièrement de ses parents, car son système moteur, et plus particulièrement ses mains, est doté d'une flexibilité qu'il ne pourra maîtriser qu'au bout de quelques années. Il doit donc explorer le monde qui l'entoure sans s'y engager physiquement. Mais son impuissance physique devant ses perceptions nou-velles, auditives, olfactives et tactiles est souvent source de frustrations, non seulement pour lui mais aussi pour ses parents. Fort heureusement, l'enfant aura amplement le temps d'assimiler l'essentiel pour faire face aux complications de la vie, tandis qu'il est encore sous la protection des parents. Nous espérons que Les douze premiers mois de mon enfant *vous aideront à profiter pleinement des plaisirs que peut vous procurer cette période critique. Pendant que vous lirez les diffé-rents chapitres, n'oubliez pas que le premier mois de la vie comprend les trente jours qui suivent la naissance, au bout desquels l'enfant aura un mois; le deuxième mois, la période qui s'étend de trente à soixante jours et ainsi de suite. A la fin du douzième chapitre, le bébé fêtera son premier anni-versaire.*

Au cours des douze prochains mois, vous verrez votre enfant changer plus rapidement et travailler plus fort qu'à toute autre période de la vie. Il a beaucoup de choses à apprendre. Au bout de six mois environ, il aura sans doute appris à s'asseoir seul, à atteindre et à s'emparer d'un jouet, à reconnaître certains visages, à sourire, à rire et à tenir son bout de conversation à l'aide de babillements et de gazouillements. A la fin de l'année, il pourra probablement se tenir debout, marcher, manier un jouet ou une cuiller, prononcer quelques mots, et, puisqu'il est un être sociable, il pourra faire la différence entre les étrangers et les gens qui comptent dans sa vie. Il se sera fortement attaché à certaines personnes. Il aura même adopté un horaire «adulte», mangeant trois repas par jour, faisant une sieste dans l'après-midi et consacrant la nuit entière au sommeil. Il aura appris que quand il entend un bruit, il y a quelque chose à voir; que la main peut saisir des objets; et que les objets qu'il peut prendre dans sa main continuent d'exister même quand il ne les touche pas ou quand il ne les voit pas. Il aura commencé à distinguer cette partie du monde qui est «lui» de la partie qui lui est étrangère, et appris comment agir sur ces deux parties.

Comment tout cela s'accomplit-il? Jusqu'à un certain point, c'est un processus naturel de développement, dans lequel on retrouve les mêmes successions de stades pour tous les bébés, de tous les pays. Ce développement s'accomplit d'après un cheminement qui va de la tête aux pieds: les muscles des yeux sont les premiers que l'enfant peut contrôler, suivis des muscles du visage et du cou et ensuite de ceux du torse et des jambes. Le développement suit également un cheminement du centre du corps vers l'extérieur, du torse jusqu'au bout des doigts. A un stade donné, le bébé fait des mouvements avec ses bras, se sert de ceux-ci pour s'asseoir ou pour se saisir des jouets suspendus au-dessus de son lit. Un peu plus tard, il peut contrôler ses poignets, ses doigts et ses pouces de façon à pouvoir prendre et relâcher les objets avec une plus grande précision.

Le moment précis où les différents stades se produisent chez l'enfant varie d'un enfant à l'autre. Tous les enfants ne s'asseoient pas, ne sourient pas ou ne tendent pas la main vers un objet au même âge. Ne vous attendez pas à ce que votre bébé se conforme à un calendrier de progrès quelconque. Il ne faut jamais oublier que chaque bébé se développe à son rythme propre et selon son style particulier. Chaque bébé est un être à part. Tel enfant, par exemple, peut être fortement motivé à développer son système moteur; pour peu que sa mère soit inexpérimentée, elle s'affolera peut-être de ce que son bébé dépasse de plusieurs mois les accomplissements «normaux» des bébés de son âge dans ce domaine. Cependant, cette même précocité existe également chez d'autres enfants. C'est pourquoi le modèle statistique du bébé de tel ou tel âge ne doit pas servir de critère absolu. A la naissance, le bébé possède déjà ses motivations essentielles. Il a un désir de survivre, il veut s'adapter à son entourage et plaire. Cependant, même le tout jeune nourrisson cherche activement l'encouragement et la stimulation dans son milieu. Loin d'être passif, le bébé se démène pour maîtriser le monde qui l'entoure et pour s'y identifier: il sera ce qui résultera de l'interaction continue de son hérédité unique et de son univers.

Dès la naissance, les différences entre les individus sont déjà très apparentes et déterminent déjà votre attitude envers le nouveau-né. Les bébés sont déjà des individus distincts et suffisamment pour vouloir exercer leurs talents naissants tout seuls de temps en temps. Non seulement y a-t-il des moments où ils n'ont pas besoin d'un adulte, mais il y a aussi des moments où ils ne désirent pas la présence de leur mère ou de leur père. Il y a par ailleurs des bébés qui semblent demander à être dorlotés constamment. Au cours des premières semaines, ces différences se remarquent moins que la similitude entre les besoins des bébés ou entre leurs réactions quand ces besoins ne sont pas satisfaits. Plus tard, quand les coutumes, la culture et même la classe sociale joueront un rôle plus signifiant, il y aura moins de similitude entre les besoins des différents bébés et leur croissance. Quoi qu'il en soit, des particularités marquées, apparaissant très tôt, peuvent être très stimulantes pour le bébé ainsi que pour les parents qui reconnaîtront ce qui distingue leur bébé des autres. Jouissez donc du temps que vous passez en sa compagnie et respectez-le en tant que personne à part entière. Si vous n'oubliez pas ce dernier détail, vous n'aurez pas à vous sentir coupable quand vous entrerez en conflit avec votre nouveau bébé, précieux, mais non sans ressources.

Puisque vous, aussi bien que votre bébé, êtes unique, vous devrez trouver vous-même la bonne façon de vous comporter avec votre bébé. La science ne peut pas faire les mêmes recommandations à deux millions de personnes, parce que chaque bébé se développe dans un milieu donné. Il serait impensable de conseiller à des gens de cultures totalement différentes de nourrir ou d'élever leurs enfants de la même façon; pas plus qu'on ne saurait conseiller à des gens de même culture d'appliquer une discipline identique à leurs enfants. Chaque famille comporte des personnalités et une ambiance bien à elle. Les parents sont, sans aucun doute, ceux qui exercent l'influence la plus importante au cours de la première année. Pour ne citer qu'un exemple, la capacité de l'enfant à exiger et à obtenir une réponse de son environnement immédiat, s'apprend d'abord au cours de l'échange mère-enfant. Avant que l'enfant n'arrive à maîtriser le monde dans lequel il vit, il faut qu'il sente qu'un être aimé puisse répondre à ses efforts. La qualité des rapports mère-enfant et leur interaction au cours des toutes premières semaines déterminent en grande partie la bonne marche ou le blocage du développement de la première année. Aucun enfant n'est condamné à la naissance à devenir névrosé, à condition que son entourage lui permette de développer à plein son potentiel intellectuel et lui donner une enfance heureuse, stimulante et saine; à condition aussi que les capacités d'aimer et d'être aimé soient apprises dès les tout premiers rapports avec les parents. On interdisait à nos parents de prendre leurs enfants dans leurs bras ou de les dorloter, sous prétexte que l'enfant devenait ainsi un enfant gâté. Nous nous rendons compte maintenant que prendre plaisir à jouer avec l'enfant lui fait non seulement plaisir, mais le prédispose à jouir ultérieurement de ses rapports avec autrui.

Il n'y a pas de règles strictes dans ce domaine: vos instincts, vos réactions et vos intuitions personnels peuvent être très justes comme les suggestions idéales d'une «autorité» peuvent s'avérer fausses. Chaque bébé est une expérience unique pour une mère. Les jeunes parents avisés tiennent autant compte des indices que fournit le bébé sur ses besoins que des «modèles» que l'on trouve dans les publications sur l'enfance. Les lignes générales de la croissance et du développement sont universelles, mais les détails, dans chaque cas, sont de la compétence des parents, qui doivent répondre aux besoins précis de leur enfant, à chaque stade de sa vie.

Une fois que les jeunes parents se seront familiarisés avec l'immense éventail des comportements infantiles normaux, ils comprendront mieux le pourquoi et le comment de chaque étape de développement décrit dans ce livre. Il est utile de savoir que l'état du bébé — qu'il pleure, qu'il ait faim, qu'il ait sommeil, qu'il soit actif ou alerte, — exerce une plus grande influence sur son comportement pendant les trois premiers mois que par la suite; que quand le bébé pleure, ce n'est pas nécessairement parce qu'il est fâché contre sa mère, mais peut-être bien parce que son incapacité à se débattre dans le monde qu'il commence à percevoir le frustre énormément. Dans notre société moderne, la jeune mère est presque obligée d'en savoir plus long sur son enfant que ne l'étaient sa mère ou sa grand-mère. Elle doit, en effet, rester seule avec son enfant pendant de grandes périodes de temps sans les conseils et le divertissement des grands-parents, tantes et cousines qui caractérisent la famille plus large d'antan. La seule issue possible pour la nouvelle mère est peut-être de jouir pleine-ment des instants passés avec l'enfant — plaisir qu'on décou-vre quand on s'ouvre en toute confiance à l'enfant et à ce qu'il peut nous apprendre.

Ce livre donne des renseignements sur le développement de tous les enfants. Chaque chapitre est consacré au dévelop-pement précis se produisant à l'intérieur de chaque mois et plus particulièrement au niveau du système moteur, du langage, des facultés mentales et sociales.

En plus de souligner le rôle et l'importance de l'interaction parent-enfant, l'influence et l'importance de l'environnement, chaque chapitre expose un événement spécial, susceptible d'apparaître au cours du mois ou dans les mois très prochains, même si le même sujet est traité ailleurs. Le seul aspect des soins proprement dits auquel nous touchons est l'alimen-tation, puisque la mère y consacre beaucoup de temps et que la façon dont la mère nourrit son enfant est très étroitement liée à son comportement envers celui-ci.

Nous n'avons pas établi de «moyennes», puisque c'est chose faite depuis quelques décennies déjà. Nous avons plutôt essayé d'initier les parents aux énormes différences qui exis-tent entre des bébés parfaitement normaux. Comme le petit de l'homme est si «inconnu» et changeant, nous avons puisé à même les livres, les articles, les monographies, les études et les communiqués professionnels.

La recherche sur l'enfance est passionnante, instructive, exigeante. C'est cependant un domaine tout neuf, et les outils de recherche en sont encore au stade expérimental. L'échantillon établi en laboratoire, d'après des tests tirés de situations inflexibles, rejette parfois dans l'ombre l'individualité vitale de l'enfant. Nous avons donc choisi de tempérer quelque peu ce livre en y incluant les observations qu'ont fait au cours des années des scientifiques et des pédiatres connus, comme le docteur T. Berry Brazelton du Centre des études cognitives de l'université Harvard.

Ce livre veut décrire l'ordre naturel du développement de l'enfant. Il ne faut surtout pas y chercher un horaire ou un calendrier inflexibles. A l'intérieur de cet ordre naturel, il faudra que vous et votre enfant découvriez ce qui lui convient le mieux. Pour des fins pratiques, nous disons premier mois, mais ne vous fiez pas trop au calendrier: le stade qui correspond au premier mois ici peut en fait durer plus ou moins longtemps selon l'enfant.

Un mot sur le genre. Un jour, ceux qui écrivent des livres sur les soins à donner aux enfants découvriront peut-être un terme qui englobe les pronoms il et elle. En attendant, nous utilisons, comme le veut l'usage, le pronom masculin «il» pour désigner les deux sexes en vous assurant, si vous avez une petite fille, que tout ce que nous disons de «lui» s'applique aussi bien à «elle», à moins de traiter d'un sujet où le sexe peut faire une différence.

Nous espérons que les pères liront ce livre aussi attentivement que les mères. Le rôle du père peut sembler restreint pendant la première année; il est pourtant d'une importance capitale et que nous essaierons d'expliciter. Le malaise de toute une génération a peut-être été, en fin de compte, de manquer de la fermeté, de l'amour et de l'appui du père. Le père et la mère doivent prendre les décisions concernant le bébé ensemble.

Que vous soyez de nouveaux parents ou des parents déjà expérimentés, nous aimerions vous donner un aperçu du monde de l'enfant qui vous aide à mieux y participer et à mieux en profiter tous ensemble. En même temps, nous aimerions vous aider à surmonter vos hésitations et vous donner plus de confiance que n'en ont eu les mères et les pères de la génération de nos parents. Nous aimerions vous aider à devenir des parents qui peuvent donner d'eux-mêmes à leurs enfants en tant qu'individus à part entière, mais qui peuvent par ailleurs dire «non» aussi bien que «oui»; et des parents qui sauront aussi les laisser aller sans crainte au bon moment. Entre-temps, nous voulons vous aider à choisir un style de vie et d'apprentissage avec votre bébé qui soit personnel, en vous offrant tout l'éventail des comportements normaux chez les enfants aussi bien que des différentes façons de les élever.

LA PREMIÈRE SEMAINE

LE NOUVEAU-NÉ

La future maman se représente souvent son premier bébé sous les traits séduisants du charmant nourrisson de trois ou quatre mois qu'elle admire depuis des années dans les magazines. Elle a tôt fait de découvrir à la naissance ou lors de la première tétée que son petit est loin de ressembler à cette image-là. Heureusement, elle fait en même temps une découverte merveilleuse qui lui fait oublier sa déception: son bébé n'est pas l'impuissante et anonyme créature que les définitions scientifiques peuvent laisser croire à l'occasion.

L'accouchement est aussi difficile pour le bébé que pour la mère. C'est une véritable lutte qui dure de quatre à vingt-quatre heures à la fin de laquelle le nouveau-né fait son apparition tout maculé du sang de la mère et recouvert d'une épaisse couche blanche et graisseuse, appelée *vernix*, qui lui permet de se glisser hors du vagin.

Il est loin d'être en beauté. Sa peau est parfois décolorée; elle est froissée et flétrie et pèle souvent aux endroits plissés, comme les mains et les pieds. Certains nouveau-nés sont munis de réserves supplémentaires de chair, dont une partie est constituée d'eau, et qui leur donnent un aspect plutôt gras. Cette condition aide l'enfant à se maintenir jusqu'à ce qu'il soit en mesure d'absorber de la nourriture. A mesure que dans la première semaine cette couche supplémentaire disparaît, la peau pèle et craquèle.

En plus des cheveux, le nouveau-né a parfois le corps recouvert d'un fin duvet foncé, appelé *lanugo.* Ces poils, emmêlés avec le vernix, lui donnent une apparence bizarrement engluée. Même ses joues, ses oreilles, ses épaules et son dos peuvent être recouverts de duvet. Le lanugo, vestige de nos ancêtres les singes, disparaît au plus tard vers le quatrième mois, pour laisser la peau douce et lisse.

La tête du nouveau-né n'est pas non plus la plus belle chose du monde. La partie supérieure du crâne est parfois enflée à cause de la pression exercée contre le bassin pendant les dernières heures de travail; la tête elle-même a souvent la forme d'un melon pointant vers l'arrière. Cependant, comme le bassin de la mère est en général d'un pouce [2,5 cm] moins large que la tête de l'enfant, cette déformation est extrêmement utile en ce qu'elle permet aux os crâniens de se chevaucher sans endommager le cerveau lors du passage de la tête dans le vagin.

En général, la description du nouveau-né rappelle celle d'un boxeur. Son visage est parfois bouffi et bleuâtre; les oreilles peuvent être collées contre la tête dans des positions bizarres — aplaties contre les joues par exemple; le nez, écrasé et de travers à la suite du passage dans le bassin; les yeux bouffis; les paupières, enflées; et les tempes et les joues, recouvertes d'ecchymoses si l'accoucheur s'est servi des fers.

Les jambes torses, résultat de la position dans l'utérus, sont courantes tout comme les pieds tournés vers l'intérieur ou vers l'extérieur à force d'avoir été placés à côté de la tête pendant longtemps. On peut, en les fléchissant, les mettre en position normale à la naissance.

Et, comme si cette lutte ne suffisait pas, l'arrivant malmené doit — et il y va de sa vie même — se faire encore bousculer. L'accoucheur coupe le cordon ombilical et aspire dans les voies respiratoires du nouveau-né avec une poire. Ensuite, on maintient la tête du bébé plus basse que le corps. Même si cela ne paraît pas nécessaire dans le cas d'un bébé qui crie et respire normalement à la naissance, une telle succion est pourtant vitale. Autrement, la première respiration pourrait aspirer de l'eau et des mucus pour les envoyer plus profondément dans les poumons; dans ce cas, le nouveau-né manque d'air, respire lentement et subit une baisse de température. Le premier cri du bébé, que l'accoucheur encouragera peut-être avec la tape classique, est tout aussi vital. Il remplit d'air les poumons du bébé et le transforme: du parasite qu'il était, vivant de l'oxygène contenu dans le sang de sa mère, il devient un organisme indépendant, muni de son propre système circulatoire. Dès qu'il commence à respirer, sa couleur se ravive. Des poussées de respirations rapides et de plus en plus profondes suivent de longues périodes de halètements, d'étouffements et d'éternuements, coupés de périodes sans aucune respiration perceptible. Tandis que ces cycles de respirations peuvent faire peur à la mère ou à toute autre personne sans expérience, ils sont parfaitement normaux à l'oreille du professionnel. Enveloppé dans plusieurs draps qui le gardent au chaud, le nouveau-né quitte la salle d'accouchement et c'est alors que l'accoucheur se retourne vers la mère.

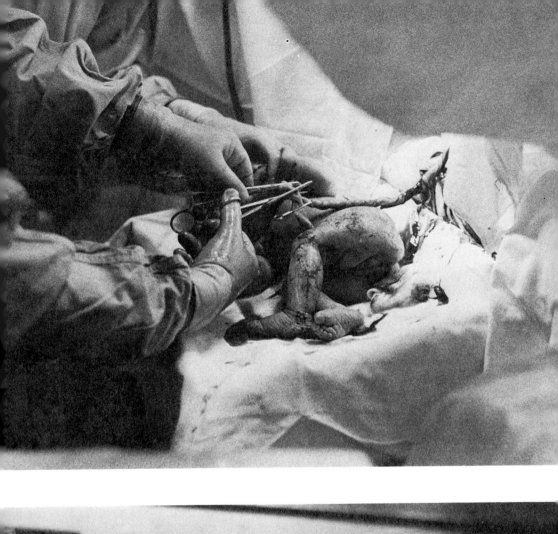
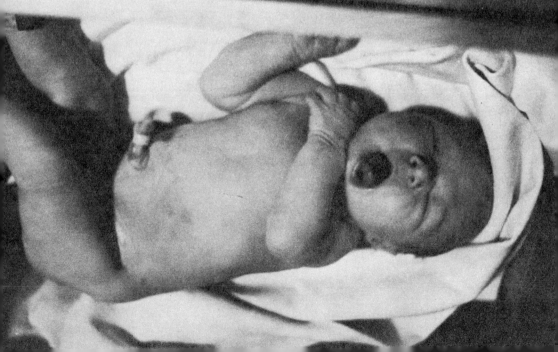

Comme cela doit être abasourdissant d'être projeté subitement dans un monde nouveau, clair, aéré et qui diffère totalement du monde sombre, humide et chaud de l'utérus. Malgré le drame de la naissance, les nouveau-nés qui ont fait un séjour confortable dans l'utérus et qui naissent à terme peuvent supporter bien plus que le traumatisme naturel de la naissance. Et la nature leur accorde, au contraire de la mère, un repos restaurateur après la lutte. A la pouponnière, les infirmières rincent l'enfant du sang et du vernix qui le recouvrent, le lave avec un savon spécial contenant des médicaments pour prévenir l'infection, et lui donne une injection de vitamine K, destinée à empêcher l'hémorragie interne. Replié dans sa position foetale familière, il se détend et sombre dans un sommeil profond, très proche du coma. Seuls les enfants les plus actifs interrompent ce sommeil. Il est très rare qu'un nouveau-né pleure avec vigueur. La plupart des bébés sursautent seulement, ont des soubresauts de temps en temps ou renvoient un peu de mucus. Seule une forte stimulation extérieure les dérange. Un bref changement dans le rythme de la respiration, par exemple, est la seule et presque imperceptible réaction à un bruit très fort.

Pendant les premières journées, l'enfant se remet de l'accouchement, du travail de la mère et des tensions nouvelles du monde extérieur. Bien que physiologiquement prêt à fonctionner, le nouveau-né doit encore stabiliser ses mécanismes de circulation, de respiration, de digestion, d'élimination et de température du corps, ainsi que ses mécanismes hormonaux, qui doivent maintenant s'accélérer pour s'adapter à cette nouvelle vie autonome. Imaginez que ce soit *vous* qui ait été enfermé dans un sac humide mesurant environ vingt et un pouces de long et un pied de large [53 cm sur 30 cm], dans lequel vous pouviez à peine bouger et entendre, et où vous n'aviez aucune occasion de respirer, sentir, goûter ou voir quoi que ce soit. Puis, en une fraction de seconde, *vous* devez vous débarrasser des déchets dont quelqu'un d'autre disposait à votre place. Vous devez respirer pour vous-même dans un monde inconnu qui peut être froid, chaud, sec ou humide. On s'attend à ce que vous voyiez et entendiez et subitement, vous pouvez sentir des choses bizarres appelées odeurs: que l'on ne s'étonne pas de ce que le bébé pleure quand il aperçoit de la lumière pour la première fois.

Ce programme de réorganisation laisse peu d'énergie au bébé pour manger et digérer. Beaucoup de bébés, exténués par ces efforts, résistent manifestement quand on essaie de les réveiller pour la tétée. Au cours des premières journées, souvent le bébé n'arrive même pas à digérer le lait, qu'il remettra à l'occasion avec du mucus. Ses réserves de sucre, de graisse, de tissus et d'eau le maintiennent jusqu'à la montée du lait maternel, qui suivent en général trois jours environ après l'accouchement.

Entre-temps, la mère se remet également de l'accouchement, mais elle a amplement le temps de réfléchir et de s'inquiéter tandis qu'elle repose seule dans son lit d'hôpital. Les nouvelles mères se demandent si le bébé qu'on leur présente est *vraiment* le leur et s'informent constamment auprès des médecins et des infirmières sur l'état de l'enfant; elles se font du souci si le bébé pleure trop ou pas assez et sont souvent choquées par l'apparence du nouveau-né. Leur première réaction, quand on place le bébé dans leurs bras, peut aussi bien être: «Mon Dieu, ai-je vraiment fait *cela?*» que le coup de foudre légendaire.

Les deux préoccupations majeures des nouvelles mères, telles que rapportées par les pédiatres, sont les effets des médicaments sur l'enfant et l'aptitude de la mère à allaiter l'enfant. Les médicaments que l'on donne à la mère en travail, et qui sont parfois d'une nécessité incontestable, affectent en effet l'enfant. Cependant, ces effets sont temporaires et n'empêchent pas la plupart des nouveau-nés de paraître bien éveillés à la naissance.

La nouvelle mère se demande aussi, très souvent, si elle parviendra un jour à ressentir des émotions positives vis-à-vis du nouveau-né ou encore si elle est capable d'être en même temps une aussi bonne mère pour les enfants qui l'attendent déjà à la maison que pour le dernier arrivé. Elle ne veut pas gâcher l'équilibre établi entre elle et un premier enfant, douter des capacités du nouveau-né à s'adapter à un frère ou à une soeur ou douter de ses propres aptitudes à l'aider à le faire. Bien des mères se sentent tellement confuses qu'elles n'osent même pas avouer, ou s'avouer, ce qu'elles ressentent. Cependant, de tels conflits sont parfaitement normaux. Renoncer à son indépendance pour devenir mère n'est jamais facile. Comme l'écrit le docteur Brazelton: «L'équilibre que la nouvelle mère a atteint en tant que femme et épouse est sérieusement ébranlé, surtout si elle n'est mariée que depuis un an ou deux. Elle doit faire face à un rôle nouveau et très exigeant ... celui d'être entièrement responsable d'un petit inconnu. N'importe quelle femme qui prend à coeur son attitude face à de telles responsabilités peut bien se demander si elle sera à la hauteur de la tâche.»

Malheureusement, dans bien des cas, le personnel de l'hôpital ne fait pas grand-chose pour rassurer la mère. Sans s'en rendre compte, ils ne font souvent qu'augmenter ses craintes. Quand une mère demande de l'aide, on l'apaise souvent par des mots rassurants, mais stéréotypés, ou avec une certaine condescendance, quand il serait très facile de lui assurer simplement, mais honnêtement, que son bébé est normal. On effectue des examens dès la naissance pour déterminer si les réflexes et la condition physique générale de l'enfant sont normaux; une vraie discussion avec le médecin permet à la mère d'exprimer ses craintes — ce qui est déjà thérapeutique en soi — et permet au médecin de les comprendre et de les lui expliquer en toute franchise. De plus, la nouvelle mère, qui lutte déjà avec un sentiment d'incompétence, doit toujours affronter la parfaite compétence des autres. «Que son bébé soit pourtant sage et tranquille à la pouponnière», remarque classique de l'infirmière, n'aide guère la jeune maman à faire téter un bébé paresseux. Cependant, si le bébé est difficile, c'est parce que lui aussi a du mal à faire face à la situation. N'oubliez pas qu'il doit commencer à s'adapter tout de suite aux cycles adultes de l'allaitement et du repos.

Néanmoins, être mère, même à l'hôpital où l'enfant est si souvent séparé de sa mère, peut être un plaisir. Au troisième ou quatrième jour, quand la mère et l'enfant ont eu le temps de se remettre un peu de l'entrée dramatique de celui-ci dans le monde, la mère peut commencer à profiter pleinement de la présence de son nourrisson. Tenir un bébé dans ses bras est une expérience extrêmement agréable. L'allaitement est l'occasion de se familiariser avec ses sentiments maternels naissants — de jouer avec le bébé, de le dorloter et de faire connaissance en communiquant. Vous découvrirez peut-être que déjà vous pouvez le calmer quand il pleure, ou que vous pouvez l'aider à se calmer lui-même en chantonnant ou en posant une main gentille sur lui. Quand le bébé s'énerve, la

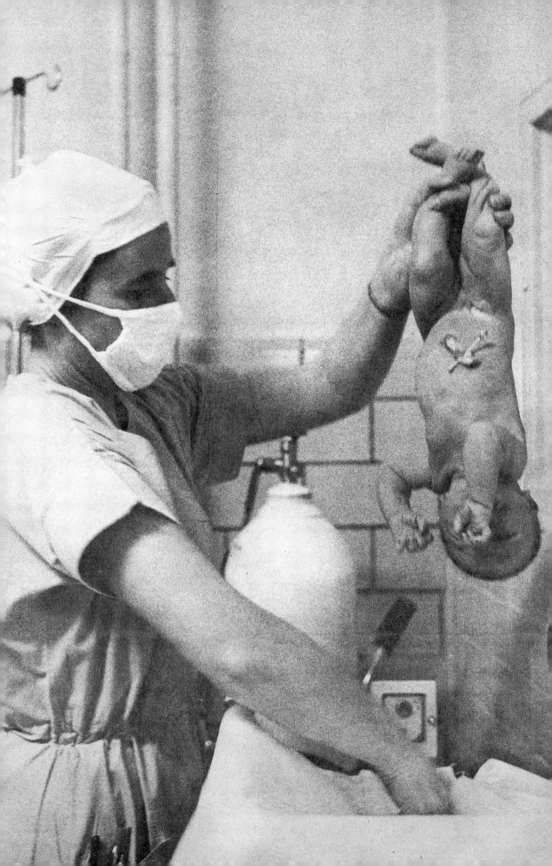

mère peut devenir une alliée plutôt qu'une adversaire dans la bataille à bien nourrir bébé. Si l'enfant se démène vigoureusement, c'est peut-être qu'il est de caractère indépendant et qu'il est fort physiquement. Ce n'est pas nécessairement qu'il s'oppose à vous. De même, s'il est tranquille, cela ne veut pas toujours dire qu'il est apathique: il se peut qu'il se repose tout simplement.

Vous commencerez probablement à vous poser des questions sur le teint futur de l'enfant et sur la couleur de ses cheveux. Le meilleur indice, c'est votre coloris et celui de votre mari; et pour l'instant, vous n'avez vraiment pas grand-chose sur quoi vous baser. De nombreux bébés ont des «taches mongoles», ainsi appelées parce qu'elles sont plus fréquentes chez les peuples de Mongolie; on les rencontre aussi fréquemment chez les Caucasiens de peau brune et chez les Noirs. Ces grappes de pigments foncés autour de la base de la colonne vertébrale se diffusent éventuellement et les taches disparaissent avec le temps. La couleur des cheveux peut être trompeuse. Les premiers cheveux tomberont pour être remplacés par la chevelure définitive, vers les quatrième ou cinquième mois. Les cheveux définitifs sont souvent d'une couleur totalement différente des premiers cheveux. La couleur des yeux peut également changer à n'importe quel moment tout au long de la première année. La plupart des bébés caucasiens naissent les yeux *bleus*, bien que certains aient les yeux bruns à la naissance, et chez les Noirs, les yeux ont une couleur indéfinie. Chez la plupart des bébés caucasiens de peau foncée, l'iris se brouille autour de la pupille dans la première semaine. En général, un tel changement se produit avant six mois et vous pouvez alors prédire des yeux bruns. Les yeux bleus et qui resteront bleus, ne subissent aucune modification.

Le teint de la peau est un indice plus ou moins valable du teint futur de l'enfant. La couleur de la plupart des bébés change pendant la première semaine. De mauves à la naissance, ils deviennent mauve rosé, puis rose cerise, puis jaunes; toutes ces étapes indiquent des modifications du système circulatoire.

Aux environs de la troisième journée, la peau et les yeux du bébé peuvent paraître légèrement jaunis ou bronzés, comme si le bébé avait pris du soleil. Cette jaunisse, du troisième au cinquième jour, parfaitement normale, est causée par la décomposition des globules rouges, de ces cellules supplémentaires dont l'enfant avait besoin dans l'utérus, alors qu'il y avait moins d'oxygène que dans le monde extérieur. Cette décomposition, plus une légère déshydratation, entraîne la production de bilirubine dont le foie immature du nouveau-né n'arrive pas à se débarrasser. A mesure que le bébé absorbe du lait et que ses cellules se réhydratent, son système est peu à peu lavé de cette jaunisse.

Vous trouverez également que votre bébé atteint éventuellement l'équilibre pour lequel il a tant travaillé. Grâce au lait qu'il absorbe, il reprend graduellement le poids qu'il a perdu dans les trois premiers jours. Le cordon ombilical est encore là, mais il se dessèche. Le bébé perd son air jaunâtre, et, bien que la peau des pieds et des mains soit peut-être craquelée ou en train de peler, il paraît bien en forme.

Les pouvoirs du nouveau-né: ce qu'il peut faire avec son corps

En plus de ces améliorations sensibles, il y a le fait que le nouveau-né n'est pas aussi impuissant qu'il n'en a l'air. Il est capable de respirer, de sucer, d'avaler et de se débarrasser de ses déchets. Il peut voir, entendre, goûter, sentir, tourner la tête et appeler au secours dès la première minute. Dès le début, on peut capter l'attention du nouveau-né avec des formes aux contours aigus ou circulaires, ce qui indique que la curiosité d'esprit du bébé naissant n'est pas complètement noyée par ses besoins de nourriture et de bien-être physique.

Les capacités physiques du nouveau-né sont indéniablement limitées. Il est tout petit: de la tête aux pieds, il peut mesurer environ 21 pouces [52 cm] et il pèse en moyenne sept livres et demie [3,5 kg]. Sa tête, longue de 14 pouces environ [35 cm], compte pour presque les deux tiers de sa longueur totale, et elle est plus grosse que la poitrine d'un pouce environ [2,5 cm]; alors, il est, et on le comprend, un peu maladroit. Essayez de vous imaginer dans un corps ainsi proportionné. Même si vous jouissiez de beaucoup de maturité et d'habileté, vous auriez du mal à vous déplacer si votre tête avait deux fois ses dimensions habituelles tandis que vos bras et vos jambes étaient raccourcis de moitié. Le nouveau-né est confiné à l'endroit où vous le déposez et il est à la merci de ses besoins physiques. Son coeur, à 120 pulsations/minute, bat deux fois plus vite que celui d'un adulte et il respire également deux fois plus rapidement que ses aînés: environ trente-trois fois par minute. Il peut, dans une période de vingt-quatre heures, uriner jusqu'à dix-huit fois et faire de quatre à sept selles. En moyenne, il est éveillé et confortable pendant trente minutes seulement par quatre heures.

Ses mouvements sont gouvernés par des réflexes. Ceux-ci sont automatiques et il ne peut les contrôler d'aucune façon. Par exemple, si vous frôlez le dos de sa main ou le dessus de son pied, c'est tout le bras ou toute la jambe qui reculent légèrement, et la main ou le pied s'arquent et se retournent pour permettre aux doigts ou aux orteils de se saisir de votre doigt. Ce réflexe de recul n'existe que jusqu'à ce que le bébé commence à se servir de ses membres tout autrement: jusqu'à ce qu'il se serve de ses jambes pour se mettre debout et marcher et de ses bras pour atteindre quelque chose.

Votre nouveau-né vous montrera de nombreux autres réflexes. Si vous le tenez debout et appuyez doucement sur ses pieds de façon qu'ils soient successivement à plat sur le lit, il soulèvera les jambes tour à tour, comme pour marcher. Sans pouvoir s'en empêcher, le nouveau-né traversera le lit en «marchant». Presqu'un an après la disparition de ce réflexe, il réapparaît dans l'art complexe que représente la marche volontaire.

Un des plus fréquents et plus dramatiques réflexes néonataux, c'est le réflexe de Moro, héritage de notre descendance du singe. Si on manipule brusquement le bébé, s'il entend un bruit très fort, voit une lumière forte, ou ressent un changement subit de position, il sursaute, arque son dos et jette sa tête en arrière. En même temps, il projette ses bras et ses jambes vers l'extérieur avant de les replier rapidement vers le centre de son corps qu'il recourbe comme s'il tombait. En criant, il sursaute, pour ensuite pleurer à cause de la surprise. Ce réflexe, normal chez tous les nouveau-nés, tend à disparaître à trois ou quatre mois. Une ferme pression exercée sur n'importe quelle partie de son corps suffira à calmer l'enfant. Si vous tenez fermement son bras en le fléchissant à l'épaule, il se calmera, même s'il est tout nu et libre de toute contrainte.

Essayez de frôler de votre doigt les différentes parties du corps de l'enfant. Si vous frôlez la paume de sa main ou l'envers de son pied, le bébé saisira votre doigt. Plus il est né

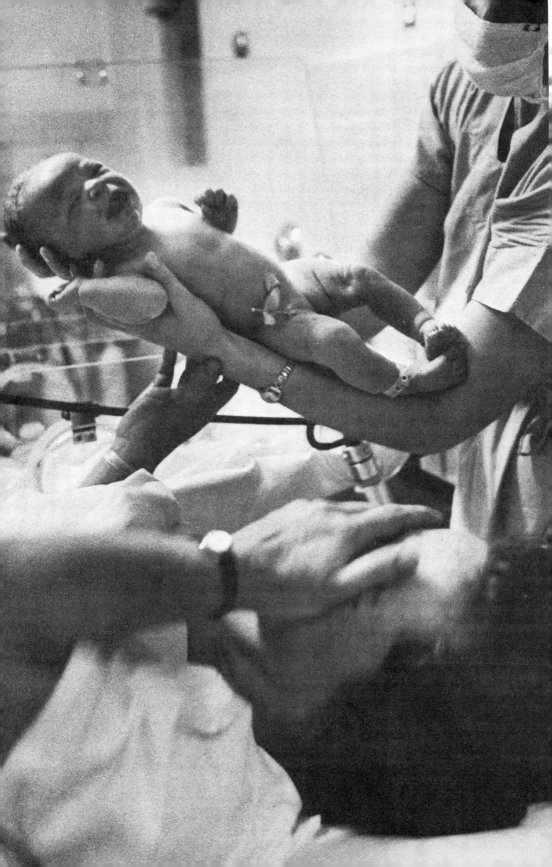

avant terme, plus il le saisira avec ténacité. Avec cette poigne des orteils, vous pouvez soulever la jambe du bébé au-dessus du matelas. Avec celle des mains, vous pouvez le tirer doucement jusqu'à la position assise ou même le tenir suspendu tandis qu'il s'accrochera désespérément à vos doigts comme à une branche d'arbre. (Il est cependant plus prudent de laisser ce dernier tour aux experts.) Si vous frôlez le dessous du pied du côté extérieur, c'est le réflexe contraire, appelé Babinski, qui se produit: les orteils s'écartent, le grand orteil pointant vers le haut.

Dès que vous commencerez à nourrir votre enfant, vous verrez que si vous frôlez sa joue ou la région autour de sa bouche, le bébé se retournera vers l'objet qui le heurte. Ce réflexe l'aide à trouver le sein et il est suivi du réflexe de succion. Si vous touchez l'intérieur de la bouche, qui est encore plus sensible, la stimulation est encore plus grande. Ainsi, le nouveau-né tétera plus facilement au biberon qu'au sein, puisque la tétine du biberon touche la région plus sensible.

La plupart des bébés auraient des goûts très prononcés dès la naissance; ils tètent plus vite quand il s'agit de solutions sucrées et recrachent celles qui ont un goût amer.

Si vous frôlez la joue ou la paume de votre nouveau-né — les deux extrémités de la continuité main-bouche — vous provoquez un autre réflexe. La bouche de l'enfant s'ouvre et cherche à téter, son bras se courbe et sa main va à sa bouche ouverte. Le nouveau-né tète souvent son poing, bruyamment, pendant de longues périodes (quinze minutes environ) et avec une telle vigueur que tout son corps devient crispé et change de couleur, jusqu'à ce qu'il perde son poing et qu'une activité quelconque vienne remplacer la succion. Vous aurez peu à faire pour provoquer ce circuit de la main à la bouche.

Les mouvements de la main à la bouche et la succion sont probablement courants dans l'utérus même. De fait, les obstétriciens et les pédiatres ont déjà observé des enfants s'engager dans de telles activités immédiatement après l'accouchement. L'enfant né avant terme peut même dégager ses voies respiratoires en suçant son poing et en avalant le mucus qui l'étouffe.

La plupart des autres capacités physiques du nouveau-né sont assez restreintes. Couché, ses positions préférées vont de la position de la poupée de chiffons, jambes écartées et bras mi-étendus, à la position foetale, tous les membres repliés sur le corps. Les sursauts, les tics et les mouvements convulsifs sont à l'ordre du jour. En fait, la différence entre les enfants prématurés et les enfants nés à terme démontre l'importance du temps et de l'apprentissage. La façon qu'a le prématuré de battre des bras et des jambes par à-coups précède les mouvements sans heurts, libres et contrôlés du bébé né à terme. En contraste avec les mouvements lents, faciles et coordonnés des bras, des jambes et de la tête que l'on constate chez celui-ci, le prématuré bat rapidement des bras et des jambes, qu'il déploie subitement pour les replier sur le torse.

En général, les réactions du bébé sont moins spécifiques qu'elles ne le seront quand son système nerveux sera mieux développé. Il aura peut-être une réaction identique — la succion par exemple — à des stimulations très différentes — une lumière, une sonnette ou un courant d'air. Il peut également réagir de tout son corps quand il ressent des changements subits de la température, de la pression, de la lumière ou du bruit.

Cependant, les recherches menées par les scientifiques démontrent que le nouveau-né n'est pas aussi impuissant que l'on aurait tendance à le croire.

Jusqu'à présent, les résultats des recherches semblent détruire le mythe selon lequel le monde du nouveau-né ne serait qu'une immense confusion, son champ visuel qu'une espèce de brouillard informe, et son esprit, le vide absolu. L'enfant perçoit, au contraire, un monde organisé, structuré, qu'il explore avec discrimination en utilisant les moyens limités dont il dispose.

On n'entreprend plus les recherches sur l'enfance dans le même esprit qu'auparavant. La conception que l'on a du nouveau-né a changé: nous le voyons maintenant plus sensible au monde, plus conscient, plus réceptif; les rapports qu'il entretient avec son milieu l'influencent plus tôt qu'on ne le croyait autrefois. Même les réflexes du nouveau-né sont beaucoup plus qu'une activité dénuée de sens, ainsi qu'on le supposait jusqu'à maintenant.

Le nouveau-né peut déjà se protéger. Pendant les jours qui suivent la naissance, le réflexe du renvoi l'aide à cracher les mucosités de l'utérus afin de pouvoir respirer. Un puissant réflexe de clignement protège ses yeux d'une lumière trop crue. Si une partie de son corps est exposée à un brusque changement de température, son corps tout entier change de couleur et de température; il ramène ses membres vers le centre de son corps pour réduire l'importance de la surface exposée, et commence enfin à pleurer et à frissonner; c'est là un effort pour améliorer la circulation du sang et pour protester contre ce changement inopportun. Dès qu'il est couvert et au chaud, il se calme.

Le nouveau-né peut également lutter contre l'étouffement. Si vous recouvrez son nez et sa bouche d'un objet quelconque, il remue énergiquement sa bouche, puis tourne violemment sa tête d'un côté et de l'autre. S'il ne réussit pas ainsi à se débarrasser de l'objet qui le gêne, il porte l'un et l'autre bras à son visage pour essayer de le faire tomber.

Sur le ventre, il soulève sa tête du lit pour la placer sur le côté. Si vous mettez votre main contre son pied, il rampe vers l'avant, arque son corps, et se soulève même avec ses bras. Il arrive même que le nouveau-né se retourne complètement. A ce stade, il n'a pas encore conscience du fait qu'il se propulse à travers l'espace, mais aux environs de sept mois il le saura.

Le nouveau-né essaie également de se redresser. Vous pouvez observer ce phénomène en le tirant par les bras, quand il est couché sur le dos, jusqu'à ce qu'il soit en position assise. Ses yeux s'ouvrent alors tout grand, comme ceux d'une poupée de porcelaine, et toute la région des épaules se raidit quand il essaie d'élever sa tête. Tant que vous tirez constamment et lentement, le va-et-vient du cou ne lui fait aucun mal. Une fois assis, il essaie de maintenir sa tête droite. Comme elle tombe vers l'avant, il essaie de la garder en haut, mais il vise trop loin et elle tombe en arrière. L'effort subséquent l'envoie vers l'avant. Ces efforts courageux proviennent du réflexe à se mettre droit. Dans quatre mois environ, le bébé réussira à tenir sa tête droite sur ses épaules.

Le nouveau-né peut aussi lutter contre la douleur. Si vous faites mal à une partie quelconque de son corps, il s'éloigne de vous dans la mesure du possible. Si vous frôlez une jambe, il ramène l'autre pour repousser votre main. Si, du bout du doigt, vous donnez un coup sur la partie supérieure de son corps, sa main saisit la vôtre et il essaie ensuite de vous repousser. Quand le médecin doit effectuer une prise de sang au talon d'un nouveau-né, celui-ci retire son pied. Quand cela

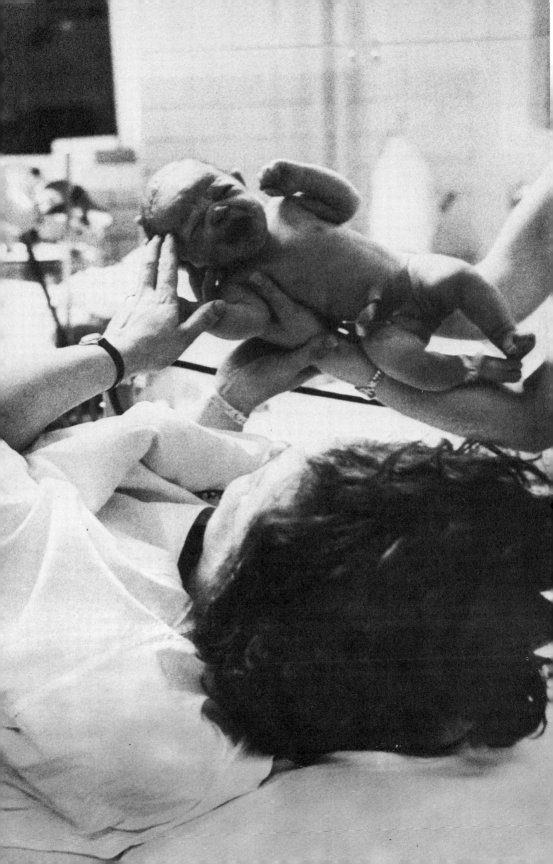

ne suffit pas pour dégager le talon, l'autre pied vient et sert de renfort pour pousser.

Ces réflexes ne sont pas utiles dans l'immédiat. Le cerveau emmagasine cependant toutes ces expériences en vue de l'avenir. Le réflexe à se tenir droit contribue probablement à développer la notion de l'espace. Pendant quelques mois, le réflexe tonique du cou aide le bébé à utiliser séparément chaque côté de son corps et à se servir *volontairement* de ses mains. Si vous ou le bébé tournez sa tête sur un côté, le bras du même côté s'étend, le genou fléchit et le bras opposé se plie comme celui d'un escrimeur à l'épée.

Certains réflexes, tels les toussottements, les éternuements et les bâillements, ne disparaissent jamais complètement; des traces d'autres réflexes, comme le réflexe tonique du cou et le réflexe de Moro réapparaissent dans les positions qu'adoptent les adultes en dormant, ainsi que dans leur façon de réagir à une surprise. Les nouveau-nés nagent également. Comme tout animal amphibie, le bébé naissant peut étendre et fléchir ses bras et ses jambes en mouvements rythmés, balancer son torse d'un côté et de l'autre et arrêter sa respiration pendant de courtes périodes sous l'eau. Il est très rare qu'un nouveau-né étouffe ou respire sous l'eau, grâce au réflexe de renvoi qui est encore très fort. Un an plus tard environ, les mouvements de natation réapparaîtront, pour signaler l'âge idéal auquel il faut apprendre à l'enfant à nager.

Les perceptions sensuelles

Le fait que votre bébé soit un être qui pense et qui ressent les choses est encore plus passionnant. Bien sûr, son cerveau n'est pas complètement développé et il ne se souvient des objets que dans la mesure où ils réapparaissent en moins de deux secondes et demie; autrement, ils lui apparaissent comme pour la première fois. Jusqu'ici, la satisfaction et le mécontentement sont les seules émotions que les chercheurs et les mères ont pu identifier clairement. Cependant, c'est un fait incontestable que le bébé *apprend* des choses. Il apprend à distinguer le mamelon de la peau à laquelle il est habitué, ou la tétine du biberon. Il semble également capable de distinguer les êtres humains des objets qui l'entourent. D'après les chercheurs, on peut déceler, pendant la première semaine, des réactions bien différentes entre l'orientation vers le petit objet situé au plus loin à 6 ou 7 pouces [15 à 18 cm] de l'oeil, et la sensibilité à la présence des gens.

Le nouveau-né apprend à attendre sa nourriture à heures fixes et proteste contre tout changement de régime. Les observations des chercheurs concernant trois groupes d'enfants âgés de deux à huit jours démontraient que l'activité de ceux-ci baissait après la tétée; en changeant l'horaire d'un des groupes, par des périodes de quatre heures d'intervalles entre les tétées au lieu de trois, on a constaté que les bébés étaient beaucoup plus agités et difficiles dans la quatrième heure que ceux qui n'avaient eu que le même horaire pendant huit jours.

Le nouveau-né peut diriger son attention vers la chose nouvelle qu'il aperçoit ou entend, même parmi un véritable bombardement de stimulations. Fixer ainsi son attention peut même le calmer. Il peut préférer une réaction à une autre (à un moment donné) et accepter ou rejeter l'excitant selon qu'il est approprié ou non à son état du moment ou à son stade de développement général. Il peut choisir ce dont il a besoin dans son environnement immédiat, pourvu qu'on lui fournisse de quoi faire un choix. Il peut éviter de nombreuses réactions potentiellement dangereuses. En fait, trop d'événements impressionnants ou trop de changements en même temps peuvent endormir le nouveau-né. L'enfant auquel on donne un électro-cardiogramme et un encéphalogramme, par exemple, peut pleurer pendant quelques secondes si les bandes de caoutchouc autour de son crâne sont trop serrées. Ensuite, il se calme brusquement et reste immobile pendant l'examen, apparemment endormi, sauf que ses bras et ses jambes sont bien serrés près de son corps pour former la «boule» foetale. La lumière crue et les sons aigus ne semblent guère le déranger, et les ondes transmises par le cerveau indiquent qu'il dort. Cependant, dès que la stimulation cesse et qu'on enlève les bandes ainsi serrées, il se remet à pleurer vigoureusement.

Les capacités les plus impressionnantes du nouveau-né sont d'ordre sensuel. Il peut sentir des changements de température, distinguer des goûts différents, et, dès la troisième ou quatrième journée, il démontre une préférence pour le sucré et une répugnance pour tout ce qui est amer. Un docteur a démontré non seulement que les nouveau-nés peuvent distinguer deux odeurs différentes, mais qu'ils détestent vraiment les odeurs infectes. A la suite de plusieurs expériences, on a découvert des choses étonnantes. Des enfants, nés depuis cinquante-cinq heures seulement, peuvent distinguer des senteurs différentes — sans aucun entraînement. Quand on les met en présence d'odeurs fortes (qui irritent les adultes), les bébés sursautent et deviennent très agités. Ils détournent la tête et se mettent à pleurer. Quand ils sont un peu plus âgés, le rythme cardiaque ralentit, démontrant que le jeu des odeurs finit par les ennuyer ou même qu'ils s'habituent aux odeurs désagréables si on leur en fait sentir très peu à la fois.

Le nouveau-né est également sensible aux sensations du toucher et de la pression. Le toucher équivaut presque à un langage pour les enfants. Le contact de la peau et sa chaleur, surtout quand elle provient du corps de la mère, sont sans doute les stimulations les plus fortes pendant les premiers mois. Tel un écran de radar captant les vibrations, le bébé comprend les sentiments que vous nourrissez à son égard selon votre façon de le manipuler. Il peut sentir toute manipulation rude, inappropriée ou insuffisante et apprécie qu'on le tienne d'une façon qui convient à son caractère propre. En fait, le toucher est d'une telle importance que les simples stimulations physiques, adéquates, que donnent des gardiennes aux enfants suffisent à leur faire faire de bons progrès pendant les premiers cinq ou six mois. Comme on a eu souvent l'occasion de le constater, une des causes principales du développement imparfait des bébés élevés en institution est le peu de manipulation qu'ils reçoivent. Bien des bébés difficiles ou bruyants se taisent et deviennent alertes et intéressés dès qu'on place une main ferme sur leur ventre ou qu'on retient leur pied. Les langer peut être plus efficace encore puisqu'une telle pratique combine l'effet calmant et rassurant du toucher avec une pression ferme et constante.

Le nouveau-né jouit également de la faculté de l'ouïe dès la naissance. Les tests démontrent que les nouveau-nés clignent des yeux, sursautent et inspirent brusquement en réponse aux bruits. Ils ont également une préférence pour certains sons. De nombreuses mères ont constaté que la musique, le bourdonnement des moteurs, un doux tambourinement rythmé, des voix humaines calment les bébés irritables et difficiles.

Le nouveau-né est sensible à l'intensité du bruit. Même dans la salle d'accouchement, il peut sursauter ou frissonner en réponse à un bruit fort, puis l'ignorer à la deuxième ou troisième répétition. Des sons doux, comme le fredonnement, provoquent des sourires éphémères et malins. Le bébé peut également localiser un bruit dix minutes après la naissance. Il s'éveille en sursaut, contrôle sa réaction de surprise et se tourne vers le bruit, en détournant parfois son attention et son énergie d'une importante fonction comme la succion. La durée d'un son l'affecte également. Il répondra à une tonalité qui dure dix secondes et non pas à celle qui durera deux secondes. Il distingue également le diapason. Les chercheurs indiquent que le nouveau-né, avant qu'un quelconque apprentissage ait pu l'influencer, se calme et devient alerte d'une façon plus marquée en réponse à une voix haute qu'en réponse à une voix grave — probablement parce qu'il est plus préparé à recevoir la voix de sa mère que celle de son père.

Une des découvertes les plus étonnantes qu'aient fait les sciences de la croissance, c'est qu'au niveau de la vue, l'organisme du nouveau-né est très perfectionné. Le nouveau-né voit. Il devient alerte, fronce les sourcils et essaie graduellement de mettre au point son regard en fixant un objet rouge ou d'un jaune doux suspendu à 8 ou 12 pouces [20 à 25 cm] devant lui. Plus loin, il ne voit probablement qu'une image assez floue et ses yeux peuvent errer en toute indépendance ou virer vers l'extérieur pendant un temps. Une fois qu'il réussit à coordonner ses deux yeux, il fixe l'objet avec intensité, les yeux brillants. Son visage s'illumine et son corps se calme. Il suit l'objet des yeux et tourne la tête lentement et par à-coups quand l'objet se déplace sur le côté. Il peut même suivre un mouvement de bas en haut s'il est effectué assez lentement. Cette réponse visuelle est évidente, dans la salle d'accouchement même. En fait, certains nouveau-nés ont tant de plaisir à voir, qu'ils n'hésitent pas à lâcher la tétine pour se tourner vers un objet attirant.

Le nouveau-né est par ailleurs sensible à d'autres aspects de la vue, l'intensité de la lumière par exemple. Il ferme ses yeux très fort et les garde fermés après avoir été exposé à une forte lumière blanche. Si on modifie l'éclairage de la salle, il plisse les yeux.

Le nouveau-né peut aussi distinguer les formes et les motifs (l'agencement de lignes et des détails) dès la naissance. Il préfère les motifs aux couleurs vives ou unies et regarde les rayures et les angles plus longuement qu'il ne regarde les motifs circulaires. Dans l'espace de trois semaines, cependant, sa préférence va du tout au tout au visage humain. Qu'est-ce qui fait que le bébé, avec une expérience visuelle assez limitée, accorde plus d'attention au visage humain qu'à tout autre forme ou motif? Certains scientifiques croient que cette disposition est un avantage inné chez l'humain. L'objet primordial, pour l'enfant, dont la capacité physique est presque nulle, c'est l'être humain. Les bébés semblent avoir une tendance innée à percevoir le visage humain comme un potentiel de récompense. Les chercheurs font remarquer également que, sagement, le nouveau-né se fie plus aux motifs qu'au contour, la grandeur ou la couleur: le motif reste stable, tandis que le contour change selon la perspective; la grandeur, selon la distance; et la couleur et l'éclat, selon l'éclairage. Le motif facial est probablement la façon la plus sûre d'identifier les gens dans des circonstances différentes; et la meilleure façon de juger leurs réactions et leurs attitudes est d'observer les détails de l'expression faciale. Cette «impression» du visage humain est une base importante pour tout apprentissage subséquent, et pour l'instauration et le développement des liens d'affection et d'amour.

Les mères soutiennent depuis toujours, malgré toutes les affirmations contraires, que leurs bébés les regardent quand elles les prennent dans leurs bras. Les experts qui croyaient que la perception devait suivre le développement physique en conséquence de l'action se trompaient sur plusieurs points. Les techniques de recherche dont disposaient nos prédécesseurs étaient moins perfectionnées que celles utilisées aujourd'hui. L'habileté physique servait naguère comme indication de la perception des objets — telle la capacité à pouvoir suivre un objet des yeux et à l'atteindre, deux choses que le nouveau-né fait assez mal. De plus, la présomption que l'oeil et le cerveau du nouveau-né n'étaient point assez développés pour s'occuper d'une chose aussi complexe que la reconnaissance des motifs, fit que toute évidence du contraire fut négligée ou mal interprétée. Puisque la perception des formes, selon la croyance générale, suivait la perception d'éléments dits plus «simples» comme la couleur et l'intensité, la possibilité d'une telle aptitude, dès la naissance, était déclarée impossible en partant.

La façon dont *votre* bébé répond aux objets visuels, aux

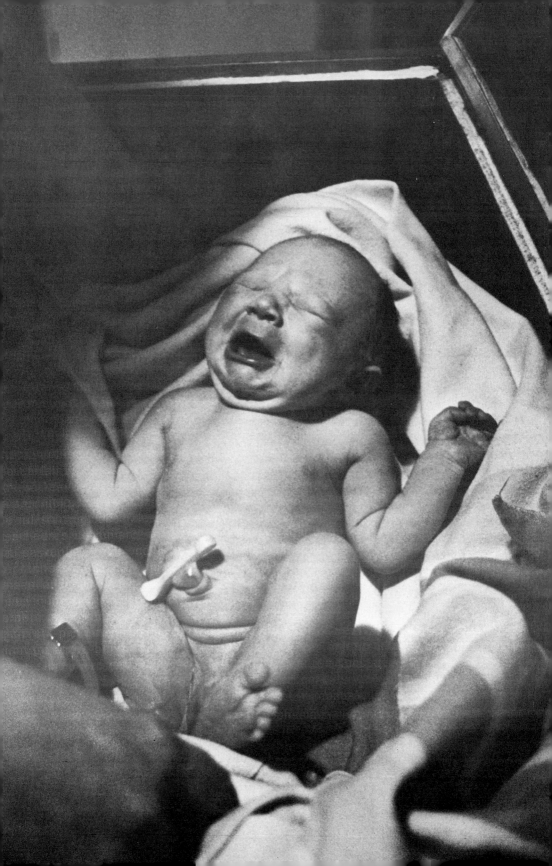

bruits et aux sensations tactiles dépend de leur intensité, de la durée de la période d'exposition, ainsi que de l'état du bébé au moment où vous lui présentez ces stimulations. Une secousse subite provoquera un sursaut, mais le bercer doucement le calmera. Quand le bébé a faim ou sommeil, il est moins conscient des sensations venant de l'extérieur que lorsqu'il est au repos, mais éveillé, et ne souffre d'aucune sensation désagréable dans son propre corps.

Chacun est unique

Les nouveau-nés ont plus de puissance sociale qu'on ne le croyait naguère. Votre bébé naissant n'a pas conscience du fait qu'il existe. Il *est* cependant une personne à part entière, avec tout l'impact potentiel qu'une véritable personnalité produit sur un autre être humain. Chaque nouveau-né diffère infiniment de tout autre: en apparence, en sentiments, en mouvements, dans sa façon de réagir à la stimulation et de produire un effet sur sa mère.

Les bébés sont différents, avant même la naissance. Certains reposent tranquillement dans l'utérus, d'autres tiennent leurs mères presque constamment éveillées dans les mois précédant la naissance. Ceux-ci «se réveillent» au moment même où la mère se prépare à se coucher, pédalent ou donnent des coups de pied pendant des heures. Certains enfants viennent au monde en criant et en se débattant, tandis que d'autres semblent à moitié endormis. Il y a des nouveau-nés qui restent éveillés pendant des périodes de temps pouvant atteindre une heure et demie, avant de dormir pour la première fois, tandis que d'autres sombrent dans un sommeil profond moins d'un quart d'heure après la naissance. En général, on constate à ce niveau une différence de comportement entre les filles et les garçons. Ceux-ci sont plus actifs, plus robustes et moins sensibles à la douleur.

Certains nouveau-nés tètent plus facilement que d'autres. Il y en a qui sont plus éveillés plus souvent que d'autres. Certains préfèrent une stimulation visuelle, d'autres une stimulation auditive. Il y a des nouveau-nés qui peuvent faire face à plusieurs sortes de stimulation à la fois, tandis que d'autres en sont incapables. Tel nouveau-né subira plus fortement l'influence d'un besoin de sommeil, de nourriture ou de bien-être physique que tel autre. On éveille difficilement certains bébés quand ils sont profondément endormis; d'autres sautent immédiatement d'un sommeil profond à un intense état de pleurs inconsolables. Il y a des bébés qui réagissent plus que les autres à toute stimulation. Certains donnent des coups de pied et battent des jambes et des bras quand ils sont excités; d'autres, dans les mêmes circonstances, bandent tout simplement leurs muscles. Et il y a des bébés «braillards» dès la première journée.

Tandis qu'il est très facile de calmer bon nombre de nouveau-nés, d'autres demandent une technique beaucoup plus vigoureuse. Il y a des bébés qu'on ne peut calmer en fredonnant, en les berçant, en les dorlotant ou en leur donnant le sein ou le biberon. Il faut parfois entourer de tels enfants de langes bien serrés et les bercer avec ardeur, en plus de leur donner le biberon ou le sein. Si vous devez avoir recours à de telles méthodes pour calmer votre bébé quand il est énervé, ne vous sentez pas incompétente et malheureuse — il se peut très bien que ce soit la seule façon dont on puisse le calmer. Sachez aussi que beaucoup de bébés ont un comportement semblable, la plupart du temps, à heures fixes. Ce qui compte, c'est la compétence dont fait preuve la mère quand il s'agit d'éviter au bébé les conséquences d'une trop grande tension, et non pas la façon dont elle s'y prend.

D'autres bébés, par contre, sont tellement tranquilles que leurs mères en arrivent à se demander s'ils sont normaux. De tels enfants pleurent très rarement, et, quand ils le font, ils sont de couleur à peine plus foncée. En général, ce type de bébé réagit presque imperceptiblement à la stimulation. Il a une façon très discrète d'exprimer toute perturbation — un froncement de sourcils, un geignement ou la succion d'un ou deux doigts. Il peut rester passif et mou pendant de longs moments. Tout le contraire du nouveau-né actif qui déglutit rapidement et bruyamment son lait pour ensuite en rejeter une partie: un tel bébé absorbe son lait tranquillement, et d'une façon très efficace, éructe aussitôt, et puis retourne à son repos. Cette tranquillité n'est pas nécessairement due aux sédatifs qu'a reçus la mère lors de l'accouchement; elle peut faire partie du caractère même de l'enfant.

Les scientifiques font déjà des conjectures à propos de ce qu'impliquent les différences de comportement constatées à la naissance. Le bébé qui persiste à pleurer, quels que soient les efforts entrepris pour le calmer, peut provoquer chez sa mère des sentiments tout autres que ceux que provoquerait le bébé qui se calme dès l'instant où on le rassure. Il se peut que les bébés qui réagissent aux objets visuels plutôt qu'aux bruits craignent plus les étrangers, et ce, plus jeunes. Il se peut aussi que les nouveau-nés qui sont moins influencés par leurs besoins intérieurs soient, en tant qu'adultes, moins gênés par leurs humeurs dans leur travail, dans leur façon de penser et dans leurs rapports avec les autres. Ceux qui passent en flèche d'un état à un autre, sans s'attarder dans les états intermédiaires, indiquent peut-être plus clairement leurs besoins à leurs parents.

Les raisons des différences entre les nouveau-nés sont un peu plus claires. Chaque bébé naît avec un ensemble unique de caractéristiques héréditaires qui lui viennent de ses parents et, avant eux, de leurs familles. Ensuite, le régime de la mère pendant la grossesse, les médicaments qu'elle a absorbés, ses habitudes personnelles et sa santé mentale globale affectent l'enfant qu'elle a porté. L'accouchement même — la durée du travail et la procédure de l'accouchement — ont également un effet sur le bébé.

Par ailleurs, tous les nouveau-nés n'ont pas, à proprement parler, le même âge à la naissance. Nous calculons l'âge à partir de la naissance, mais certains bébés ont eu plus de temps pour se développer dans l'utérus que d'autres. Le prématuré peut avoir manqué des mois entiers de croissance prénatale et même certains bébés, dit «à terme», viennent au monde une ou deux semaines avant la date prévue. D'autres font leur apparition une semaine ou même deux après terme. Le bébé qui se trouve à côté du vôtre à la pouponnière, et qui est né le même jour, peut ainsi être plus jeune ou plus âgé que le vôtre de quelques semaines. Il y a de bonnes chances que le nouveau-né plus «âgé» soit mieux développé et plus robuste, qu'il puisse téter plus vigoureusement et qu'il soit moins dérangé par les bruits subits que l'enfant plus «jeune».

Quelles que soient les implications ou les causes de ces différences, vous pouvez constater, vu toutes les variations possibles, que toute description de l'enfant «normal» se fait d'après une moyenne statistique, et non pas d'après les caractéristiques d'un bébé donné. Vous ne devez pas vous attendre à ce qu'un tel portrait corresponde à votre bébé trait pour trait. Son utilité réside en ce qu'il *peut* vous donner un aperçu du processus de développement du bébé, c'est-à-dire la façon dont tel comportement mène à tel autre. La meilleure façon de comprendre votre bébé est de l'observer, d'apprendre à interpréter ses diverses «répliques» et d'y répondre de la façon la plus appropriée. Ce sont les petites différences entre lui et les autres qui le rendent spécial, intéressant, individuel — *vôtre*.

La première semaine

Les réflexes du nouveau-né

Lorsqu'on agit comme suit:	Le bébé réagit comme suit:
tape sur l'arête du nez; dirige subitement une lumière forte vers les yeux du bébé; tape des mains à dix-huit pouces [46 cm] environ de la tête de l'enfant; touche au blanc des yeux avec de la ouate;	ferme les yeux très serrés;
touche subitement le bébé; fait un bruit subit;	renverse la tête; le cou s'étend, les bras et les jambes sont lancés vers l'extérieur avant d'être ramenés brusquement au centre du corps (réflexe de Moro);
étire les avant-bras du bébé, à partir du coude;	replie rapidement le coude;
pique légèrement le dessous des pieds;	plie le genoux et le pied;
met l'enfant debout en appuyant le pied à plat sur le lit;	fait quelques pas;
tire le bébé jusqu'en position assise;	ouvre tout grand ses yeux, épaules tendues; essaie en vain de redresser la tête (réaction de la poupée de porcelaine);
couche le bébé sur le ventre, sur une surface plate;	tourne la tête sur le côté et la soulève. Il rampe et se soulève sur les bras;

soutient la poitrine de l'enfant à la surface de l'eau;	nage avec ses jambes et ses bras;
couche le bébé sur le dos et tourne sa tête sur le côté;	arque son corps du côté opposé au visage; étend le bras du côté du visage; replie les jambes; plie l'autre bras (réflexe tonique du cou);
frôle le dessus de la main ou du pied;	retire le membre, qui s'arque et se retourne pour saisir le doigt qui le frôle;
frôle la paume ou le dessous du pied, à la naissance des doigts;	essaie de saisir ce qui le frôle;
frôle l'extérieur du dessous du pied;	écarte les orteils, le grand orteil vers le haut;
donne un coup sec sur la lèvre supérieure;	avance les lèvres;
frôle la bouche ou la joue;	ouvre la bouche, tourne la tête et avance sa langue vers l'objet qui le frôle; suce;
frôle la joue ou la paume;	ouvre la bouche, plie le bras, porte sa main vers sa bouche ouverte;
recouvre la bouche et le nez;	travaille de la bouche; tourne la tête, jette les bras à travers son visage;
frôle la jambe ou la partie supérieure du corps;	croise la jambe ou la main opposée pour repousser la main qui le frôle, puis la retire;
fait tourner le bébé sur le côté;	tourne la tête; les yeux devancent le mouvement de rotation;
suspend le bébé par les jambes;	se recroqueville pour former une boule à l'envers; tend les jambes, laisse tomber les bras en ligne droite; arque son cou vers l'arrière.

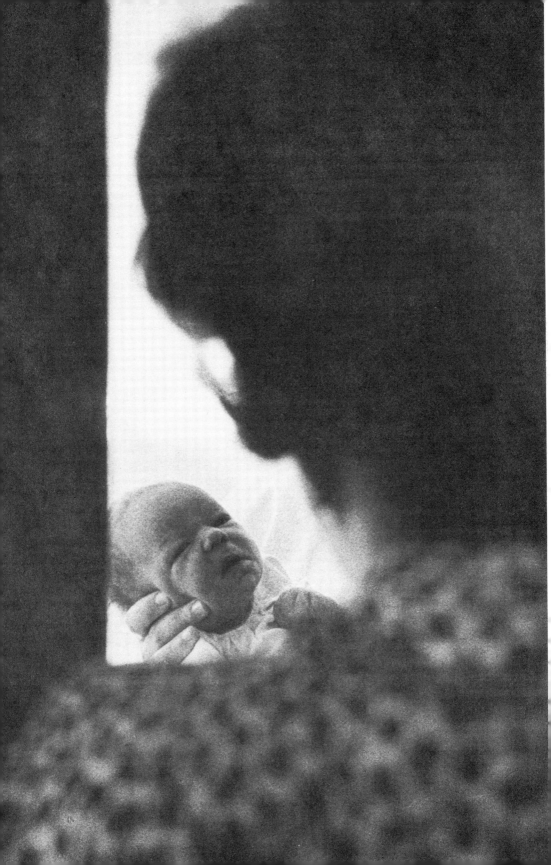

LA PREMIÈRE SEMAINE

Développement moteur	Développement verbal
Motricité brutale	**Développement actif**
Mouvement des bras, des jambes et des mains sont contrôlés par les réflexes.	Les sons émis sont très proches de ceux émis par des animaux.
Activité hors réflexe, grossière et non dirigée. Se tortille, donne des coups de pied fait des moulinets dans tous les sens, des tics convulsifs.	Pleure.
Réagit de tout son corps aux changements subits.	
Bouge la tête de côté et parfois de haut en bas.	
Quand tenu contre l'épaule d'un adulte, soulève la tête et réajuste sa position.	
Sur le ventre, reste couché dans une position proche de celle d'une poupée de chiffons ou d'une grenouille, ou roulé en boule.	
Position assise	
La tête tombe en avant ou en arrière quand on tire l'enfant jusqu'en position assise.	
Fine motricité	
Poings fermés.	
Réflexe de poigne.	
Les yeux se tournent vers l'extérieur.	

Il ne faut pas considérer ce tableau comme un calendrier rigide. Les bébés sont imprévisibles. Beaucoup commencent à pratiquer une activité plus tôt ou plus tard que la date indiquée au tableau.

Développement mental	Développement social

Développement personnel

Perçoit les motifs, la lumière et l'obscurité.
Peut mettre l'image en foyer quand elle n'est pas située à plus de huit pouces [20 cm] devant ses yeux. Plus loin, la vision est floue.

Manifeste de l'excitation, de la détresse.

A des traits, des sentiments, des niveaux d'activité et des réponses à la stimulation personnels.

Sensible à la provenance des sons. Distingue l'intensité des sons, le diapason et préfère les voix aiguës.

Réaction à l'environnement

Perçoit la longueur. Se calme quand on le prend et en réponse à toute pression ferme et stable sur le corps.
Distingue les saveurs.

Sourit spontanément et brièvement en réponse à la stimulation sensorielle, comme les bruits très doux.

Eveillé et alerte pendant environ 3 pour cent de la journée.

Devient alerte en présence d'un visage humain; tente désespérément de mettre en foyer le regard ou la voix.

Saisit un objet si sa main le touche par accident. Regarde momentanément les gens.

Se calme quand on le prend dans ses bras.

Arrête de sucer pour regarder quelque chose qui attire son attention.

Cherche la tétine.

Exclut les stimuli déroutants de sa conscience.

Développement culturel
Habitudes de vie

Sept ou huit tétées par jour.

Selles fréquentes et sporadiques.

Sept ou huit siestes quotidiennes, soit 80 pour cent de son temps.

LE
PREMIER
MOIS

LA
RÉORGANISATION
DE LA FAMILLE

Au cours du premier mois, il faut restructurer la vie de la famille aussi bien que la vie quotidienne du bébé. Dès la naissance, celui-ci doit apprendre à absorber d'une façon toute nouvelle la nourriture et l'oxygène et à éliminer ses déchets lui-même. Dans l'utérus, il n'a pu acquérir qu'une expérience très limitée du mouvement et de l'ouïe; dans le monde extérieur, ces deux activités, ainsi que la vue, le goût, et l'odorat, dont il n'a aucune expérience, doivent se développer très rapidement vu leur importance dans son existence. Au cours de la première semaine, le nouveau-né doit s'adapter en premier lieu à un monde extérieur inconnu et ensuite, après avoir vécu dans une pouponnière affairée, il doit s'intégrer à l'ambiance plus douce et plus personnelle de la maison.

Et *vous* voilà. La routine et le partage des responsabilités, qui vous aidaient à maîtriser vos émotions à l'hôpital, commencent à s'évanouir dès que l'infirmière vous aide à vêtir le bébé dans votre chambre. La garde vous accompagne à la voiture et, presque cérémonieusement, elle vous remet le bébé. (C'est un rite observé dans bien des hôpitaux.) Du coup, cette minuscule créature qui commence tout juste à sembler bien réelle, *vous* appartient! Maintenant, vous allez pouvoir le dorloter autant que vous le désirez; vous allez pouvoir jouer avec lui après la tétée et l'observer à loisir. Et au moment où vous prenez conscience de vos nouvelles responsabilités et de vos privilèges, toutes les craintes, tous les doutes et l'énorme manque de confiance que vous réprimiez jusqu'ici à moitié surgissent en force.

La nouvelle mère qui ressent à la fois cette joie, cette responsabilité et cette angoisse accablante, n'est pas seule dans son cas. Toutes les nouvelles mères connaissent de semblables sentiments. Beaucoup d'entre elles ont envie de fondre en larmes — et souvent même le font sans pour autant savoir pourquoi. Elles se demandent si elles sont de mauvaises mères ou même si un tel manque de contrôle n'indique pas un début de folie.

Vous avez peut-être l'impression d'être complètement et constamment vidée. *Tout* vous demande un effort démesuré et le moindre détail qui cloche suffit à provoquer chez vous une crise de larmes. Si vous trouvez enfin le courage et l'énergie de faire quelque chose de constructif, vous en êtes vite épuisée. Ou bien, si vous n'arrivez pas à entreprendre quoi que ce soit, vous vous en voulez. Vous savez bien que votre mari voudrait que vous lui accordiez plus d'attention; mais vous ne pouvez guère tolérer le moindre geste affectueux. Par ailleurs, vous vous sentez seule, délaissée; vous avez l'impression que personne ne veut de vous. Si par malheur quelqu'un vous fait attendre plus de quinze minutes, vous êtes convaincue qu'il agit de la sorte parce que vous êtes la femme la moins attirante, la moins intéressante du monde. Pour la première fois de votre vie, vous n'êtes d'accord avec personne. Même si votre médecin vous a déconseillé d'inviter les gens à venir vous rendre visite et à venir voir le bébé à cause de votre fatigue et des risques d'infection que cela représente pour l'enfant, vous téléphonez à vos amis pour les encourager à venir. Non seulement vous êtes un peu déprimée et cafardeuse, mais il vous arrive même d'être jalouse des autres. Si une femme plus âgée, forte de son expérience, s'occupe calmement du bébé, ça vous paraît menaçant. Vous ne pouvez vous empêcher de comparer sa compétence avec votre confusion et votre impuissance et vous voudriez choisir un coin tranquille et vous y rouler en boule. Le bébé lui-même vous fait peur: il est tellement exigeant, ses pleurs ne semblent jamais cesser, vous n'arrêtez pas de le nourrir.

Le contraste entre vos cauchemars, votre impatience avec le bébé et l'image de la mère idéale que vous voudriez être vous donne envie de pleurer; tout comme votre certitude que d'autres jeunes mères s'en tirent bien mieux que vous. Mais rassurez-vous: l'adaptation physique et la période de récupération qui doivent suivre l'accouchement sont à l'origine de ce genre d'émotion et de comportement, que d'aucunes appellent «le choc opératoire».

Vous aurez peut-être la chance d'être parmi les femmes qui ne se ressentiront guère, ou à peine, de ce genre de dépression. La durée de cet état dépendra de votre état général, de l'appui que vous trouverez chez vos proches, de la facilité ou la difficulté de l'accouchement et de vos propres énergies et motivations. Chez certaines femmes, le retour à l'ambiance familière de la maison déclenche déjà un début d'amélioration. Chez d'autres, l'énorme ajustement à faire épuise au contraire leurs réserves physiques et émotives; il peut même les empêcher de dormir et de manger convenablement et de maîtriser leurs émotions.

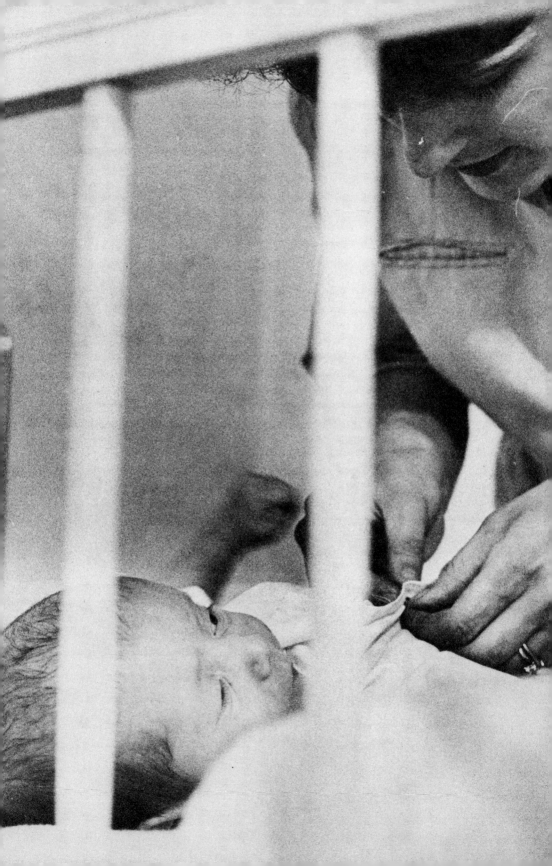

Malheureusement, la société moderne ne fait rien pour aider la femme à combattre ses états dépressifs. Trop d'entre elles ont l'impression qu'elles ne peuvent demander de l'aide à personne. Le nouveau père, lui, est souvent encore plus démuni que sa femme. Prendre une aide à la maison coûte cher et beaucoup de mères ont l'impression que la présence d'une infirmière briserait l'intimité familiale. Le médecin est disponible à certaines heures seulement. Même les livres sur l'enfance, qui sont pourtant destinés surtout aux jeunes parents, ne sont d'aucun encouragement, puisqu'ils se bornent à affirmer la plupart du temps qu'il faut d'abord prendre en considération les intérêts du bébé. Encore qu'il soit à peu près impossible de s'oublier à ce point pendant une période d'adaptation personnelle aussi exténuante, *l'évidence* avec laquelle parlent ces livres est bien lourde à porter et ne concourt bien souvent qu'à diminuer de plus en plus la mère, jusqu'à ce qu'elle se sente tout à fait hors de la course.

En fait, l'entourage immédiat de la nouvelle mère s'avère souvent d'encore moins de secours qu'en temps normal. Sa mère partage peut-être sa souffrance à distance; son mari et ses premiers enfants sont peut-être encore plus exigeants que d'habitude, puisqu'ils doivent eux aussi s'adapter au nouveau-né.

L'enfant de deux ans que vous aviez tellement hâte de retrouver a peut-être l'impression que vous l'avez abandonné. S'il s'intéresse au nouveau-né, c'est par devoir, et il a très peur que vous ne le quittiez de nouveau. Son père même peut sembler le négliger pour reporter toute son attention sur le nouveau-né, cet intrus. L'aîné peut paraître extraordinairement tranquille ou agressif envers vous et le bébé, ou encore très exigeant. Il se donnera peut-être en spectacle, ou fera toutes sortes de bêtises afin de distraire votre attention de son rival. La maîtrise nouvellement acquise de ses sphincters peut s'envoler; et il insistera peut-être pour que vous le nourrissiez comme quand il était tout petit. Si vous gardez votre calme et votre sang-froid devant ces comédies, vous comprendrez peut-être les raisons qui le poussent à agir de la sorte et vous pourrez veiller à l'entourer en conséquence et à le rassurer. Si vous acceptez ses intrusions et ses investigations avec bonne humeur, vous l'aiderez probablement à satisfaire sa curiosité et à minimiser les chances que de tels incidents se répètent. Si par contre vous le repoussez, vous ne réussirez qu'à renforcer son sentiment d'exclusion, sa peine et sa jalousie.

A deux ou trois ans, les réactions de l'enfant sont complexes. Il essaiera peut-être de faire face aux changements survenus en famille; face à votre préoccupation pour le nouveau-né, il fera semblant d'ignorer votre présence ou bien il s'efforcera peut-être d'imiter vos moindres gestes; il prodiguera des soins maternels à «son» bébé chaque fois qu'on le lui permettra. Dans une famille nombreuse, l'enfant pourra se défouler de sa véritable hostilité aux dépens d'un cadet. Il le poussera à désobéir et à faire des bêtises ou il le taquinera jusqu'à ce qu'il pleure de frustration.

Et pendant tout ce temps, votre mari doit également s'adapter à la situation. Dès que vous arrivez chez vous, il commence une tirade pour raconter tout ce qui allait de travers pendant que vous étiez à l'hôpital. Il ressentira peut-être comme une «invasion» la présence de sa mère ou de sa belle-mère si l'une d'elles est venue vous aider. Il n'est pas tout à fait sûr de l'effet, en lui-même, qu'aura ce nouvel enfant sur l'avenir de votre couple.

Notre société ne fait pas grand-chose non plus pour faciliter l'adaptation du nouveau père. Bien que certains hôpitaux permettent au mari de rester aux côtés de sa femme pendant le travail, très peu lui permettent d'assister à l'accouchement. Après la naissance, l'enfant et la mère lui sont inaccessibles. Il ne peut voir sa femme qu'à certaines heures seulement, et pour peu de temps, car celle-ci doit se reposer et s'occuper du nouveau venu; de là qu'il s'en prenne aux forces déjà limitées de sa femme quand ses propres désirs prennent le dessus. Une vitrine et des infirmières penchées sur le berceau le séparent de son propre enfant. Il ne peut le toucher; il peut à peine voir son visage qui par miracle n'est pas couvert. S'il a le culot de demander à prendre l'enfant dans ses bras, on le replace: «Il est étranger et non stérilisé.» La première fois qu'il voit vraiment le bébé, c'est quand l'infirmière le déshabille pour lui mettre ses «vêtements de sortie».

Si l'émerveillement de votre mari devant l'enfant, sa réticence à l'accepter avec sa peau jaune et plissée, sa crainte de le toucher et de le prendre dans ses bras vous amusent, dites-vous bien qu'il n'a pas eu quelques jours comme vous pour s'y habituer. Il se peut qu'il n'ait trouvé personne à qui confier ses craintes; qu'il se demande quel comportement avoir en tant que père. Puisqu'il n'a eu l'occasion de voir le bébé qu'à la pouponnière seulement, il ne ressent guère encore ses liens de parenté. Comme vous l'avez peut-être remarqué, il est un peu nerveux. Il peut être un peu jaloux du fait qu'il ne peut porter l'enfant dans ses bras quand vous quittez l'hôpital; ou au contraire, l'idée même de le prendre dans ses bras peut le terrifier. A la maison, il veut peut-être le prendre sans toutefois oser le dire, ni encore moins s'y essayer.

Il faut encourager ces velléités en lui demandant de prendre le bébé, d'aider à donner le biberon, le bain ou à l'habiller. Même s'il ne veut pas encore accomplir ces tâches tout seul, il apprendra ainsi comment faire et pourra se débrouiller si jamais le besoin se faisait sentir plus fort. Une fois qu'il se sentira plus confiant en s'occupant du bébé, son propre instinct paternel, qui existe même si différent du vôtre, prendra le dessus.

La présence de votre mère ou de votre belle-mère peut être d'un grand secours au cours des premières semaines à la maison. La nouvelle grand-mère apporte surtout son appui moral et son expérience de mère de famille. Elle sera peut-être prête aussi à tenir la maison, à s'occuper du bébé, et même, si les rapports qu'elle entretient avec votre mari s'y prêtent, à soulager la tension de ce dernier.

Le rôle de la grand-mère, cependant, n'est pas facile. En plus d'être tiraillée entre son besoin de rester avec vous et son désir d'être chez elle, elle aura peut-être à surmonter votre jalousie. Elle est la cible rêvée de vos colères, de vos frustrations, de vos réactions de défensive, alors qu'elle est sans doute elle-même en train de lutter intérieurement pour tenir la promesse qu'elle s'était faite voire, se tenir dans l'ombre et s'abstenir de donner des conseils. Elle retournera peut-être chez elle à la fin de son séjour avec l'impression qu'elle n'a pas réussi à soulager votre tension. Elle peut, cependant, vous donner à vous et à votre mari le temps de vous retrouver et de vous occuper à deux du bébé. Personne ne pourra remplir les fonctions qui vous incombent à votre place. Mais, selon le tact avec lequel votre mère ou votre belle-mère le feront, quelques-unes de leurs suggestions atteindront peut-

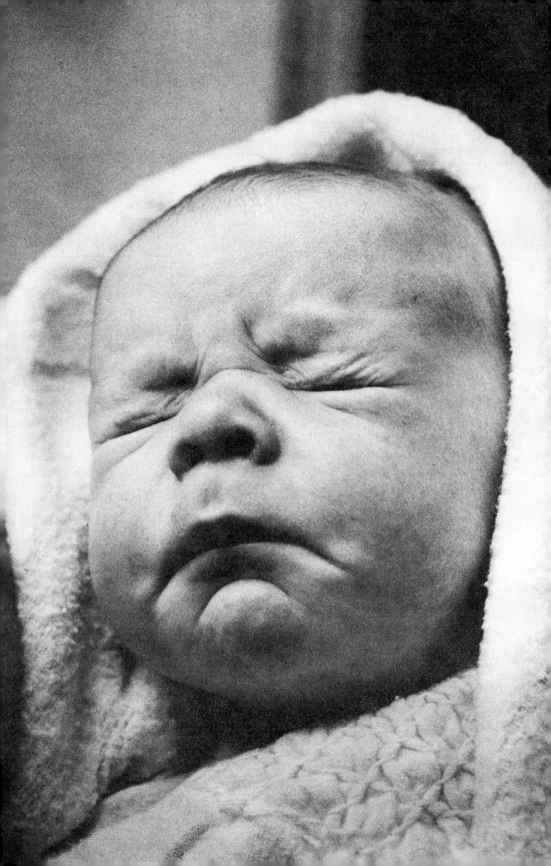

être leur but et vous viendront en aide quand elles seront parties.

Une vie réglée par l'habitude

Entre-temps, le bébé doit s'adapter d'une façon toute aussi dramatique. La vie à la pouponnière n'a presque rien en commun avec la vie en milieu familial dans une chambre calme. Là-bas, le bébé a appris à se défendre contre une lumière trop intense, le bruit constant des infirmières occupées et des enfants qui pleurent, contre l'inconfort physique des manipulations impersonnelles et parfois brusques, il a dû souvent rester mouillé ou sale, souffrir de la faim si ses besoins se faisaient sentir à des heures qui ne coïncidaient pas avec l'horaire de l'hôpital.

Le bébé sera tout désorganisé pendant les quelques jours qui suivront son arrivée à la maison. La plupart des nouveau-nés sont actifs à la naissance, tranquilles pendant quelques jours, puis actifs de nouveau pendant les premières journées passées à la maison. Ils pleurent beaucoup, mangent peu ou mal, et irrégulièrement. Si vous allaitez votre bébé, il tétera peut-être chaque sein pendant trente ou quarante minutes à certains jours, et pendant dix ou vingt minutes seulement à d'autres. Vous aurez peut-être plus de mal à le calmer que vous n'en aurez plus tard. Il se réveille en sursaut, respire irrégulièrement, éternue, recrache, vomit parfois et sursaute fréquemment.

Le bébé d'un mois consacre plus de temps au sommeil qu'à toute autre activité, pleure plus qu'il n'est actif et divise le peu de temps d'éveil qui lui reste entre la somnolence et l'état alerte. Il dort beaucoup plus qu'un adulte, au moins douze heures et en général quatorze heures par jour. Même si vous croyez, parce que ses yeux sont fermés, qu'il dort bien davantage, vous constaterez qu'il passe des périodes d'éveil les yeux fermés et qu'il peut percevoir des stimuli et y répondre.

Sa façon même de dormir ne ressemble pas à votre sommeil. Le sommeil de l'adulte compte deux stades. Celui du nourrisson en compte trois, même si les différences entre ces stades sont moins marquées que chez l'adulte. Le sommeil peut être léger ou agité, périodique ou profond. Le sommeil profond se caractérise par l'absence d'activité, les paupières bien fermées et une réponse presque imperceptible à la stimulation.

De façon générale, le sommeil du nouveau-né est léger. Les scientifiques ont pu enregistrer les ondes du cerveau et constater qu'une plus grande mobilité distingue le sommeil du rêve. A la naissance, environ la moitié du sommeil est agité et 20 à 30 pour cent du sommeil est profond. Le niveau du sommeil varie d'après un horaire intérieur. Le bébé peut se réveiller régulièrement toutes les trois heures ou bien crier plus sporadiquement, lever la tête, avancer jusqu'à la tête du lit et se calmer. Presque toutes les périodes de sommeil profond sont d'une durée d'environ vingt minutes. Aux environs de la deuxième semaine, les périodes de sommeil se régularisent au point de pouvoir prévoir le moment précis où le bébé se réveillera ou deviendra agité. Peu à peu, ce mode se renverse: le sommeil du bébé de huit mois est composé, comme le sommeil de l'adulte, de 50 à 70 pour cent de sommeil profond et de 20 à 25 pour cent de rêve.

Quand le bébé dort d'un sommeil léger, il est plus sensible aux stimulations externes et internes, et vous pourrez observer toutes sortes de comportements. Il pleurniche, grimace, sourit, ricane, fronce les sourcils, boude, travaille de la bouche, respire irrégulièrement, et, si on y regarde de très près, on peut voir ses yeux bouger fébrilement derrière ses paupières. Le sourire du sommeil est différent du sourire social qu'on verra plus tard. Quand il sourira de ce dernier sourire, ses yeux seront brillants et tout le visage s'illuminera en réponse à un visage ou une voix. Le sourire du sommeil, provoqué souvent par un bruit quelconque, n'implique que les muscles inférieurs du visage.

Plutôt que de dormir pendant de longues périodes de temps, les nouveau-nés répartissent leur sommeil sur des périodes plus courtes, dont la plus longue est d'environ quatre ou cinq heures. D'habitude, ils font sept ou huit siestes entrecoupées de périodes éveillées qui varient, depuis une somnolence très près de la stupeur, jusqu'aux pleurs désespérés accompagnés de battements effrénés de bras et de jambes.

Il arrive que le bébé se tortille, donne des coups de pied, ou suce son poing pendant des périodes pouvant totaliser douze heures par jour. Certaines causes de cette activité accrue nous sont relativement connues. Le bébé devient plus actif avant de manger et avant d'uriner. Il peut également être incommodé par la douleur ou un dérangement quelconque; il se laissera parfois aller à une poussée d'activités effrénées que vous seule serez en mesure d'arrêter. Son activité même le dérange et le prépare à reconnaître plus tard les stimulations gênantes. Plus il devient sensible, plus il lutte vigoureusement. Certaines poussées d'activités semblent provoquées par la fatigue, par de longues périodes de veille ou par l'exploration visuelle de ce qui l'entoure.

Certaines causes psychologiques peuvent aussi entrer en jeu. Des langes trop lâches peuvent faire enrager le nourrisson, même s'ils ne causent aucune douleur; il se calmera dès qu'ils seront bien serrés.

Toute cette activité peut paraître bien futile à vos yeux d'adulte; cependant, elle constitue un facteur extrêmement important de la croissance du bébé. Ces premiers mouvements des bras différeront énormément plus tard; ils deviendront coordonnés avec les réflexes du bébé pour s'intégrer à l'ensemble de ses activités motrices à mesure qu'il se développera.

Pourquoi pleure-t-il?

Très souvent, le bébé se met à pleurer ou à pleurnicher en faisant aller ses jambes et ses bras. La plupart du temps, ce comportement se manifeste quand il a faim ou soif, quand il est fatigué ou frustré. Il ne faut pas oublier que pleurer représente le premier moyen de communication dont dispose le bébé. Même si c'est un mode de communication rudimentaire, il est utile en partie parce que les pleurs sont interprétés comme des signaux de détresse chez les adultes aussi bien que chez les enfants et en partie parce que les pleurs finissent toujours par énerver celui ou celle qui les entend. Quoi qu'il en soit, quand le bébé pleure, il y a toutes les chances que la mère aille voir ce qui le fait pleurer.

Certains jours, le bébé peut avoir jusqu'à quatre ou cinq périodes de pleurs, d'une durée de vingt ou trente minutes chacune, avant de manger, de dormir ou d'éliminer. Si vous le couchez sur le ventre, vous écarterez peut-être une partie de ces pleurs, puisque c'est encore dans cette position qu'il peut le mieux contrôler la réaction de surprise qui accompagne ses pleurs. D'autres jours, le bébé peut pleurnicher en se tortillant

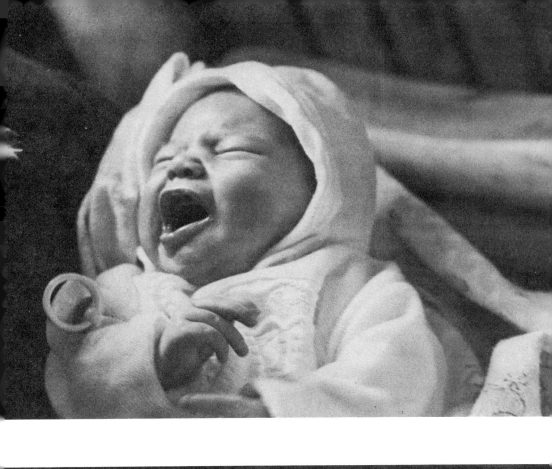
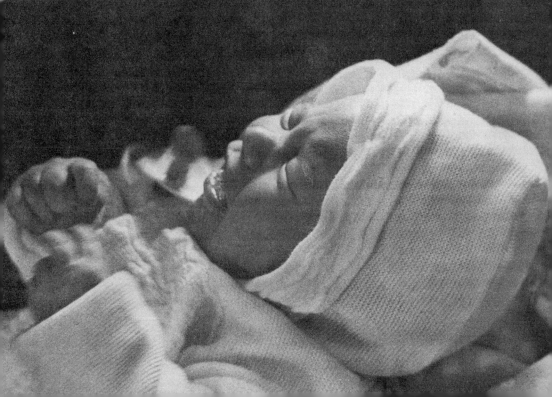

pendant une seule période allant d'une à trois heures. De telles crises peuvent clore une journée pleine de bruits ou d'activités, ou bien se produire uniquement en fin de semaine, quand le père est à la maison, ou encore quand sa mère est sujette à la dépression.

Après avoir passé des heures couché à regarder autour de lui, le bébé se mettra peut-être à pleurnicher tout doucement. Au début, vous pouvez lui parler; il deviendra alerte et étudiera votre visage pendant quelques minutes. Vous pouvez le bercer pendant trente minutes ou presque, avant qu'il ne soit fatigué de nouveau et ne se remette à pleurer. Mais, tôt ou tard, il atteint un point où il est impossible de le réconforter pendant plus de cinq minutes. Qu'on joue avec lui, qu'on le berce, qu'on le lange, qu'on le change de couche, qu'on le nourrisse, rien n'y fait. Il continue à pleurer pendant de grands bouts de temps, puis il se calme graduellement pour en arriver à de grands sanglots qui le font frémir, et s'endort enfin. Il est possible que ces périodes soient dues à un besoin de dépenser un surplus d'énergie avant de pouvoir se calmer effectivement. Le docteur Anna Freud parle de la désintégration du «moi» de l'enfant à la fin de la journée. La fatigue de la famille, la désintégration du «moi» de la mère et toute l'excitation qui entoure l'arrivée du père à la maison y contribuent aussi.

Des études consacrées aux pleurs des nourrissons démontrent que plus la tension environnante est forte, plus la crise de larmes est longue et intense. Le bébé capte les sentiments de son entourage et en est grandement affecté. Si la mère est fatiguée ou crispée, le bébé est difficile. Quand elle est disponible et reposée, il est tout à fait charmant. Les études démontrent que les pleurs «de cause inconnue» diminuent de façon spectaculaire dès que le bébé reçoit plus de soins maternels, c'est-à-dire quand on le prend plus souvent dans les bras, lui parle, l'écoute et le regarde davantage.

Ne vous découragez pas si vous ne réussissez pas à calmer le bébé aussi rapidement ou aussi facilement que vous le voudriez. Cela ne veut pas dire que vous êtes une mauvaise mère ou que quelque chose ne va pas chez l'enfant. Il se peut qu'une certaine dose de pleurs soit inévitable et même nécessaire. Les psychologues nous apprennent qu'une mauvaise journée, riche en larmes et en pleurnichages, peut être la manifestation de la tension qui précède le passage du bébé à un nouveau stade de développement. Les bonnes journées paisibles sont habituellement celles où le bébé continue son train-train au même niveau que la veille, sans changement important.

Il ne faut pas perdre de vue que les bébés diffèrent autant par la façon de les calmer, que dans leurs seuils de tolérance à la stimulation. Vous pourriez essayer une autre façon de le calmer: certains bébés aiment qu'on leur chantonne quelque chose, d'autres préfèrent qu'on les berce, d'autres encore veulent qu'on les tienne tout contre l'épaule; certains aiment être doucement serrés dans les bras, tandis que d'autres préfèrent sucer leur poing tout simplement.

Les bébés ont tendance à former des liens affectifs d'après le type de stimulation dont ils ont besoin et d'après le type de stimulation qu'ils reçoivent. Un bébé préférera l'oncle qui le chatouille ou telle voix mieux qu'une autre. Si vous observez soigneusement le comportement de votre enfant, vous trouverez la façon. Par exemple, vous pouvez le laisser pleurer pendant vingt minutes pour ensuite le serrer doucement dans vos bras, lui faire faire des bulles en lui donnant un peu d'eau sucrée et puis le remettre au lit pour le laisser pleurer de nouveau. Si vous le prenez ainsi, calmement, il se peut que cette routine arrive à le calmer.

Certains médecins ont constaté que les bébés pleurent moins quand leur mère les tient près de leur coeur. Ce serait le battement du coeur qui les calme. Cela vient peut-être du fait qu'ils ont déjà entendu battre le coeur de la mère tandis qu'ils étaient encore dans son ventre. A ce sujet, on a constaté que dès le premier mois les bébés ont une réponse à la musique, probablement parce que le rythme de la musique, de la plus primitive à la plus moderne, se situe en général entre 50 et 150 pulsations à la minute, tout comme le coeur humain. La plupart des mères, qu'elles soient droitières ou gauchères, tiennent tout naturellement leurs enfants à gauche — y compris les mères représentées dans les sculptures et la peinture, depuis les tableaux italiens de la Renaissance jusqu'aux oeuvres de Henry Moore et de Picasso.

Le bébé d'un mois, s'il est assez souvent éveillé, n'est alerte que pendant une partie de son temps d'éveil. On a enregistré environ trois heures de vigilance intermittente pour environ trente heures par semaine d'éveil. Ces périodes-là sont les périodes toutes indiquées pour jouer, pour socialiser, pour commencer à faire connaissance. Le bébé peut se reposer tranquillement sur le dos, alerte et à l'écoute, pour quelques minutes seulement, ou pour une heure au maximum, une seule fois ou plusieurs fois par jour. Il sera plus facile à calmer et répondra mieux à de nouveaux bruits, de nouvelles choses à voir, et d'autres stimulations après avoir été changé, nourri et tapoté, pour renvoyer un peu d'air, qu'avant, alors que la faim et d'autres sensations physiques désagréables pouvaient le gêner.

Au début, la vigilance du bébé n'augmente qu'à condition qu'il soit à l'aise. Il est donc très important de veiller à ce qu'il le soit le plus souvent possible. Même si elles vous semblent très brèves, ces périodes de vigilance sont des pré-requis pour tout apprentissage plus avancé. On explique à l'Institut national américain de la santé mentale que le temps plus ou moins grand que l'enfant passe à un niveau de conscience donné influence très fortement sa façon de percevoir le monde, la sorte de discrimination dont il sera capable et son niveau d'organisation mentale. Pour n'en donner qu'un exemple, la capacité primordiale de suivre des yeux et d'observer un objet avec minutie se développe surtout quand le bébé est éveillé.

Certains chercheurs ont même avancé la théorie que la stimulation visuelle des quatre premiers mois facilite le développement de l'appareil visuel. Un environnement stimulant donne au bébé d'un mois l'occasion d'organiser ses réponses d'après les événements extérieurs, plutôt que selon ses seuls besoins physiques. L'attention qu'il consacre à un goût, une odeur, un objet ou un bruit intéressants oriente son activité, qui serait, autrement, diffuse et sans but. Dès que le bébé à demi endormi ferme ses paupières, il y a spontanément un dégagement d'énergie qui semblait inhibée tant que les yeux étaient ouverts.

Puisque la vigilance du bébé risque de s'évanouir dès que le spectacle qui l'intéresse disparaît, vous pouvez le tenir en état d'éveil en attirant son attention sur un objet intéressant, comme un jouet qui bouge ou un mobile, ou bien sur un bruit, un jouet à clochettes par exemple. En fait, pour le petit bébé tout comme pour l'adulte, des rencontres significatives avec l'environnement sont une façon capitale de maintenir sa vigilance: un environnement provocant et intéressant peut même éveiller le bébé irritable ou somnolent. Par ailleurs, même si le bébé ne devient pas alerte, tant que ses paupières restent ouvertes, il semble enregistrer les expériences visuelles qui l'impressionnent. Il se peut que toute une gamme de stimuli d'apparence anodine influencent le processus d'apprentissage et le comportement du bébé, même s'il ne semble guère y prêter attention. Après tout, on peut aussi bien lire un livre ou voir un film sans communiquer ses impressions à qui que ce soit et sans modifier son comportement de façon visible.

Le nourrisson *choisirait* de rester éveillé pour la stimulation et l'activité. Une fois qu'il a été nourri et que l'on s'est chargé d'assurer son bien-être physique, c'est un fait certain qu'il n'a pas *besoin* de rester éveillé. Tout ce qu'il vous faut savoir est combien de sommeil, de stimulation et d'activité conviennent à votre bébé. Les nourrissons sont individualistes dans ce domaine comme dans les autres. Vous aurez tôt fait de découvrir combien d'excitation convient à votre bébé ainsi que la méthode la plus efficace de le calmer.

Si vous avez établi de bons rapports avec lui, vous répondrez tout naturellement à ses préférences. Quand il est crispé et excité, vous le calmerez. Quand il est calme mais bien éveillé, puisque c'est agréable pour vous deux, vous pouvez lui parler, jouer avec lui et lui montrer des objets. Le point essentiel à retenir est que si on aide le bébé à soulager ses tensions au fur et à mesure qu'elles apparaissent, il aura vite compris que le monde est un endroit sympathique où vivre, et que ça vaut la peine de faire la connaissance des gens qui l'habitent.

Le sein ou le biberon?

Les bébés consacrent beaucoup de temps aux repas, et ceux-ci constituent une partie très importante de leurs journées. Les détails précis de l'alimentation — le sein ou le biberon, à horaire fixe ou à la demande — comptent beaucoup moins du point de vue affectif que les rapports mère-enfant et le contexte dans lequel les repas se déroulent. La seule façon de nourrir le bébé qui soit condamnée à l'unanimité est celle où l'on cale le biberon contre un support quelconque plutôt que de le donner soi-même au bébé, puisque le bébé est ainsi privé de chaleur humaine et des sensations de sécurité et de plaisir qui l'accompagnent. Certains pédiatres croient même que ce manque peut diminuer considérablement les chances de l'enfant de se développer normalement du point de vue psychologique. Se retrouver seul avec un biberon, c'est une façon très dépersonnalisée de vivre un événement quotidien aussi important. Dans ce cas, le bébé ne peut s'en remettre qu'à ses propres ressources. Et cette attitude risque d'accentuer et de prolonger son attachement au biberon, puisqu'il est obligé de considérer celui-ci comme l'assouvissement premier de sa faim.

Exception faite de ce cas particulier, les tentatives scientifiques les plus exhaustives entreprises en vue de comparer les effets de l'allaitement au sein à l'allaitement au biberon ont démontré que les facteurs comme le sexe du bébé et la chaleur ou le rejet que renferme l'attitude de la mère comptent beaucoup plus que le mode d'alimentation. Ce qui paraît critique, c'est le genre et la quantité de stimulations sensuelles et sociales que la mère apporte à l'enfant et la façon dont elle comble ou ne comble pas ses besoins. Le biberon, comme le sein, donne au bébé de la sécurité et des stimulations tactiles et sociales quand on le tient doucement mais fermement, et qu'on parle et joue avec lui.

Il y a néanmoins des différences marquantes entre l'allaitement au sein et l'allaitement au biberon. Celui-là donne lieu à des contacts plus étroits entre la mère et l'enfant. Le plus grand avantage pour la mère est peut-être une sorte de paix intérieure, ressentie pendant et après l'allaitement. Les mères racontent qu'elles ont l'impression de donner une partie d'elles-mêmes au bébé et d'avoir communiqué pendant une courte période avec le bébé, dans ses termes. Elles ne se sentent pas coupables par la suite de le laisser pendant quelques heures pour s'occuper de leurs aînés ou d'autres travaux.

L'allaitement au sein offre aussi certains avantages physiologiques. Il prévient chez le nourrisson les problèmes d'alimentation, les réactions allergiques et la constipation. Il lui fournit aussi des anticorps qui le protégeront en partie contre les infections.

Si vous décidez d'allaiter votre bébé, sachez que la tension et la fatigue causées par le retour à la maison peuvent amener

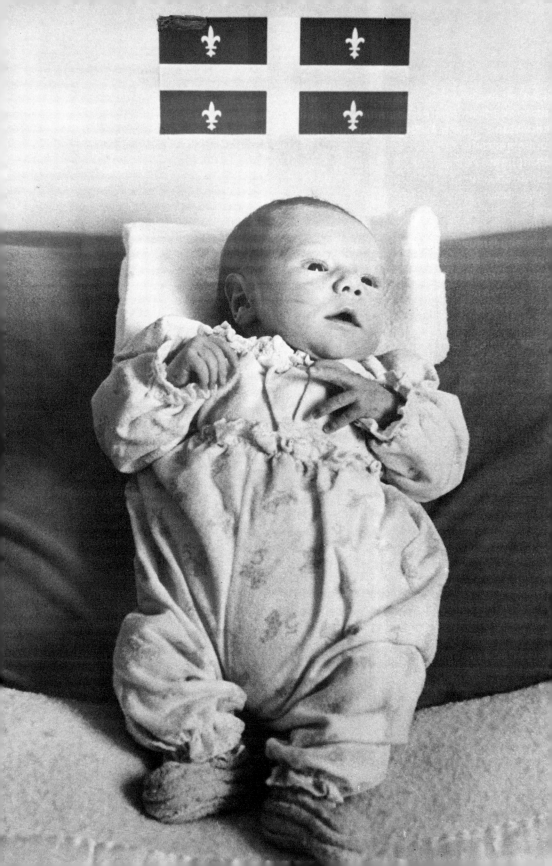

une diminution temporaire du lait. La mère qui veut allaiter doit se reposer et se détendre. Faites-vous aider par votre mère ou votre belle-mère, par votre mari ou par une gardienne. Ne vous faites pas de souci et n'essayez pas de tout faire vous-même en rentrant de l'hôpital. Il y va peut-être de la réussite ou de l'échec de l'allaitement.

Si vous allaitez vous-même votre bébé, présentez-lui quand même un biberon de temps en temps au cours des premiers mois. Autrement, il risque de refuser le biberon qu'il vous faudra lui donner si jamais vous êtes malade ou manquez de lait pour une raison quelconque. Malgré leur refus initial, la plupart des bébés acceptent le biberon en cas d'urgence.

La mère qui allaite son enfant doit se garder de prendre au sérieux les nombreux commentaires dont elle sera l'objet. La plupart de ces petites pointes ironiques, du genre «Mais, vous allaitez toujours?», «Le bébé est beaucoup trop gros! (ou trop maigre)», «Comment, vous ne lui donnez pas encore de la nourriture solide?» sont surtout motivées par une espèce de jalousie mi-consciente. Une collègue même ou une grand-mère, qui ont pourtant allaité leurs propres enfants avec plaisir, peuvent être jalouses de votre ravissante harmonie.

Vous ne devez cependant pas vous sentir coupable si vous décidez de ne pas allaiter votre enfant. Vous avez peut-être des raisons personnelles d'en décider ainsi qui sont très valables. Les efforts que fait le médecin en vue de vous faire changer d'idée, avec les meilleures intentions du monde, ne sont pas pertinents. Vous sentez peut-être qu'il vous sera plus facile de laisser le bébé avec votre mari ou avec une gardienne s'il est habitué au biberon, ce qui est tout à fait juste. Ou vous sentez peut-être que l'allaitement au sein empièterait sur le temps que vous voulez consacrer à vos autres enfants. Vous pouvez aussi vous dire que puisque l'allaitement au sein apporte tant au bébé sur le plan affectif en si peu de temps, vous pouvez passer davantage de temps avec les aînés sans craindre de léser le bébé. Certaines mères craignent que l'allaitement au sein ne dérange les aînés. En fait, ce sont tous les soins, toute l'attention qu'on consacre au bébé qui dérangent les plus grands. En fin de compte, que vous allaitiez vous-même ou non, compte beaucoup moins pour le bébé que le fait d'avoir de bons rapports avec sa mère depuis le début.

Horaire fixe ou régime libre?

Tout comme la question de l'allaitement au sein ou au bibe-ron, celle de nourrir le bébé selon un horaire fixe ou de le nourrir uniquement quand il demande à être nourri soulève de vives controverses parmi les spécialistes de la première en-fance. Nourrir le bébé selon un horaire rigide peut s'avérer impossible s'il se réveille à heures irrégulières et demande des quantités variables de lait à chaque tétée. Et, s'il n'y a pas de problème, l'horaire trop rigide peut en devenir un. Le bébé sera parfois obligé de manger avant qu'il n'en ressente vraiment le besoin et, dans ce cas, ou bien il n'absorbera que peu de lait, ou bien vous aurez beaucoup de mal à le nourrir et il se réveillera bien avant l'heure de la tétée suivante. D'après l'horaire fixé, il ne pourra boire que plus tard, même s'il a très faim au réveil; entre le réveil et la tétée suivante, il se peut que ses tiraillements d'estomac deviennent tels que son niveau de tension baisse. Puisque la faim est une des motivations les plus importantes du nourrisson, dans un cas comme celui-ci, elle risque de nuire au bébé dans des domai-nes aussi importants que le sommeil et l'apprentissage. Au début, la faim augmente les activités dirigées comme celle de porter la main à la bouche pour les désorganiser ensuite. La faim transforme le sommeil profond en sommeil agité, puis en état d'éveil jusqu'aux pleurs violents et à l'agitation incon-trôlable. Un repas pris une fois que le bébé est parvenu à ce dernier stade risque d'être tout, sauf agréable.

La mère qui nourrit l'enfant selon un régime libre, permet au bébé de choisir les heures auxquelles manger et le laisse prolonger son sommeil comme il le veut. Au début, un tel ré-gime peut poser des problèmes. Vous avez sans doute à faire face à d'autres responsabilités: vous devez tenir compte des besoins de votre mari et de vos enfants plus âgés et, le cas échéant, vous devez songer au travail ménager ou au travail à l'extérieur qui vous empêchent de pouvoir toujours nourrir le bébé uniquement selon ses demandes.

Le bébé à qui l'on donne l'occasion de choisir l'heure des tétées a cependant vite fait de convertir cette liberté en ho-raire personnel. Il possède une tendance innée à régulariser ses habitudes de sommeil et de tétées. Au cours du processus de maturation, la quasi-totalité des bébés s'adaptent très bien à la vie familiale: ils dorment de longues périodes la nuit quand toute la famille a besoin de repos et ils commencent à absorber de plus grandes quantités de lait à intervalles moins rapprochées. Si la controverse horaire fixe/régime libre représente pour vous un dilemme insoluble, il vous faudra sans doute en arriver à une sorte de compromis, soit le régime libre modifié. Après avoir noté les heures auxquelles le bébé semble avoir faim, vous vous arrangerez pour le nourrir à peu près à ces heures-là.

La plupart des bébés ont vite fait de développer des cycles personnels très réguliers dans ce domaine. Certains tètent à toutes les quatre heures, tandis que d'autres préfèrent boire toutes les trois heures; d'autres encore boiront à toutes les deux heures et demie ou trois heures pendant le jour, mais seulement toutes les quatre ou cinq heures pendant la nuit. En réveillant le bébé pour la tétée le jour, vous pouvez l'amener tout doucement à dormir la nuit sans le réveiller. Votre régularité dans ce domaine est très importante, puisque tout changement subit peut provoquer la désorganisation et la détresse chez l'enfant. Une fois que le bébé est habitué à un horaire particulier, vous pouvez vous attendre à ce qu'il soit plus actif et qu'il pleure davantage dans l'heure qui précède la tétée. Il peut se montrer agité, sucer son poing ou enfin se mettre à pleurer en cherchant la tétine; vous saurez alors qu'il a appris à attendre la nourriture à heure fixe. Dès l'âge de six mois, il s'adaptera, comme s'il s'agissait d'une chose toute naturelle, à la routine des trois repas par jour, tout comme il se sera habitué à dormir toute la nuit en ne faisant que deux siestes pendant le jour.

Ne vous inquiétez pas et ne vous impatientez pas si votre bébé boit très lentement ou s'il absorbe moins de lait que ce que vous jugez nécessaire. Vous avez beau être convaincue des mérites du régime libre, si cette pratique vous rend tellement irascible que vous manipulez mal le bébé, la tétée sera alors aussi désagréable pour lui que pour vous.

Les bébés diffèrent énormément à la naissance quant au rythme, à la vigueur de téter et à la quantité de lait nécessaire. Les besoins alimentaires de votre bébé tout comme ses autres besoins lui sont personnels. Nourrissez-le d'une façon qui rende la situation agréable pour vous deux, afin de profiter chacun de la compagnie de l'autre. S'il n'a pas faim, enlevez-le du

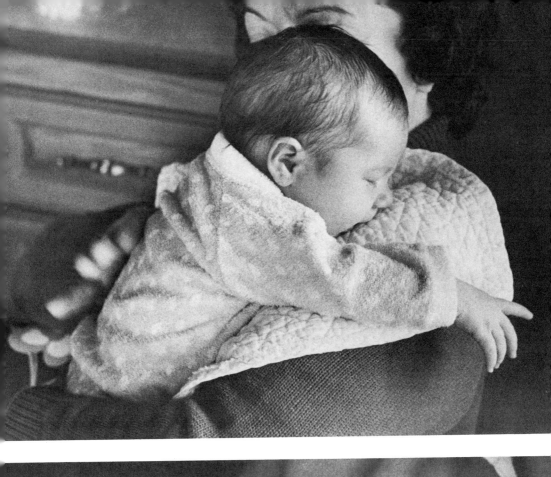

sein ou posez le biberon, jouez avec lui et parlez-lui. Qu'il boive ou non la dernière once ou les derniers centilitres de lait importe moins que ses sentiments à l'égard de l'expérience qu'il acquiert du monde et des gens qui le peuplent.

Bilan

Ce n'est exagéré en rien que qualifier de dramatique le retour du nouveau-né à la maison ou de dire que c'est un événement qui bouleverse tous les membres de la famille. Les trois semaines qui suivent le retour à la maison constituent probablement la partie la plus longue, la plus épuisante des rapports de la famille avec son nouveau membre. La plupart des familles sont sérieusement désorganisées quand il faut qu'elles reforment la cellule familiale agrandie. Peu à peu, cependant, vous retrouverez vos forces physiques et émotives. Les tendances dépressives de la première semaine font peut-être nécessairement partie de l'adaptation à la maternité. Même le bébé, bien qu'il semble encore passer le plus clair de son temps à dormir, a été constamment occupé à s'adapter à sa nouvelle vie dans le monde. Il a dû accomplir toutes sortes de nouvelles tâches en même temps et vous constatez qu'il a changé de plusieurs façons.

Le bébé pèse plus qu'il ne pesait à la naissance, même s'il a mis environ dix jours à regagner son poids initial.

Il est encore un paquet de réflexes, mais il est de moins en moins mou, en partie parce que son cerveau lui-même est plus consistant, moins gélatineux qu'au début. Ses muscles se sont raffermis. Des millions et des millions de connections nouvelles se sont formées entre les millions de cellules nerveuses de ses organes et de ses muscles.

Ses yeux ont maintenant moins tendance à rouler. Les douze muscles minuscules qui les contrôlent sont mieux organisés — le bébé apprend peu à peu à les maîtriser pour fixer ce qu'il veut voir, un peu plus rapidement et plus souvent qu'au début. Il essaie tellement de fixer son regard sur les choses, surtout quand il aperçoit un visage ou entend une voix, qu'il se met parfois à loucher et à avoir des frissons et des hoquets sous l'effort. Il commence à s'avancer, à «atteindre» le monde avec ses yeux.

La respiration du bébé est plus régulière. Il s'étouffe moins et les vomissements, les tremblements et les sursauts ont sensiblement diminué. Donnez-lui quelques semaines encore et les sursauts qui ponctuent son sommeil ne seront plus que des contractions occasionnelles du visage, des mains et des pieds.

Les cycles du sommeil et des tétées

Il y a des différences plus marquées entre les états d'éveil et du sommeil et moins d'états intermédiaires qu'au début. Le bébé se réveille surtout quand il a faim. Il pleure, mange, devient alerte, somnole et puis s'endort de nouveau.

D'autres cycles se précisent de plus en plus. Entre la troisième et la cinquième semaine, le bébé réduira peut-être le nombre de tétées, passant de sept ou huit par vingt-quatre heures à cinq ou six à intervalles de quatre heures pendant la journée.

Il n'a probablement plus sept ou huit périodes de sommeil par vingt-quatre heures, mais trois ou quatre siestes par jour et il en aura probablement combiné deux autres pour arriver à dormir pendant cinq ou six heures d'affilée la nuit, peut-être après la tétée de vingt-deux heures. Il est en train d'établir un cycle élémentaire de calme et d'activité, nocturne et diurne. A deux semaines, il absorbe jusqu'à 18 onces [53 cl] de lait par jour. A quatre semaines, il peut en absorber 24 ou 25 onces [70 ou 75 cl].

Pendant les dix premiers jours, le bébé était sujet aux pleurs excessifs accompagnés de mouvements mal coordonnés, mais le temps consacré aux larmes diminue à mesure que la compréhension avec laquelle vous le prenez augmente et que votre angoisse disparaît. Les périodes pendant lesquelles il est alerte et intéressé au monde s'allongent. Il a appris à sucer son poing ou son pouce et peut lui-même avoir recours à cette activité pour se calmer. A mesure que le temps passe, il se peut qu'il distingue clairement les deux premiers doigts de sa main et qu'il apprenne à les sucer bruyamment, à sa grande satisfaction. Après ses périodes d'agitation, il semble manger et dormir mieux.

Déjà, vous comprenez très bien le langage de ses pleurs. Vous distinguez des pleurs de faim, de gêne, de douleur ou d'ennui. Vous avez également connaissance de quelques sons nouveaux: des sortes de roucoulements gutturaux.

Une toute nouvelle émotion fait son apparition chez le bébé: le plaisir. Il pleure quand il est mouillé et se calme quand on le change. Il aime beaucoup prendre un bain, probablement parce qu'il aime la façon dont on le manipule quand on le baigne.

Un nouveau genre de pleurs, qui survient immédiatement avant que l'enfant ne s'endorme, signale un nouveau stade de développement. Le bébé est prêt à vivre de nouvelles expériences. Il veut qu'on le prenne, qu'on le promène ou qu'on le cale contre un appui pour pouvoir regarder autour de lui.

Vous remarquerez peut-être également, quand il fixe obstinément des objets, parfois jusqu'à dix ou quinze minutes, qu'il s'ensuit un nouveau type de comportement. Il s'excite à la vue d'une personne ou d'un jouet. Il fait bouger ses bras et ses jambes, halète, vocalise, et sourit même avec empressement.

Le bébé ne peut encore distinguer ses actes de leurs résultats. Le monde est faim, chaleur, humidité ou sensation de bien-être. Les choses semblent apparaître et disparaître devant le nouveau-né comme s'il les regardait, ainsi que le docteur Jean Piaget, à travers la vitre d'un train en marche. A quatre semaines cependant, il commence à répéter certains actes pour eux-mêmes; il donne, par exemple, des coups de pied pour le seul plaisir de la chose.

Même s'il n'a pas encore de «moi» ou de «je», l'enfant commence à distinguer certaines personnes de son entourage d'après leur voix. Son visage s'illumine quand son frère ou sa soeur lui parlent doucement. Il reconnaît plus particulièrement la voix de sa mère, même si elle semble souvent lui plaire beaucoup moins que les autres. Il arrive qu'il cesse l'activité dans laquelle il était absorbé pour se tourner lentement vers la voix de sa mère, mettre son poing dans la bouche et froncer les sourcils, se tortiller ou pleurnicher. La voix du père provoque peut-être plus facilement son sourire et il y répond souvent pendant une plus longue période de temps. Cette différence vient peut-être d'une sorte d'association de répliques d'une certaine discrimination. Le père est peut-être plus détendu en présence du bébé ou les rapports qu'il entretient avec l'enfant sont peut-être plus «purs» que ceux qui existent entre la mère et l'enfant, celle-là pouvant être distraite par les soins à donner ou par d'autres enfants. L'enfant peut également associer le père avec le jeu et la mère avec les choses sérieuses (manger). Et déjà, tout ce qui est associé à la tétée, la voix, les odeurs et la présence de la mère est chargé de significations.

Somme toute, le bébé se prépare à une poussée de croissance et à un développement prochain.

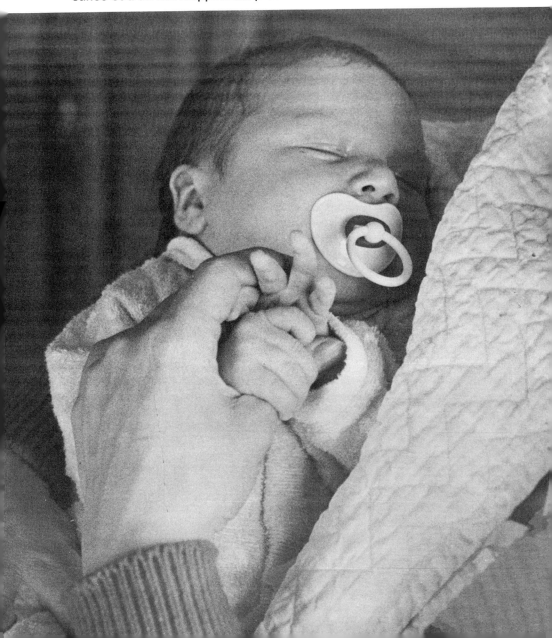

LE PREMIER MOIS

Développement moteur

Motricité brutale

Mouvements des bras, des jambes et des mains sont contrôlés par des réflexes. Sur le dos prédomine encore le réflexe tonique du cou (position de l'escrimeur). Donne des coups de bras et de jambe en jouant.

La tête s'affale si elle n'est pas tenue, tombant vers l'avant ou vers l'arrière. Sur le ventre, tourne la tête pour dégager son nez du matelas; lève brièvement la tête.

Sur le dos, peut se rouler partiellement sur le côté.

Position assise

Peut aligner la tête avec le dos quand on le tire jusqu'en position assise.

Fine motricité

Garde son poing fermé ou légèrement ouvert la plupart du temps. Quand on ouvre ses doigts, saisit la cuiller ou le manche du hochet, mais lâche presque aussitôt.

Fixe les objets du regard, mais ne tend pas la main.

Meilleure coordination des yeux.

Développement verbal

Développement actif

Outre les pleurs, commence à faire de petits sons gutturaux.

Passif

Est sensible aux voix.

Il ne faut pas considérer ce tableau comme un calendrier rigide. Les bébés sont imprévisibles. Beaucoup commencent à pratiquer une activité plus tôt ou plus tard que la date indiquée au tableau.

Développement mental	Développement social
	Développement personnel
Privilégie les motifs aux couleurs, luminosités ou volumes.	Répond de façon positive au confort et à la satisfaction; de façon négative à la couleur.
Reste alerte pendant une heure sur dix environ. Regards et expressions vagues et indirects la plupart du temps.	**Réaction à l'environnement**
	Peut sourire en réponse à un visage ou à une voix.
Coordonne le mouvement latéral et vertical des yeux en regardant la lumière ou un objet. Suit un jouet allant de l'extérieur vers le milieu de son corps. S'excite à la vue d'une personne ou d'un jouet. Les regarde seulement s'ils se trouvent dans sa ligne de vision. Les "perd" immédiatement s'ils restent trop longtemps centrés.	Rive ses yeux au visage de sa mère en réponse à son sourire. Contact direct d'oeil à oeil. Se calme en regardant des visages.
	Adapte sa position au corps de celui qui le tient. Tend les mains pour saisir les gens. Tète le sein.
Peut se rappeler d'un objet si celui-ci réapparaît en moins de deux secondes et demie. S'attend à être nourri à certaines intervalles.	Peut reconnaître la voix de ses parents.
	Affiche une expression vague et impassible la plupart du temps.
Se calme quand on le tient ou à la vue d'un visage. Pleure délibérément quand il a besoin d'aide.	**Développement culturel** **Habitudes de vie**
Les réflexes fonctionnent mieux.	Cycles quotidiens de sommeil, de pleurs et de repas caractérisés par la plus grande désorganisation. Boit deux fois la nuit; cinq ou six fois dans la journée.
	Trois ou quatre selles par jour.

LE DEUXIÈME MOIS

LE SOURIRE

Après le premier mois, où le bébé était accaparé par l'adaptation à la vie dans un monde nouveau, le deuxième mois, relativement calme, lui donne l'occasion de grandir beaucoup et de se socialiser encore davantage. Il n'est plus un simple jouet, mais un membre de la famille à part entière. Par ailleurs, vous aurez l'impression de le voir grandir devant vos yeux: au cours des mois à venir, certains bébés prennent jusqu'à deux livres [1 kg] par mois. Le bébé d'un mois commence à apprendre à contrôler sa tête. Celle-ci est maintenant beaucoup plus stable et il la maintient parfois à un angle de 45 degrés pendant quelques minutes pour regarder autour de lui. La prise volontaire commence déjà à remplacer la poigne réflexive.

Quand le bébé est calme, il est peu sujet aux mouvements erratiques ou saccadés, mais dès qu'il s'énerve, de tels mouvements réapparaissent immédiatement. Son menton, ses bras, et ses jambes se mettent alors à trembler. Un cri d'enfant, le claquement d'une porte ou un autre bruit inattendu le fera sursauter, il tendra automatiquement ses bras et ses jambes et arquera son dos. De jour en jour, cependant, vous remarquerez que ses mouvements sont de moins en moins brusques. Des modes élémentaires de style et de développement personnels se précisent de plus en plus. Le bébé tranquille poursuit son cheminement, dort beaucoup, reste calme quand il est réveillé et mange probablement très bien. Le bébé actif peut vous donner l'impression de parcourir des montagnes russes à une allure folle, tandis que vous suivez les hauts et les bas de son cheminement personnel. Mais plus intéressant encore, votre bébé apprend à appliquer quelques-uns de ses réflexes innés à de nouvelles situations, à regarder les gens et à sourire.

La routine et la régularité

Déjà, à deux mois, le bébé peut se montrer très régulier dans ses exigences. Il peut boire jusqu'à 35 onces [1 l] de lait par jour. Pendant le jour, il demande encore une tétée toutes les quatre heures (les tétées peuvent maintenant durer jusqu'à quarante minutes), et vous le rappelle sans faute si vous êtes en retard. Il peut pleurer avec tant d'insistance que ses pleurs résonnent dans toute la maison pour déranger tout le monde.

Le bébé ne se réveille probablement plus pour la tétée au milieu de la nuit, de telle sorte que vers la cinquième semaine son sommeil nocturne peut durer jusqu'à sept heures. Il mange ainsi cinq fois par jour et demande de temps en temps une tétée supplémentaire la nuit ou pendant la journée. A sept semaines, le bébé fera une nuit de sept heures et demie ou huit heures et dormira jusqu'à six heures du matin ou même plus tard. En général, les bébés cessent de demander à boire la nuit quand ils pèsent 11 livres [5 kg] environ. Evidemment, le moment auquel ils atteignent ce poids varie énormément. Certains bébés de deux mois, surtout les bébés tranquilles, demandent encore à être nourris toutes les quatre heures du jour et de la nuit parce qu'ils ne se fatiguent pas assez pendant le jour pour prolonger leur sommeil nocturne. Pour certains, rien, sauf le bébé lui-même, ne pourra changer ces habitudes.

Le bébé peut maintenant rester éveillé jusqu'à dix heures par jour en faisant une à trois siestes de une heure. S'il s'agit d'un bébé actif, ses mouvements secs et nerveux peuvent remplir toutes ses heures éveillées. Quand il est sur le dos, il bourdonne d'activité, faisant le moulin avec ses bras autour de la tête, et tournant son corps d'un côté et de l'autre. Il a encore de la difficulté à exécuter des mouvements plus raffinés. Si un de ses bras s'approche de sa bouche, il doit s'y prendre à plusieurs reprises avant d'y faire entrer le pouce.

Il arrive que l'activité physique précoce cause des ennuis tout simplement parce que la mère ne s'attend pas à de telles prouesses. Le bébé peut se propulser sur le ventre, par inadvertance, hors du lit ou d'une table. La mère d'un bébé actif doit veiller dès le deuxième mois à prévenir les accidents. Elle doit également trouver le moyen de garder le bébé couvert la nuit. Il est essentiel que le bébé actif puisse dépenser de l'énergie en bougeant; le sac de couchage est probablement la meilleure façon de le garder couvert, puisqu'il laisse les bras libres et que le bébé peut bouger sans contrainte. S'il doit passer la moitié de ses vingt-quatre heures à dormir, il ne faut pas qu'il soit attaché ou lié. Cette liberté est très importante pour son bonheur et son développement physique et influencera même peut-être la façon dont il concevra éventuellement le monde.

Tout comme il commence à manger et à dormir avec régularité, le bébé pleure encore à intervalles relativement prévisi-

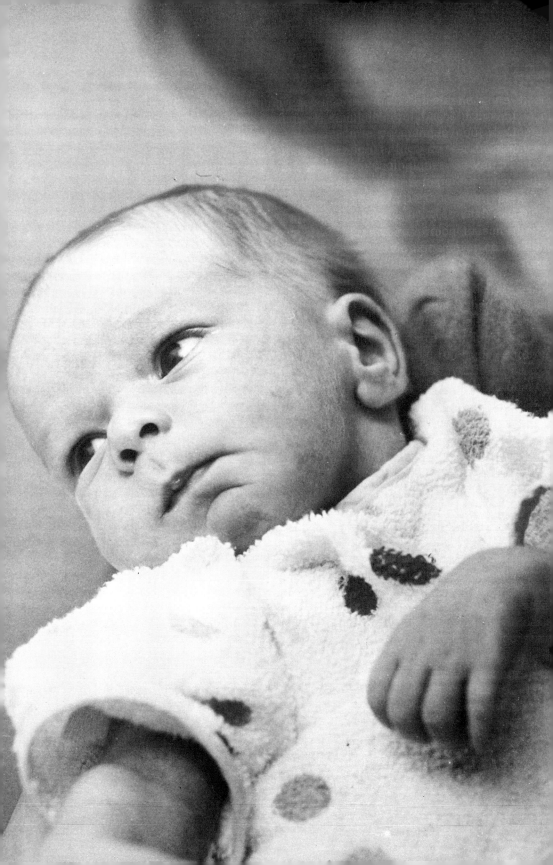

bles à chaque jour. A la fin de la journée, il a peut-être une période de pleurs intermittents qui dure environ une heure. Certains bébés semblent se désintégrer en fin de journée. Ils se contractent, diminuent leur activité et semblent concentrer toutes leurs forces sur de grandes respirations, menant à des poussées de cris stridents et constants. Ils deviennent violets et leur respiration semble même coupée; ensuite ils se calment, bâillent et se remettent à pleurer. (Avant la deuxième année, l'enfant ne cessera pas de respirer assez longtemps pour perdre connaissance.)

Il n'y a rien à faire pour calmer ce genre de bébé. Il refusera probablement de prendre n'importe quelle position que vous essaierez, et si vous le prenez dans vos bras, il se tortillera pour en sortir. Si vous le bercez avec vigueur ou si vous le prenez dans vos bras pour le promener rapidement, ceci aura peut-être un effet calmant passager, mais dès que vous cesserez ces efforts, les pleurs reviendront en force. Les recherches ont démontré que le fait de bercer le bébé qui pleure ne fait que renforcer et encourager des crises de larmes plus longues encore, tandis que le fait de le bercer quand il est calme engendre de plus grandes périodes de tranquillité et moins d'irritabilité.

Ce n'est pas parce qu'il a faim que l'enfant se comporte ainsi. Il se peut que vous réussissiez à lui faire avaler une once ou deux [3 à 6 cl] de lait quand il est énervé, mais manger ne l'intéresse pas vraiment et il recrache en général ce qu'il a bu à mesure que son agitation s'accentue. Il mangera plus volontiers quand la crise se sera passée.

Il n'y a pas de méthode miracle pour mettre fin à cet énervement. Les bébés de cet âge pleurent souvent parce qu'ils sont frustrés, sentant l'injuste déséquilibre qui existe entre leurs grandes capacités de perception sensorielle et leur accablante incapacité physique. Le temps et le processus de maturation règleront le problème. Le bébé peut passer plusieurs jours sans crise, pour ensuite pleurer tout au long de la troisième ou de la quatrième journée comme pour rattraper le temps perdu.

A vrai dire, le bébé commence à nous donner des compensations pour les crises de larmes et le premier mois d'irritation et de désorganisation. Le sourire, la réponse la plus engageante qui soit, a fait son apparition et d'autres émotions positives viennent contrebalancer ses expressions de malaise ou de dégoût. A deux mois, l'expression de dégoût est une vraie grimace provoquée par des saveurs nouvelles, amères ou salées. Certains enfants ont même des haut-le-coeur; ils deviennent violets, froncent les sourcils, serrent leur mâchoire et se détournent du goût offensant. Cependant, le bébé répond également à l'attention qu'on lui accorde maintenant et la perçoit comme une chose suffisamment désirable pour faire l'effort de l'obtenir. La plupart des bébés restent maintenant alertes et sensibles à leur entourage plus longtemps après les repas, parfois pendant une heure et demie. Après avoir fini la moitié de son repas, il peut s'arrêter pour regarder autour de lui ou pour vous sourire. Même si un tel comportement exaspère la mère qui est pressée, ce jeu est merveilleux pour l'enfant. Comme le dit le Dr Jacob L. Geuritz de l'Institut national de la santé américaine: «L'enfant qui est satisfait du point de vue biologique est tout à l'opposé de l'être passif et insensible qu'il est censé être selon les théories bien en vue de Freud. L'enfant très sensible à son milieu participe active-ment, régulièrement et de plus en plus à celui-ci dès que ses besoins organiques sont satisfaits. En fait il semble chercher une stimulation de plus en plus complexe en passant à des stades de développement de plus en plus élevés.»

En compagnie des gens, le bébé peut parvenir peu à peu à un spectacle de sourires et de pédalage. Il accomplit ses exploits très adroitement devant des admirateurs. Quand il est entouré de gens qui répondent particulièrement bien à ses exploits, il peut continuer d'y répondre pendant des périodes allant jusqu'à vingt minutes avant de se désintégrer d'épuise-ment. Le bébé actif peut arquer son dos, se tourner, se tortiller et pédaler tellement que vous vous épuiserez seulement à le regarder. Même quand il est irascible, il se laissera distraire par un frère ou une soeur. S'il est seul, il dispose de ses propres moyens pour se calmer: sucer ses doigts ou son pouce, tourner sa tête, observer un rideau qui bouge dans le vent ou écouter les bruits que fait sa mère. Presque imperceptible-ment, son irritabilité se transforme en sociabilité et en général, à la fin du deuxième mois, le bébé dirige une bonne partie de son énergie autre part. Pour la plupart des parents, les débuts de cette transformation ne deviennent apparents que quand ils jettent un coup d'oeil rétrospectif. Il se peut que vous continuiez à vous crisper dans l'attente de soirées difficiles quand le bébé les évite de lui-même depuis longtemps.

A cet âge certains bébés commencent à faire voir qu'ils préfèrent l'un ou l'autre côté du corps ou telle ou telle position pour dormir. Le bébé peut sucer son poingt droit, regarder du côté droit de son lit et garder sa tête tournée vers la droite dans sa chaise de bébé. Dès la sixième semaine, la pression constante exercée sur un côté de sa tête peut commencer à aplatir son crâne. Si votre pédiatre constate que des problèmes musculaires ou neurologiques, tel un muscle raccourci ou des nerfs du cou endommagés, ne sont pas à l'origine de cette préférence, vous pouvez essayer la méthode suivante: orientez le lit du bébé pour que celui-ci soit obligé de regarder à sa gauche pour observer la chambre ou voir des gens; vous pouvez aussi suspendre dans son lit des jouets placés légèrement à gauche pour qu'il soit obligé de tourner sa tête pour les voir. Soulever le matelas d'un pouce ou deux [2,5 à 5 cm] du côté droit pour que la force de gravitation aide le bébé à tourner sa tête du côté gauche peut également s'avérer utile. Vous n'avez pas à vous inquiéter de ce que sa tête soit définitivement aplatie, puisque la tête du bébé s'arrondit en grandissant au cours des dix-huit premiers mois. Dès qu'il pourra s'asseoir, le côté aplati subira moins de pression.

Si vous allaitez votre bébé, parce qu'il préfère peut-être un sein, il pleure, proteste ou se détourne du sein quand vous lui présentez l'autre. Ceci est peut-être en rapport avec une préférence innée de garder la tête sur un côté ou même avec une position intra-utérine à laquelle il s'était habitué. Si le fait de placer le bébé sur l'autre côté ne réduit en rien son penchant naturel, essayez de vous coucher pour l'allaiter ou bien de le tenir dans une position verticale.

La plupart des enfants préfèrent nettement une position particulière pour dormir, couché sur le ventre par exemple. Certains enfants cherchent le coin du lit pour y appuyer leur tête avant de s'endormir. Les analystes identifient cette pratique comme un effort pour retrouver l'utérus où la tête était engagée dans le bassin. Si votre bébé ne se montre pas difficile ou ne vous le fait pas comprendre par d'autres façons, cette préférence deviendra peut-être évidente seulement quand,

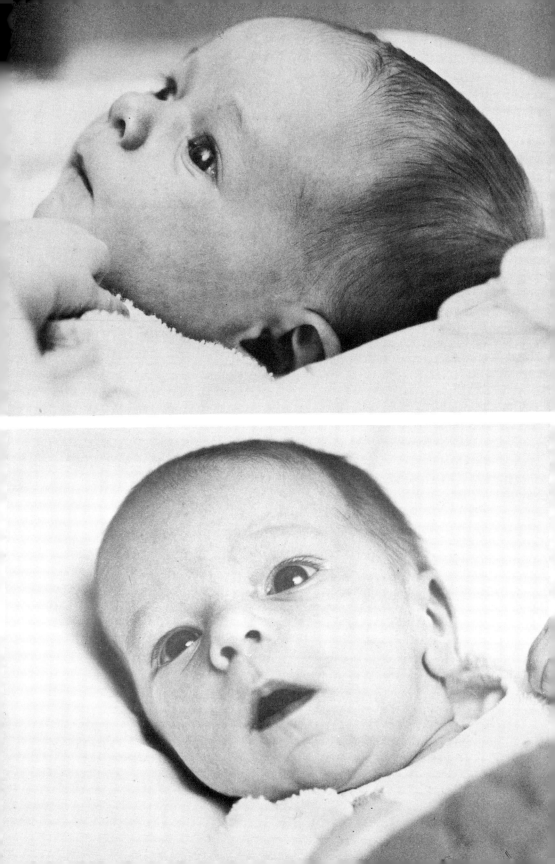

au moment de la sieste, il refusera de s'endormir s'il n'est pas couché sur son côté préféré.

Les mères s'efforcent souvent de modifier ce besoin de telle ou telle position parce qu'elles ont entendu dire que telle position est dangereuse ou que telle autre peut endommager les jambes ou les pieds. En vérité, il vaut infiniment mieux satisfaire le besoin de l'enfant d'adopter une position préférée et lui assurer ainsi un sommeil confortable que de débattre le pour et le contre de toutes les théories soutenues dans les divers livres sur les enfants. Le bébé, à moins qu'il ne soit malade, ne s'étouffera pas quand il est couché sur le dos. Couché sur le ventre, il ne s'enterrera pas dans la literie à moins qu'il y ait trop de couvertures. (Le pyjama chaud et le sac de couchage en hiver éliminent le besoin d'empiler de nombreuses couvertures sur l'enfant.) Certains pédiatres pensent que les orthopédistes exagèrent le rôle des positions de sommeil dans les causes des problèmes de pied.

Il commence à apprendre

Le bébé commence à faire des associations et à faire des discriminations entre de nombreuses sortes de comportements. Quand vous le mettez sur le ventre, il peut protester avec des cris de rage parce que c'est ainsi que vous le placez pour dormir, et qu'il n'aime pas dormir. Quand vous le mettez sur le dos, il se calme.

Il associe aussi certaines personnes avec un comportement particulier. Il semble avoir appris qu'un certain cri vous fait venir. Avant le repas, il suce ses doigts, mais dès qu'il est dans vos bras ses mains ne l'intéressent plus et il dirige ses efforts de succion vers la tétine. Si vous l'allaitez, il peut refuser le biberon si c'est vous qui l'offrez, puisqu'il vous associe avec une autre façon de boire. Son refus n'est pas dû à un dégoût inné pour le lait de vache, puisqu'il accepte le même biberon si c'est son père qui le lui donne. Mais cette association est tellement forte que le père peut le nourrir à la seule condition que vous ne soyez pas dans la pièce. Si le bébé entend votre voix dans une autre pièce, il refusera peut-être le biberon.

Le bébé concentre toutes ses forces pour regarder, pour diriger son attention vers toutes sortes d'indications de l'entourage et pour les garder en vue en tournant sa tête. L'importance physique de l'objet peut faire une différence. Dès 1964, on a découvert que le bébé de deux mois reconnaît les différences de taille entre les objets.

La flexibilité de la réponse visuelle commencerait également vers le milieu du deuxième mois. La lentille de l'oeil commence à s'adapter à la distance à laquelle se trouve l'objet de l'oeil. Dès le quatrième mois, la lentille s'accommode facilement de la vue des objets à des distances variées.

Des données expérimentales laissent croire que l'enfant de deux mois fait la distinction entre les sons et les objets visuels. Le nouveau-né n'essaie pas de lever ou de baisser sa tête pour suivre un bruit, mais il le fait à la vue d'une babiole voyante ou d'une lumière qui bouge. Le bébé de deux mois préfère les gens aux objets et répond différemment selon qu'il s'agit des uns ou des autres. En se développant, la préférence du bébé pour les motifs droits, comme les rayures, change et il préfère de plus en plus les courbes, qui ressemblent davantage au visage humain. Il devient calme avant de se tourner vers une balle ou une clochette, tandis qu'il répond immédiatement à une présence humaine.

Votre bébé reconnaît maintenant votre voix — même dans une pièce remplie et bruyante — mais il fronce les sourcils et détourne sa tête et ses yeux quand un étranger lui parle. Même si la gardienne fait tout pour le calmer, il peut devenir difficile et inconsolable en votre absence. Même s'il est probable qu'il ne puisse pas encore distinguer le visage de la gardienne du vôtre, il sent qu'elle ne le manipule pas comme vous le faites.

Plus passionnant encore est le fait qu'il commence à acquérir quelques notions de l'espace. Afin de savoir si le bébé de trois à huit semaines comprend si la voix d'une personne vient de l'endroit où se trouve cette personne, des chercheurs à Radcliffe se sont servis de deux haut-parleurs stéréo qui séparaient la voix de sa source. Les bébés étaient assis devant une vitre les séparant de leur mère, celles-ci étant à deux pieds [60 cm] de leur enfant. Tant que les haut-parleurs étaient réglés de telle sorte que la voix de la mère semblait émaner directement d'elle-même, les enfants étaient contents. Mais quand les haut-parleurs étaient réglés de telle sorte que la voix semblait venir d'ailleurs, les bébés pleuraient, regardaient autour d'eux, devenaient excités et indiquaient clairement par leur frustration qu'on contredisait leur attente.

Le bébé sent même les différences dans la proximité de ses parents quand il est à moitié endormi. Pour cette raison, la plupart des pédiatres et psychologues concordent à dire que le bébé ne doit pas dormir dans la chambre de ses parents. Quand il le fait, il les appelle, demande une plus grande attention et dort mal.

Par une exploration visuelle et plus active, le bébé se familiarise avec son entourage et avec certains objets: c'est un apprentissage vital pour tout organisme vivant. Sa façon de scruter attentivement le monde qui l'entoure détermine le contexte de tout comportement ultérieur, appris ou instinctif. Même si le bébé ne peut retenir ses nouvelles connaissances que brièvement, ce qu'il apprend lors de séries d'expériences visuelles vite oubliées a peut-être un effet cumulatif qui dure pendant de nombreuses heures d'exploration visuelle. Ces connaissances accumulées permettent ensuite au bébé de se concentrer sur les parties du monde les moins connues et les moins explorées.

Même la succion, une capacité réflexive innée, devient un exercice d'apprentissage chez le bébé. A deux mois, il suce pour manger, pour son plaisir et pour apprendre. A ce stade, il suffit de quinze ou vingt minutes à chaque sein, ou vingt minutes au biberon, pour donner tout ce qu'il faut du point de vue nutritif au bébé. Et il prend au moins la moitié de son repas dans les cinq premières minutes pendant lesquelles il suce plus fort. Dès la troisième semaine, l'enfant commence à sucer ses doigts pour d'autres raisons que la faim. Ce n'est pas non plus parce qu'il ne reçoit pas assez de soins maternels. Le bébé qui a les meilleurs rapports possibles avec sa mère se remet à sucer ses doigts même après les tétées les plus agréables, à cause du plaisir qu'il y trouve. En fait, ce sont souvent les bébés les plus heureux qui sucent le plus. Certains scientifiques ont même avancé la théorie que le bébé essaie vraiment de reproduire seul cet événement sensuel et d'ainsi compenser l'absence de sa mère. Comme le fait remarquer le Dr Brazelton: «Quand la succion des doigts est investie du souvenir d'une tétée satisfaisante, du contact avec la mère et de l'assouvissement du besoin de sucer, elle devient très importante pour le bébé.»

Sucer calme l'enfant. Il diminue les tiraillements d'estomac et soulage la tension musculaire. Les expériences ont démontré que, plus l'enfant est actif en général, plus il suce vigoureusement et plus cette activité le calme. Même s'il perd parfois cette source de réconfort quand la surprise le fait sursauter, il essaie de remettre sa main dans la bouche pour pouvoir sucer encore. Sucer son pouce ou ses doigts plutôt qu'une sucette a l'avantage de satisfaire le besoin de sucer indépendamment de la mère ou de tout objet. La sucette n'est pas, en soi, un «mauvais» remplacement. C'est plutôt la façon dont la mère l'utilise qui risque de faire du tort à l'enfant. Certaines mères comptent trop sur la sucette pour «occuper le bébé» ou pour soulager leur angoisse au sujet de l'autonomie du bébé. Les enfants de ces mères risquent de devenir, avant d'atteindre l'âge de deux ans, gros et passifs, heureux seulement quand ils ont la bouche pleine. De tels cas indiquent parfois que la mère a besoin d'une «béquille» sur laquelle prendre appui. Il est compréhensible que certaines mères ressentent une sorte de jalousie quand elles constatent que le bébé commence à faire preuve «d'autonomie» dans ce domaine, mais il vaudrait mieux en tirer une certaine fierté.

La bouche sert également à l'exploration. Sucer est non seulement agréable, mais représente un des premiers «apprentissages» de l'enfant. Au cours des premières semaines de la vie, la bouche est parmi les plus importants organes de perception. Elle est alors, en fait, l'organe de perception universel, bien que les bébés s'en servent de différentes façons, selon un style personnel. Certains crachent, d'autres bavent, d'autres encore sucent avec vigueur ou tout à fait passivement.

Dès le début, cette activité s'oriente en bien des directions, pour s'intégrer à diverses entreprises. Les rapports entre sucer et regarder, par exemple, passent par trois stades. A la naissance, et pendant les quelques jours qui la suivent, l'enfant garde les yeux bien fermés quand il suce, puisqu'il n'est pas encore en mesure de faire face à deux activités simultanées. Dès qu'il regarde quelque chose, ou qu'il suit un objet des yeux, ou qu'il écoute un bruit, il cesse de téter. Par ailleurs, sucer a pour effet de diminuer le mouvement des yeux, limitant ainsi le champ visuel du bébé et le nombre de choses qu'il voit. A mesure que la tétée le calme, il peut concentrer plus d'énergie sur une activité pour regarder, par exemple, autour de la pièce, pour enregistrer ce qu'il y voit, plutôt que sur des mouvements erratiques. Si le bébé actif ne disposait pas de ce moyen pour ralentir l'activité frénétique qui absorbe son énergie, il n'aurait peut-être pas le temps de développer suffisamment ses facultés visuelles. Plus le bébé a l'occasion de se concentrer sur une activité à la fois, plus il peut organiser les modèles neuraux impliqués dans une activité précise, et plus il sera apte à apprendre un nouveau mode de comportement.

Dès la neuvième ou treizième semaine au plus tard, l'enfant tète par poussées et observe pendant les arrêts. Il se peut qu'il reste orienté vers la source de stimulation en tétant, mais son regard n'est pas précis et il n'y a pas de «foyer» sur l'objectif. Enfin, entre les deuxième et quatrième mois, vient le moment où le bébé peut regarder et téter en même temps. Le fait que téter exclue de moins en moins les autres activités signale peut-être la diminution du comportement axé sur une seule activité en général. L'enfant fait un pas vers l'acquisition de ce singulier pouvoir qu'a l'humain, uniquement, de se concentrer sur plus d'une chose à la fois. Comme le dit le Dr Jérome S. Bruner, «sucer ne sert pas uniquement à satisfaire des fonctions innées, telles l'alimentation, l'apaisement de la douleur et l'exploration, mais peut également dévier vers une activité instrumentale intelligente que l'évolution n'avait vraisemblablement pas prévue.»

Les recherches démontrent que les enfants de cinq à six semaines font un effort pour améliorer leurs capacités visuelles. On a projeté un film en couleur où une mère esquimaude jouait avec son bébé à l'intérieur d'un igloo devant des enfants de cet âge. Les bébés changèrent alors le rythme auquel ils suçaient pour mettre l'image au point. Le bébé de six semaines apprend d'abord à mettre l'image au point en suçant, mais, dès qu'il a réussi, l'intérêt qu'il porte à l'image l'empêche de sucer et l'image se brouille de nouveau. L'enfant résout ce conflit entre deux désirs en suçant sans regarder jusqu'à ce que l'image soit au point pour ensuite regarder l'image en suçant pendant une courte période. Quand il arrête de sucer, l'image se brouille et il détourne immédiatement son regard. Mais petit à petit, l'enfant apprend à faire plus d'une chose à

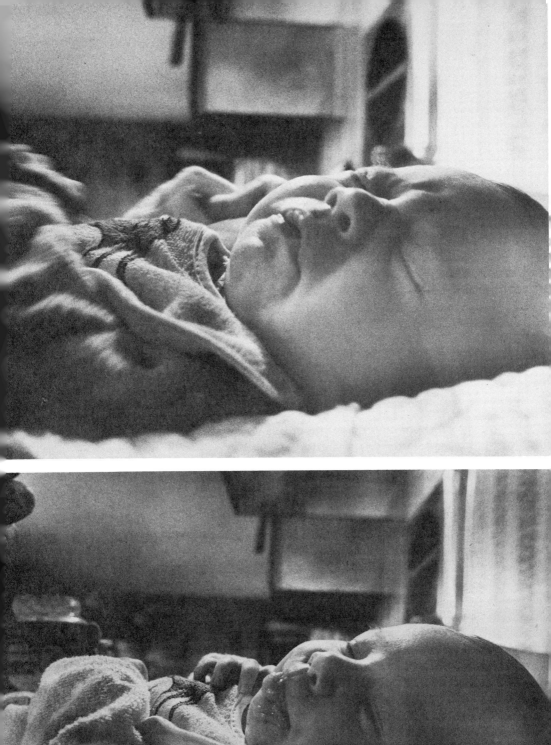

la fois pendant des périodes de temps de plus en plus longues: il en vient à sucer et à regarder en réduisant les arrêts entre les succions à quatre secondes. Dans les circonstances contraires, quand sucer brouillait l'image, les bébés apprirent à cesser de téter la sucette et à prolonger les arrêts entre les succions de huit secondes. Et enfin, l'enfant change sa manière même de sucer pour adopter un mouvement de la bouche qui agite moins la tétine. Cette succion atténuée lui permet de satisfaire sa curiosité et il peut par la suite reprendre sa succion habituelle plus facilement que s'il s'était complètement arrêté. Ce «sur-place» (en anglais «place holding») comme l'appelle le Dr Bruner, représente une stratégie organisée et bien adaptée à la situation. C'est le premier signe d'une habileté mentale que l'on retrouvera plus tard dans la dextérité manuelle et l'apprentissage du langage. Guettez-la, quand, par exemple, le bébé tient un jouet dans une main pour l'explorer de l'autre main.

Tout sourire

Pour la plupart des parents le sourire du bébé est l'événement le plus marquant du deuxième mois. Si vous regardez un bébé de cet âge ou si vous lui parlez, il se mettra fort probablement à faire aller ses membres, le tronc et à gazouiller jusqu'à ce qu'on ait l'impression qu'il «sourit» de tout son corps.

Notez bien qu'à cet âge, ce sourire ne vous est pas vraiment destiné; ce sourire s'adresse au visage humain. Partout au monde, le sourire social fait son apparition entre la deuxième et la huitième semaine. Les bébés peuvent même sourire à un contact humain plus jeune encore. Certains traditionalistes soutiennent que le sourire du premier mois n'est qu'un signe d'indigestion. Il y a des médecins qui maintiennent qu'il indique un défoulement d'énergie accumulée, au moment où l'enfant se détend pour dormir. Mais beaucoup de chercheurs ont pu observer des sourires spontanés dans les vingt-quatre heures de la vie. Un psychologue suggère même que le sourire peut naître, au début, comme une réponse à une légère surprise. Le nouveau-né qui dort d'un sommeil léger sourit en entendant des bruits doux mais réagit aux mêmes sons en sursautant s'il dort d'un sommeil profond. A un mois, en effet, le bébé somnolent peut aussi bien sourire que sursauter quand un objet en mouvement apparaît brusquement devant ses yeux. La première fois que l'apparition du visage maternel provoque un sourire, celui-ci naît peut-être sous l'effet de la surprise.

Les bébés sourient instinctivement aux visages, que ceux-ci soient réels, peints ou sculptés. Les recherches ont démontré que les bébés de moins de deux mois étudient plus longuement des motifs linéaires que les motifs courbes qui rappellent le visage humain. Quand on leur présente des images du visage humain, ils ne manifestent aucune préférence pour une disposition quelconque des traits. Dès deux ou trois mois cependant, ils préfèrent presque constamment la bonne disposition des traits. (Il ne faut pas oublier qu'ils voient déjà beaucoup mieux qu'au départ.) A cet âge, ils développent une préférence marquée pour la tête en trois dimensions, plutôt que pour les photographies ou les tableaux.

Le bébé sourit davantage entre le deuxième et le cinquième mois. A cet âge, le sourire ne dépend que très peu de l'environnement social. Le Dr Jacob L. Gewitz de l'Institut national américain de la santé mentale a démontré que l'enfant de deux mois regarde, devient actif, vocalise et sourit dès qu'il est devant un visage humain, même si celui-ci ne répond en aucune façon au bébé. On a observé que les bébés de deux à six mois se contentent de n'importe quel visage. Ainsi, ils sourient de bon coeur devant un visage menaçant ou un masque affreusement laid.

Eventuellement, le bébé apprendra que les visages familiers sont une source de satisfaction et que les visages inconnus représentent un risque du point de vue social. Le bébé commencera à sourire aux visages connus, plutôt qu'à n'importe quel visage, entre dix-sept et trente semaines. Quand vous vous penchez sur votre bébé pour lui parler, lui sourire ou vous occuper de lui, vous encouragez sa réceptivité: peu à peu, il fera un lien entre le sourire, le plaisir et vous. Gazouiller, sourire en retour, dorloter, tout cela porte le bébé à sourire davantage. La plupart des enfants abandonnent peu à peu le sourire quand ils ne font pas ces expériences.

L'environnement peut encourager ou décourager les bébés très tôt. Le Dr Gewitz a pu constater que la plupart des bébés d'un mois qui vivaient dans des kibboutz (fermes collectives) israéliens souriaient volontiers au visage humain. Par contre, au même âge, seulement un bébé sur cinq vivant en institution réagit ainsi. Les enfants des kibboutz semblent vivre dans un environnement plus favorable à l'apprentissage du sourire. Dans une autre série d'expériences menées aux Etats-Unis, le Dr Gewitz et son équipe ont démontré que le fait d'encourager le sourire par des signes de tête, des bavardages et des sourires et de décourager les pleurs et les mines renfrognées par l'absence de réaction faisait sourire les enfants énormément.

Comme on voit, cette période est très importante dans la vie de l'enfant. Il réagit, en fait, aux sentiments et au comportement des autres. C'est maintenant que l'encouragement ou le découragement que vous manifestez à son développement prennent toute leur valeur.

Même quand il s'agit d'un bébé de deux mois, les sentiments vont dans les deux sens. Il est évident que si vous avez une influence sur le bébé, il exercera également une influence sur votre comportement. Entre un mois et demi et six mois, vous êtes vraiment sous l'emprise de son sourire. Ses rires, ses cris, ses gazouillements, ses regards — et déjà, il vous réserve un regard particulier —, vous gardent près de lui. Ils appellent de nouvelles réponses et font apparaître des sentiments que vous ne vous connaissiez pas.

Les sourires et les pleurs du bébé communiquent des renseignements importants en ce qui a trait au bien-être du bébé. Le très jeune bébé est un être mystérieux, même pour ses parents; vous avez besoin de temps pour faire sa connaissance. Ses sourires et ses pleurs ressemblent à vos propres réactions dans des circonstances similaires et vous permettent de vous identifier à vos propres parents ou à vous-même. Les pleurs peuvent refléter une foule de problèmes inconnus, et que vous aurez à résoudre, ou même suggérer des reproches ou un manque d'amour. Et les pleurs sont un bruit strident, long et désagréable. Il est facile, par contre, d'interpréter le sourire comme un signe d'appréciation, de préférence et de reconnaissance. Il laisse aussi présager d'autres événements heureux, comme le jour où l'enfant appellera et se dirigera vers son père. Comme la plupart des mères perçoivent le sourire du bébé comme une sorte de récompense, les bébés qui sont biologiquement prédisposés au sourire provoquent souvent une meilleure réaction chez leur mère que les bébés qui sourient moins et qui gênent ainsi,

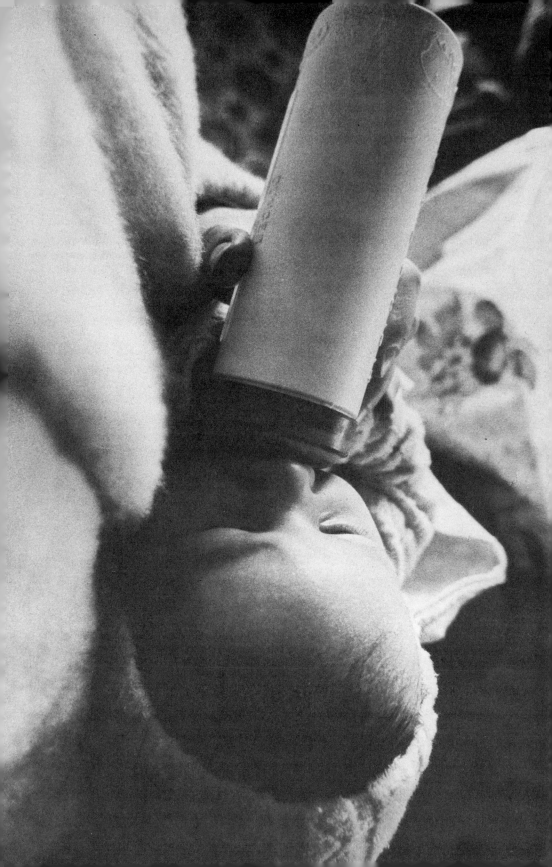

inconsciemment, les rapports mère-enfant. Cependant, vous devez savoir maintenant que votre bébé est un individu à part entière, même en ce qui concerne la fréquence ou le contexte de ses sourires. Même s'il sourit moins que la petite Jeanne d'à côté, il n'a pas pour autant moins besoin de vous et de votre affection.

Tout un personnage

Il sourit, il pleure, il exige qu'on le remarque. Le bébé commence à faire valoir son propre caractère. Si vous y réfléchissez, vous en aurez long à dire sur lui. Nous présentons ici deux enfants de caractère différent.

Bébé A	**Bébé B**
Fortement motivé en ce qui concerne l'habileté motrice.	Très tranquille.
Mange goulûment et avec appétit.	Mange avec plaisir les choses qu'il préfère (à ce stade, le lait maternel).
Un vrai glouton. Il déglutit son lait avec le même enthousiasme que celui dont il fait preuve dans d'autres domaines.	Dort beaucoup, d'un sommeil profond.
Dort d'un sommeil léger.	Poids légèrement supérieur à la normale (13 livres [6 kg]), mais beau.
Menu.	Ses yeux surtout attirent l'attention. Il regarde et observe beaucoup, les objets et les gens, avec beaucoup d'attention. Il peut même arrêter de boire pour regarder.
«Bavard» — veut désespérément communiquer avec les gens qui l'entourent.	
Un vrai comédien.	Très sensible au contact humain, n'aime pas du tout les étrangers, se montre difficile avec les gardiennes.
Peut avoir des humeurs. Si le langage de son corps et ses gazouillements le laissent frustré, son sourire charmant se transforme immédiatement en pleurs désespérés.	En général, presque trop sage, mais entêté.
Colérique.	Tatillon. De fortes préférences de goût, qu'il fait valoir très tôt. Goûte aux premières cuillerées d'un aliment nouveau, ferme la bouche, fronce les sourcils et s'en détourne. Peut refuser un biberon aussi énergiquement que la nourriture solide. Très nette préférence pour une position en dormant.
Ne veut rien savoir des «béquilles». Difficile en soirée. On peut lui donner à boire, mais il ne sera intéressé ni par le repas ni par la sucette; ce sera toujours la même réponse violente: il crachera.	
Exige par des cris ou par des manières charmantes, que l'on fasse attention à lui — et n'importe quelle sorte d'attention fera l'affaire.	Ne cherche pas activement la stimulation, mais l'aime à condition qu'elle soit de *son* genre: sans heurts et assez calme.
Malgré toutes ses dépenses d'énergie, prend 1½ livre [680 g] et grandit de 1½ pouce [4 cm] pour atteindre 11½ livres [5 kg] et 23 pouces [58 cm].	

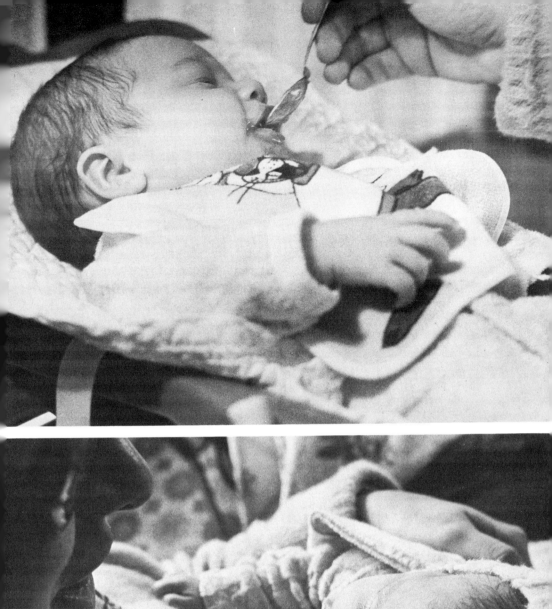
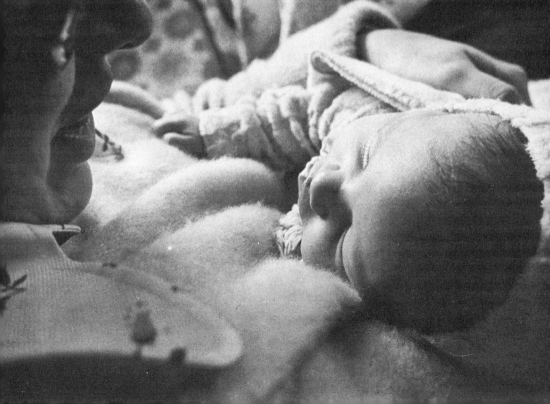

LE DEUXIÈME MOIS

Développement moteur	Développement verbal	Développement mental	Développement social
Motricité brutale	**Développement actif**	Sursaute ou manifeste par une mimique qu'il est sensible aux bruits.	**Développement personnel**
Sursaute spontanément (réflexe de Moro). Tics occasionnels des mains et des pieds.	Les petits sons gutturaux deviennent un roucoulement qui s'approche des voyelles, mais qui diffère des sons humains adultes.	Fixe vaguement ce qui l'entoure.	Manifeste de la détresse, de l'excitation, du ravissement.
Peut imprimer un mouvement de rotation égal aux bras et aux jambes. Sur le ventre, tient sa tête en position. Peut la soulever à un angle de 45 degrés, ce qu'il fait souvent.	La plupart du temps ses vocalisations consistent en pleurs.	Coordonne les mouvements des yeux en suivant circulairement une lumière ou un objet. Les suit visuellement au-delà du centre du corps depuis le coin extérieur de l'oeil.	Peut se calmer en suçant.
	Passif	Peut mettre l'image en foyer quand il regarde les objets placés à sept ou huit pouces [18-20 cm] de l'oeil. Fixe attentivement un objet attirant, de grande taille ou en mouvement à plusieurs pieds [30 cm] de distance.	**Réaction à l'environnement**
Tente de soulever la tête quand tenu par le torse, parallèle au sol. Sur le dos, tourne la tête et la soulève à un angle de 45 degrés à plusieurs reprises.	S'intéresse aux sons.		Sourit aux gens, non seulement à la mère mais également au père, aux frères et aux soeurs.
		Les objets en mouvement et les objets aux contours bien définis attirent son attention plus longtemps que les autres. Se fixe sur un ou deux objets quand on lui en présente plusieurs.	Regarde les gens directement et attentivement. S'excite, s'oriente vers la personne qui se trouve près de lui, bouge ses jambes et ses bras, halète, vocalise. Suit des yeux une personne en mouvement. Commence à préférer des représentations de têtes en trois dimensions aux représentations en deux dimensions.
Position assise			
Assis, maintient sa tête droite, mais elle chancelle encore.			
Fine motricité		Devant un objet attirant, réagit de tout le corps et tente de l'attraper.	Se calme quand on le prend ou quand il entend une voix ou voit un visage. La tonicité des muscles augmente.
La poigne devient volontaire.			

Tient un objet pendant quelques instants; peut le tenir plus longtemps à l'occasion.	Le retient brièvement à mesure que la poigne volontaire remplace le réflexe de la poigne.	La stimulation la plus signifiante demeure tactile et orale plutôt que sociale.
Peut tenter d'attraper les objets.	S'excite dans l'anticipation des objets et commence à anticiper leurs mouvements.	Reste éveillé plus longtemps si les gens communiquent avec lui. Se donne peut-être en spectacle pour les gens qui l'entourent.
	Visuellement, préfère les gens aux objets. Regarde attentivement et se calme en présence d'un visage ou d'une voix.	**Développement culturel** **Habitudes de vie**
	Cligne des yeux devant l'ombre de sa main. Commence à regarder et à contempler sa main. Commence peut-être à préférer la gauche à la droite.	Se contente peut-être d'un seul repas la nuit.
	Commence à répéter des actes pour le seul plaisir de les accomplir.	Deux selles par jour, après les repas.
	Fait une chose à la fois.	Peut rester éveillé jusqu'à dix heures par jour. Divise son sommeil en deux, trois ou quatre périodes plus longues.
	Discrimine clairement les voix, les gens, les goûts, les distances et la grandeur des objets.	La nuit, dort jusqu'à sept heures d'affilée.
	Associe les comportements aux gens, la mère avec les repas par exemple.	Aime prendre un bain.

Il ne faut pas considérer ce tableau comme un calendrier rigide. Les bébés sont imprévisibles. Beaucoup commencent à pratiquer une activité plus tôt ou plus tard que la date indiquée au tableau.

LE TROISIÈME MOIS

ON SE PRÉPARE

En général, le troisième mois de la vie est plus facile et plus agréable que les deux premiers, du point de vue du bébé et du point de vue des parents. Comme par magie, les pleurs semblent disparaître presque totalement avant la fin du mois. Le bébé communique de plus en plus avec le monde qui l'entoure par sa façon de vocaliser, de sourire, de faire des mimiques et d'observer les gens: physiquement, il est beaucoup plus en forme et contrôle mieux son corps: tout cela lui donne une nouvelle ouverture au monde qui remplace le besoin de pleurer. C'est maintenant un petit individu intéressant et qui réagit à tout ce qui l'entoure. Il peut pleurnicher d'une façon toute spéciale quand il a faim, glousser des cris aigus de frustration quand on cesse de jouer avec lui. De temps en temps, il cesse l'activité dans laquelle il était engagé pour regarder son père ou sa mère et essayer d'attirer leur attention par des babils gutturaux. Certains bébés s'expriment énormément par le visage. Votre bébé écarquille peut-être ses yeux, léchant ses lèvres et recevant par un large sourire une saveur nouvelle. Si vous le mettez dans une position qu'il n'aime pas, il vous lancera peut-être un regard des plus maussades. Comme il aime beaucoup jouer et socialiser, il sourit immédiatement de tout son visage quand il voit quelqu'un de familier. Il peut scruter brièvement le visage, fixer plus particulièrement les yeux et la bouche et puis s'agiter, donner des coups de pied, se tortiller et tendre les bras.

A trois mois, la réaction du bébé implique encore souvent le corps tout entier. L'enfant est encore en grande mesure prisonnier de la position horizontale et de son monde, pris là où sa mère le dépose. Il acquiert cependant un contrôle musculaire de plus en plus spécialisé. A cet âge, presque tous les bébés sont capables de soulever la tête quand ils sont couchés sur le ventre et beaucoup parmi eux peuvent la maintenir en l'air pendant de longues périodes. Ils acquièrent une nouvelle vision beaucoup plus étendue du monde. La plupart peuvent maintenant bien tenir leur corps quand on les soulève, et, quand ils sont assis, ils maintiennent la tête droite avec très peu de dandinement. Bien calés contre vous ou dans une chaise inclinable, ils peuvent rester assis et parvenir même à se tenir très brièvement sans appui. Il y a d'autres bébés, par contre, qui deviennent mous comme des poupées de chiffons quand on les tire assis. En fait, certains bébés réussissent très bien à exprimer leurs sentiments au moyen du langage du corps. Vous remarquerez peut-être que votre bébé résiste inévitablement quand vous voulez l'asseoir, en arquant son dos et son cou, ou qu'il s'affaisse complètement pour protester si vous l'interrompez quand il est en train de téter ou de regarder quelque chose. Il peut aussi tendre la tête, bouche ouverte, vers un objet convoité.

En gros, le bébé est maintenant tellement agréable que vous en êtes toute ravie. Vous souhaitez seulement être en mesure de lui apporter autant de satisfaction qu'il vous en apporte — il y a vraiment un monde entre vos sentiments d'il y a deux mois et ceux que vous ressentez maintenant.

L'oiseau de nuit

Vous avez déjà réglé votre premier problème avec le bébé. Ses habitudes quotidiennes de sommeil, de nourriture et d'éveil sont maintenant bien réglées. Il dort mieux et selon un horaire prévisible. Il dort tranquillement pendant deux heures le matin et pendant une heure et demie l'après-midi. Bien que le coucher puisse être difficile encore, et même si certains enfants ne dorment que six heures à la fois, votre bébé dort probablement pendant dix heures d'affilée ou même onze vers la fin du mois.

Il se peut que le bébé pleure encore de fatigue ou qu'il se détourne d'une source de stimulation en suçant ses doigts, mais il est maintenant en mesure de trouver lui-même le sommeil. Sa préférence pour une position sur le dos ou sur le ventre lui tient maintenant à coeur. Trouver le sommeil est devenu une sorte de rite: l'enfant se tortille, se niche dans les couvertures, choisit les doigts ou les objets qu'il veut avoir dans la bouche et s'enfonce dans le lit et le sommeil. L'enfant répètera souvent les mêmes gestes pour se renicher au cours de la nuit dès qu'il devient à moitié conscient et doit retrouver un sommeil profond.

Ses cycles de sommeil léger et profond sont maintenant beaucoup plus réguliers. Le bébé qui est actif et bruyant, par exemple, peut le rester même en dormant. Il réussira peut-être à trouver une heure de sommeil profond entre des états de sommeil léger, de rêve ou d'activité, restant à moitié éveillé pendant trois ou quatre heures. Automatiquement, l'enfant cherche dans son demi-sommeil à revivre et à travailler les dernières choses qu'il a apprises. Il peut sucer ses doigts, faire bouger son lit, se cogner la tête, se déplacer, pleurnicher, gazouiller, crier et puis se nicher de nouveau dans sa position préférée pour sombrer dans un sommeil profond. Ces activités, qui surgissent quand l'état de conscience du bébé s'y prête, utilisent le surplus d'énergie à la fin de la journée.

Peut-être est-ce seulement la nuit que vous êtes en mesure de tout laisser pour aller prendre le bébé dans vos bras, surtout si vous avez d'autres enfants; mais une mise en garde s'impose ici. Votre réponse à ses cris et à son agitation deviendra partie intégrante de son rite et il ne pourra bientôt plus se rendormir si vous n'y allez pas. Avec un peu d'encouragement maternel, le bébé peut déborder d'énergie aux petites heures, tous les matins, pour déranger toute la famille. Laissez votre bébé découvrir et utiliser son propre rite de retour au sommeil, même si pour le faire vous devez le laisser pleurer parfois jusqu'à ce qu'il s'endorme d'épuisement.

Au milieu du troisième mois, le bébé prend de la nourriture solide. Ce n'est pas trop tôt pour établir de bons rapports avec le bébé au cours des repas. Puisque le nourrir représente la plus grande partie de vos échanges avec lui au cours des premières semaines, certaines des attitudes et des sentiments les plus importants du bébé y trouveront leur origine. Si vous le cajolez, le forcez ou si vous êtes silencieusement furieuse, ou parlez trop ou à trop de gens en le nourrissant, vous pouvez rendre le bébé bien malheureux. Vous n'avez pas à le divertir en le nourrissant. Manger est une activité agréable en soi et les repas doivent être agréables pour vous et pour l'enfant. Même si cela peut vous sembler bizarre, la plupart des choses que la mère fait avec son enfant, aussi différentes qu'elles soient en apparence, sont liées à sa façon de lui donner à manger.

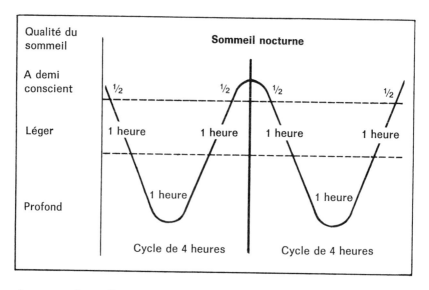

Qualité du sommeil

Sommeil nocturne

A demi conscient

Léger

Profond

½   ½   ½   ½

1 heure   1 heure   1 heure   1 heure

1 heure   1 heure

Cycle de 4 heures   Cycle de 4 heures

Les premiers aliments solides

Vous pouvez guetter les indices suivants pour savoir quand votre bébé est prêt à prendre des aliments solides: si, quand vous avez fini de le nourrir au sein ou au biberon, il regarde autour de lui et semble s'attendre à recevoir encore quelque chose; si, même quand il a bu huit onces [23,5 cl] de lait au biberon ou tété pendant trente minutes au sein, il ne semble pas satisfait, il est prêt à recevoir une nourriture plus substantielle. S'il raccourcit ses périodes de sommeil nocturne au lieu de les prolonger, c'est également un signe qu'il est prêt à prendre des aliments solides.

Les pédiatres conseillent d'introduire les aliments solides au régime du bébé graduellement et avec beaucoup de prudence. Si l'on donne des aliments solides trop tôt, ou bien ils peuvent remplir l'estomac du bébé et il ne voudra plus téter, ou bien il y trouvera trop de variété et, incapable de les assimiler, il perdra tout intérêt pour les repas. Par ailleurs, l'enfant à qui on fait prendre des aliments solides avant qu'il ne soit prêt peut avoir des ennuis digestifs. Des analyses effectuées sur les selles d'un groupe de bébés de moins de dix semaines révélaient «des particules non digérées en grande partie d'hydrates de carbone, de graisse et de protéines complexes provenant des aliments solides.» Des voies digestives plus développées sont mieux équipées pour digérer ces aliments.

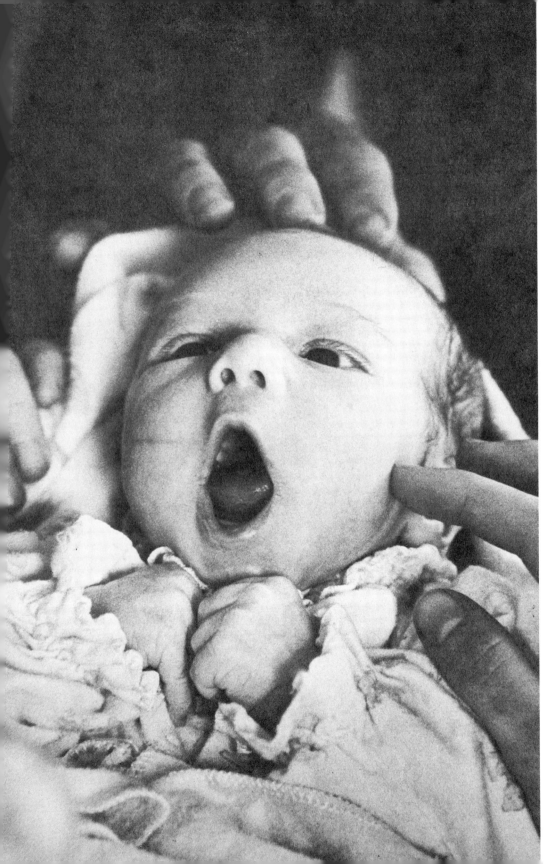

Introduire précipitamment des aliments solides dans le régime de l'enfant peut déclencher des allergies latentes. Vu la peine et les dépenses encourues pour guérir des allergies inévitables, il vaut mieux prendre soin d'éviter celles qui sont évitables. Ainsi pour ne pas rendre le bébé trop sensible à un aliment, ayez soin de n'introduire qu'un seul aliment nouveau à la fois, des céréales à une graine comme le riz par exemple. En procédant ainsi, vous serez certaine de pouvoir identifier l'aliment nocif s'il y a une réaction due à la sensibilité de l'enfant, ce qu'un mélange d'aliments nouveaux ne permet pas. La sensibilité peut se manifester immédiatement ou plus tard. Le bébé peut vomir le nouvel aliment (le jus d'orange provoque souvent cette réaction) et continuera à vomir chaque fois qu'on lui en offrira. Il peut avoir des selles fréquentes et molles le jour même ou le lendemain. Il peut se montrer irascible ou avoir des gaz pendant plusieurs heures et, au bout d'une semaine, une éruption sèche et une disquamantation pourront se manifester. Dès qu'il semble y avoir sensibilité à un aliment, arrêtez d'en donner au bébé. Vous aurez peut-être plus de succès plus tard, puisque les risques de réactions allergiques diminuent de mois en mois.

En donnant un aliment nouveau au bébé, offrez-lui-en la plus petite quantité possible, délayée dans un peu de lait. Il pourra ainsi s'habituer graduellement au goût et à la consistance. *Une bouchée de bébé* suffit pour commencer; si le bébé l'accepte, vous pouvez vous en féliciter. Ne vous étonnez pas et surtout ne vous laissez pas décourager s'il recrache tout. Ce «rejet» est en partie dû à la nouveauté de l'expérience. Il doit tout à coup absorber une nourriture inconnue, présentée sur un instrument inconnu et avaler au lieu de sucer. Les premières tentatives du bébé à avaler *consciemment*, qui ont lieu aux environs de la onzième semaine, sont très laborieuses. Il s'agit de convertir un réflexe en comportement volontaire; une telle conversion exige toujours un délai avant que l'enfant n'en acquière la maîtrise. Il se peut que le bébé, même après qu'il ait appris à avaler correctement, fasse montre d'une nette préférence pour sa première façon d'avaler et de sucer en suçant ses mains et ses doigts entre les cuillerées. Un tel comportement n'indique pas, cependant, qu'il en a assez. Quand il se trouvera dans l'incapacité d'en avaler plus, ils vous signalera la fin du repas en recrachant plus que ce que vous pouvez en mettre dans sa bouche. Certaines mères, afin d'éviter ce genre de problème, mettent les premiers aliments solides du bébé dans des biberons munis de tétines à grands trous. Cette pratique ne fait que retarder pour le bébé le moment d'apprendre à avaler: l'usage de la cuiller encourage le bébé à apprendre une nouvelle façon de manger.

Si le bébé refuse obstinément d'accepter un nouvel aliment, ou si celui-ci semble l'étouffer, goûtez-le pour vérifier si *c'est bon*. S'il continue de refuser un aliment que vous trouvez bon, essayez de lui donner quelque chose d'un tout autre goût, peut-être plus sucré, une compote de pommes ou une purée de fruits par exemple. Autrement, il aura vite pris l'habitude de tout refuser. Au bout de quelques jours, offrez-lui de nouveau l'aliment qu'il a refusé. Le bébé l'acceptera peut-être volontiers la deuxième fois, au grand étonnement de sa mère.

Après avoir commencé à prendre des aliments solides, certains bébés ne mangent rien pendant plusieurs repas. Ensuite, pendant quelques jours, ils mangent comme des affamés, avant de cesser de manger de nouveau ou de retrouver un appétit normal. Par ailleurs, certains bébés aiment tellement les aliments solides qu'ils refusent de boire du lait dès qu'ils y ont goûté. Si c'est le cas de votre bébé, donnez-lui toujours son lait en premier lieu et limitez les aliments solides. A cet âge, le bébé a beaucoup plus besoin de lait que d'aliments solides. Dans la plupart des cas, deux cuillerées à soupe d'un aliment solide suffiront, tout en laissant le bébé suffisamment sur sa faim pour qu'il boive le lait dont il a besoin.

Ne vous en faites pas trop pour les repas. Puisque vous et votre bébé en êtes encore à faire connaissance, vos sentiments à son égard et l'affection que vous lui portez comptent infiniment plus que le nombre d'heures que vous passez avec lui ou que la façon particulière dont vous le nourrissez. Ce n'est pas à un aspect près, dans la façon de l'élever, qui risque de compromettre le développement et la personnalité de l'enfant.

Les vaccins

Le Dr Frank Falkner, professeur en pédiatrie à l'université de Cincinnati, affirme qu'il y a un programme d'immunisation qui offre une meilleure protection que les autres et il s'appuie sur plusieurs raisons importantes.

Quand le nouveau-né fait son entrée dans le monde, il a partiellement été immunisé par sa mère. Il jouit déjà de deux sortes d'immunité naturelle dès le stade foetal: il possède des anticorps qui le protègent contre certaines maladies, comme la diphtérie, ainsi que contre les allergies à la poussière ou au pollen; et enfin il y a celle provenant des protéines contenues dans le lait de vache. La façon la plus naturelle de renforcer cette immunité est d'allaiter l'enfant au sein. C'est la principale raison pour laquelle les pédiatres encouragent les mères à nourrir elles-mêmes leurs enfants, dans la mesure du possible. Une telle protection peut jouer pour la vie.

Il y a, par ailleurs, certaines immunisations qui ne sont que de courte durée; c'est pourquoi les pédiatres prônent un régime de vaccination préventive, mais qui s'avère le plus souvent plus pénible pour la mère que pour l'enfant.

Les vaccins devant être considérés de routine selon le Dr Falkner

Age du bébé	Vaccin	Indication
2 mois	DTP Vaccin polio (par voie buccale)	Diphtérie, tétanos, coqueluche Polio
3 mois	DTP	
4 mois	DTP Vaccin polio (par voie buccale)	
6 mois	Vaccin polio (par voie buccale)	
12 mois	Vaccin rougeole Test de tuberculine	Rougeole
18 mois	DTP (rappel) Vaccin polio (par voie buccale)	
	Vaccin variole	Variole

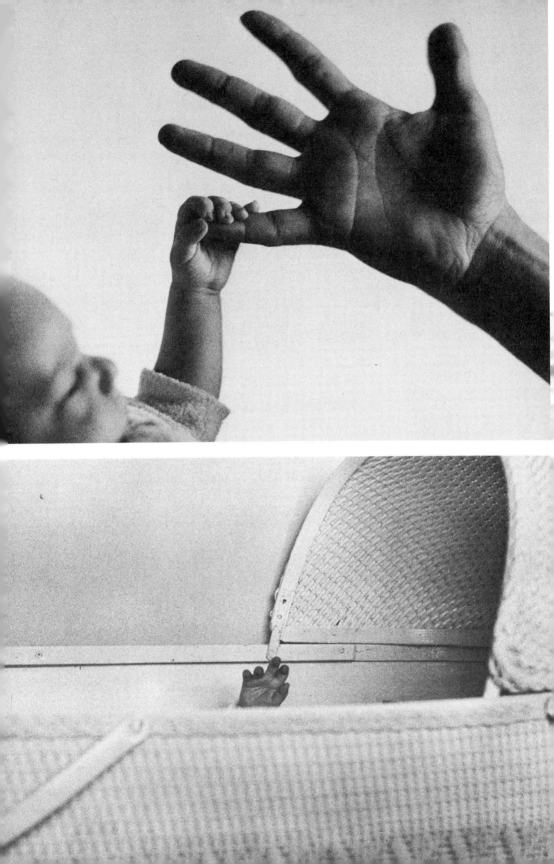

Il y a vingt ans, le programme d'immunisation des enfants nord-américains se lisait comme suit:

Age du bébé	Vaccin
Un jour	Variole
	Tuberculine
6 mois	DTP
7 mois	DTP
9 mois	DTP

Le jeu de mains

Observez le bébé après les repas, quand il est bien éveillé. Il apprend en jouant et en explorant soigneusement les aspects de la lumière, des couleurs, des contours, des formes, des motifs et du bruit. Il peut maintenant jouer beaucoup plus longtemps, pendant des périodes qui durent parfois quarante-cinq minutes. Déjà, il reconnaît les bruits qui vous caractérisent et y porte beaucoup d'attention, même quand vous êtes relativement loin. Il étudie un visage et guette les objets suspendus à son mobile, comme s'il s'agissait chaque fois d'une expérience nouvelle. Il se calme très rapidement dès qu'il aperçoit votre visage et semble l'étudier très attentivement. En vous fixant du regard, il semble arquer son cou et sa tête vers vous et sa bouche forme un rond. Chaque nouvel objet du mobile attire son attention et il le suit des yeux quand il bouge. Il peut se concentrer sur une image posée sur le côté de son lit aussi bien que sur un jouet au loin. A la naissance, il ne pouvait fixer ses yeux que sur ce qui se trouvait à 8 pouces [20 cm] de son visage. Son appareil visuel s'améliore de mois en mois; à trois mois, il peut voir les objets placés partout dans sa chambre.

Certains enfants sont extrêmement sensibles au monde extérieur et sont portés à regarder, à écouter et à toucher plus qu'ils ne le sont aux activités physiques. Tel bébé mettra plus de temps qu'un autre à se saisir d'un objet par exemple; mais une fois qu'il l'aura dans sa main, il acquerra une perception aiguë de tous les aspects de l'objet en l'étudiant. Il le frottera contre sa joue et le portera à sa bouche pour en connaître tous les aspects; un bébé plus actif l'aurait placé par-dessus les barreaux du lit. Nous avons l'habitude de mesurer les progrès du bébé d'après son habilité motrice entendue au sens large. Un tel bébé risque donc fort de se voir qualifié de «lent», quand en fait il travaille à perfectionner des activités plus complexes.

Vous remarquerez sans doute que le bébé regarde souvent ses mains et qu'il joue avec elles. Cela vous paraît peut-être une chose très simple et pourtant, c'est pour le bébé un des aspects les plus importants du jeu. L'organisation main-bouche déjà présente en tant que réflexe à la naissance, est la première étape dans ce processus. En portant la main à la bouche, le bébé commence à percevoir la stimulation satisfaisante qui se trouve à chaque extrémité de ce circuit. S'il a un jouet à la main, il le porte à sa bouche; s'il a quelque chose à la bouche, il le saisit avec sa main. Il commence ainsi à apprécier au toucher et au goût les objets qui l'entourent. Viennent l'étude visuelle des mains et les jeux de mains. En tenant sa main devant ses yeux, le bébé ajoute au circuit l'activité visuelle. (C'est parce que ses deux yeux peuvent maintenant fonctionner ensemble pour fixer les objets qu'il peut franchir cette étape.) Le simple fait de regarder ses mains semble accroître son activité et il joue avec elles longtemps durant. Il regarde ses doigts bouger lentement, capter la lumière et s'enrouler parfois autour d'un jouet. Son regard va d'une main à l'autre; il rapproche ses deux mains, rit et sourit quand elles se saisissent l'une de l'autre. Ensuite, il les sépare presque brutalement.

Il semble avoir du plaisir à réunir la sensation du mouvement à l'aspect visuel des mains qui se déplacent. Il tâte souvent son visage avec sa main. Quand celle-ci s'approche de la bouche, qui est encore le but ultime de l'exploration, ses doigts glissent à l'intérieur et il commence à les sucer. Il peut aussi passer de longues périodes à faire des ronds avec ses pieds, devant ses yeux, dans le même espace visuel que celui habituellement occupé par son mobile. La première fois que ses bras font bouger ou tinter le mobile, le bébé devient sérieux, se concentre et puis, timidement, il le frappe de nouveau. Il fait des efforts de plus en plus précis pour le faire tourner. Mieux, il garde le souvenir de cette expérience: quand il est bien éveillé et confortablement installé dans son lit, il poursuit religieusement ces mêmes efforts.

Le bébé commence également à tendre les bras des deux côtés vers un objet. Si vous tenez un jouet au-dessus de son lit, ses bras se mettent à décrire de grands cercles de côté dès qu'il l'aperçoit. Sa poigne tient peut-être encore du réflexe, mais il garde maintenant les objets dans sa main grâce à un effort volontaire. Il fait peu à peu de plus en plus preuve de précision; il se saisit systématiquement et sans heurt des objets qu'il choisit au préalable. Il fait peut-être tourner l'objet en l'air (les bébés moins portés sur les activités purement physiques auront ce comportement vers quatre mois). Tout ce que voit le bébé de trois mois devient matière à exercer ses mains. Il a appris qu'il peut, par sa propre activité, transformer les objets.

Ce type de jeu a plus d'une dimension. L'activité manuelle du bébé est un apprentissage de la perception de la profondeur, de la distance, de l'apparence et de la grandeur. Ainsi, le bébé de trois mois agite beaucoup plus les bras quand une balle brillante ou un autre jouet se trouve au loin.

La répétition obstinée dont fait preuve le bébé quand il s'agit de faire bouger le mobile l'amène par ailleurs à développer sa mémoire. Plus un geste est répété, plus on s'en souvient et il se trace dans la mémoire en s'imprimant au cerveau. D'un jour à l'autre, la mémoire permet au bébé de n'avoir pas à tout recommencer chaque jour. Il peut donc ajouter une nouvelle sorte de comportement au répertoire des choses déjà apprises.

Continuité et confiance

Le bébé vous prouvera également par d'autres façons que sa mémoire se développe. Il apprend à attendre quand il sait qu'on va répondre à ses besoins. S'il a faim, par exemple, il pleure un peu, mais dès qu'il entend vos pas, il cesse de pleurer et attend tranquillement que vous ayez fini de préparer son repas. Si vous le prenez dans vos bras pour le changer avant de le nourrir, il affiche une mine grave, mais il ne pleure pas, puisqu'il sait que vous allez ensuite lui donner à manger.

Comme ce nouveau fait est encore fragile, il importe que vous fassiez preuve de régularité en répétant les différents gestes qui précèdent le repas. Il suffit peut-être de le laisser seul un instant sur la table où il se fait langer pour qu'il perde tout son calme. Incapable de se contrôler davantage, il hurle de déception. Selon le Dr Anna Freud, la régularité des soins est un des trois éléments capitaux dans le développement de l'enfant avec l'affection et un environnement stimulant. Les jeunes bébés semblent trouver du plaisir dans la répétition d'un acte ou d'une expérience. Dans la première enfance du moins, le bébé dont les besoins sont comblés pour la plupart et qui ne connaît qu'un minimum de frustration est plus en mesure de faire face à la tension que le bébé qui subit des tensions fréquentes ou des dérèglements constants.

Si l'environnement devient moins «prévisible», si le bébé ne peut plus reconnaître le réglage temporel des gestes routiniers ou si on change la façon de répondre à ses besoins, par exemple, le bébé peut en souffrir autant que s'il avait perdu une personne aimée. En fait, ce manque de prévisibilité contrarie l'acquisition de ce que vous souhaitez sans doute pour votre enfant: une solide autonomie. Les parents qui flottent entre deux eaux, encourageant ou ignorant tour à tour la dépendance du tout jeune enfant, encouragent en fait le développement d'un psychisme fragile. Les enfants, tout comme les adultes d'ailleurs, ont besoin d'une espèce de toile de fond stable sur laquelle vivre leurs expériences quotidiennes. Si vous vous laissez facilement distraire de la routine que vous avez établie, sur laquelle l'enfant base son attente, il ne pourra pas faire confiance au monde qui l'entoure.

Il va sans dire que la situation parfaite, où la mère répondrait infailliblement, immédiatement et de la bonne façon aux besoins du bébé est irréalisable. Il y a aussi les jours où le bébé pleure tout simplement pour se défouler. Cela n'empêche pas que votre régularité, quand il s'agit de répondre aux signaux du bébé, est très importante. Habituellement, la mère qui répond de la bonne façon et sans délai aux besoins du bébé lui inculque une foi très essentielle: l'enfant commence à croire que son comportement a une influence sur l'environnement, aussi petit qu'il soit, et s'attend à l'influencer effectivement. Combien différents doivent être les sentiments d'un bébé quand personne ne répond à ses pleurs — soit que la mère n'a pas le temps ou que cela lui est égal, soit qu'il se trouve dans une institution où il y a des douzaines de bébés qui hurlent leur besoin d'attention. Quand enfin quelqu'un s'occupe de lui, il est déjà trop tard: sa mémoire trop courte ne se rappelle plus le lien entre ses pleurs et le fait que quelqu'un soit venu s'occuper de lui. Cette foi dans la valeur de ses propres actes se révélera vitale plus tard. Dans les tests d'intelligence et de personnalité, elle est constamment mise en cause au sujet de l'épanouissement, du comportement général et de la capacité d'apprendre.

La découverte de ses capacités

Votre bébé est peut-être en train de faire le lien entre quelques-uns de ses actes et leurs conséquences. Cela représente un pas énorme dans le processus d'apprentissage. L'organisation main-bouche dont nous avons déjà parlé est une des premières manifestations d'un style d'activité qui implique encore l'engagement total du corps dans l'activité. Quand le bébé porte sa main à la bouche, il commence à se rendre compte des stimulations agréables à chaque extrémité du circuit, tout comme il commence à comprendre qu'il peut faire bouger et tinter un jouet suspendu au-dessus de son lit en le frappant. Il commence à apprendre le principe de cause à effet.

La conscience vacillante qu'a le bébé de ses pieds et ses mains en tant que prolongation de lui-même fait partie de la conscience qu'il a de lui-même, être distinct du monde l'entourant. Il apprend petit à petit que ses membres peuvent s'étendre, et s'étendre vers quelque chose, en même temps qu'il en apprend beaucoup sur ses propres possibilités et limites. Quand, épuisé à force de sauter et de vocaliser, il pleurniche parce qu'il désire changer de rythme, c'est signe qu'il sait qu'il ne peut se ralentir de lui-même avec autant d'efficacité qu'avec votre aide. Quand il attend que vous lui redonniez le jouet qu'il a laissé échapper, il commence à reconnaître les limites de sa capacité à reproduire certaines activités ainsi que votre rôle qui compense eń partie son incapacité.

Regarder ses mains et jouer avec elles font partie de l'aptitude croissante du bébé à tendre les bras et à toucher ou prendre les choses qui l'entourent. Ce processus commence déjà avec le réflexe tonique du cou, qui a pour effet d'élever automatiquement le bras du côté du corps vers lequel le visage est tourné. Aux environs de deux mois, le bébé amène sa main là où il peut la voir; c'est le premier pas vers le contrôle visuel

des mains. L'amélioration des capacités visuelles en détermine probablement le moment. Le bébé peut cligner des yeux à volonté et il y a une amélioration sensible de la capacité à voir à distances variables. Un pas en avant dans un domaine appelle une amélioration dans un autre. Quand le bébé distingue ses mains de l'environnement pour les étudier, sa capacité à passer de longues périodes éveillé fait un bond impressionnant.

Donner des grands coups de bras vers les objets aperçus est l'étape suivante. Au début, il frappe presque toujours à poing fermé. Mais à mesure que le réflexe de la prise disparaît, les doigts deviennent de plus en plus libres; ils peuvent mieux bouger, toucher et s'entremêler. Eventuellement, le bébé pourra joindre ses deux mains sur son ventre ou sur sa poitrine. Et à mesure que son expérience des coups donnés s'accroît, le mouvement devient de mieux en mieux contrôlé; la main s'approche de plus en plus lentement de l'objet, le bébé regarde parfois la main et l'objet alternativement, ce qui finit par une tentative maladroite de s'emparer de celui-ci. Aux environs du cinquième mois, le bébé pourra déplacer rapidement sa main en dehors de son champ visuel pour saisir un objet directement et sans heurts.

L'assimilation des connaissances

Nonobstant les efforts que fait le bébé pour atteindre les objets et tenir sa tête droite, vous avez peut-être l'impression qu'il est beaucoup moins actif qu'il ne l'était au cours des premiers mois. Il faut néanmoins se rappeler que les apparences sont souvent trompeuses. En fait, il se passe des choses étonnantes chez le bébé de cet âge, même si ce ne sont pas toujours des choses d'une évidence éclatante.

Lors de recherches récemment entreprises au New Jersey, on a constaté que le bébé de trois mois a en tête une image du visage humain. Des enfants de cet âge faisaient coup sur coup la distinction entre des images de visages normaux et des images de visages anormaux. Même s'ils fixaient les deux sortes de visage pendant une période égale de temps, ils souriaient davantage en réponse au visage normal qu'au visage d'un cyclope. Les bébés âgés de plus de trois mois ont également une mémoire à court terme. Les enfants de plus de deux mois se lassent de signaux visuels répétés au contraire des bébés plus jeunes. Pour s'en lasser, il faut que le bébé puisse *reconnaître* le signal qui se répète. Cette différence de mémoire laisse croire qu'il se passe un renouveau mental très important aux environs de trois mois.

Hanus Papousek, un psychologue tchèque, a par ailleurs constaté qu'il y a une augmentation subite du degré de réaction ainsi qu'un «changement qualitatif remarquable dans le fonctionnement nerveux supérieur», au début du troisième mois. Il signale qu'au cours des deux premiers mois, on notait des changements qualitatifs chez les enfants suivis depuis la naissance, dans les seuls domaines de l'activité corporelle au sens large et de la vocalisation. Mais dès la onzième semaine cependant, les enfants réagissaient de façon beaucoup plus précise et appropriée à la situation expérimentale. Leurs réactions vocales et faciales ressemblaient à celles des adultes et exprimaient la joie, l'indécision, l'incertitude et le plaisir. Jusqu'à l'âge de six semaines, on n'a constaté aucun jeu de mains avec des jouets. De huit à dix semaines, une telle activité se manifestait dans 30 pour cent des cas. Au cours de la douzième semaine, on a constaté une hausse subite et très significative de l'activité qui avait lieu dans 60 pour cent des cas. Après la douzième semaine, ces mouvements continuent à augmenter à un rythme plus modéré.

Mais point n'est besoin d'une situation expérimentale pour constater l'amélioration constante des capacités mentales du bébé. Si vous l'observez d'assez près, vous n'aurez pas de mal à déceler les signes de progrès à domicile. Il se peut que le bébé soit déjà en mesure de reconnaître les membres de la famille et quelques objets familiers. A la vue du biberon, il peut s'éveiller, écarquiller les yeux, ouvrir la bouche et agiter les deux bras. Quand il sourit à son père, son corps entier s'agite, mais si le sourire s'adresse à sa mère, le visage entier se plisse et on dirait qu'il fond littéralement de plaisir. Déjà, peut-être, il sait comment s'y prendre pour que vous réagissiez de telle ou telle façon. Quand vous lisez ou travaillez dans la pièce où il se trouve, vous pouvez le voir vous chercher des yeux. Une fois qu'il vous a vue, il vocalise jusqu'à ce que vous le regardiez, et ensuite il pleurniche pour que vous veniez jusqu'à lui. S'il veut que vous l'enleviez de sa chaise, il se penche en avant en vous regardant. Dès que vous entrez dans sa chambre, il sursaute et puis pleurniche jusqu'à ce que vous soyez à ses côtés.

Les graphiques tirés des électro-encéphalogrammes pratiqués sur les bébés confirment les affirmations des mères et les résultats des chercheurs: à partir de trois mois, il y a une hausse remarquable d'activité et un changement de rythme dans les ondes du cerveau. Celles-ci ressemblent, pour la première fois, à celles d'un adulte. L'équilibre chimique et la composition cellulaire du cerveau ont également subi des changements spectaculaires. Les réflexes primaires disparaissent ou commencent à disparaître, signe que le contrôle du cerveau passe à un niveau supérieur. Au cours des trois premiers mois, la plus grande partie du comportement du bébé échappe à son contrôle. Son corps répond automatiquement à certaines sortes de stimulation, sans plus. Mais à partir de trois mois, les premiers réflexes influencent beaucoup moins le comportement de l'enfant. Pendant cette période où s'opère le transfert du contrôle musculaire des réflexes au contrôle volontaire, les parties du corps affectées par le transfert peuvent subir une diminution temporaire d'activité. Il y a désorganisation temporaire vu que ni la partie supérieure ni la partie inférieure du cerveau ne peuvent travailler efficacement pendant le changement. Le bébé de trois mois bouge donc moins les jambes qu'il ne le faisait à la naissance, mais cette tranquillité est passagère. Dès qu'un réflexe primaire important comme le réflexe tonique du cou disparaît, le bébé peut coordonner les mouvements de ses bras et de ses jambes des deux côtés; il se retourne moins souvent sur le côté. Ces signes devraient suffire à vous rassurer: votre bébé se prépare en vue de s'engager plus avant dans le monde, et de se déplacer.

L'importance de la stimulation

1928

«Il existe une façon rationnelle de traiter les enfants; c'est de les considérer comme de jeunes adultes. Il faut les habiller et les laver avec soin. Montrez-vous toujours objectif et gentiment ferme. Ne vous laissez jamais aller aux étreintes ni aux baisers avec les enfants. Ne permettez pas qu'ils s'assoient sur vos genoux. S'il faut absolument que vous les embrassiez, contentez-vous d'un petit baiser au front quand vous leur souhaitez bonne nuit... Essayez donc. Au bout d'une semaine, vous aurez découvert qu'il est très facile de se montrer parfaitement objectif face à ses enfants, tout en faisant preuve de gentillesse. Vous aurez honte de la sentimentalité, de l'horrible sensiblerie qui dominaient auparavant vos rapports avec eux.»

*in *Psychological Care of Infant and Child* par J.B. Watson.

1967

«C'est l'évidence même: donner au jeune enfant toute la stimulation, toutes les satisfactions qu'il semble chercher a pour effet de lui inculquer des sentiments positifs face à son environnement... On peut combler l'enfant pour si peu de frais. Tout ce dont il a besoin de la part des adultes, outre les soins physiques, c'est qu'ils réagissent à ses signaux, qu'ils lui laissent la liberté de faire ce qu'il est capable de faire et qu'ils fassent preuve de bon sens quand il s'agit d'éviter une surcharge de stimulation. S'il vous semble que tout cela implique que le bébé de moins de six mois devienne roi et maître du foyer, rappelez-vous toutes les frustrations inévitables qu'il subit: les couches humides, l'air qu'il avale, les repas pris en retard et tous ses petits «bobos» — irritations dermatologiques, indigestions à l'absorption d'aliments nouveaux, piqûres désagréables et tous les tâtonnements des examens médicaux. Et n'oubliez pas non plus qu'il n'y a sans doute rien de plus agréable pour les parents que de constater que leur enfant est heureux de vivre et qu'il profite pleinement de la vie.»

*in *Early Childhood: Behavior and Learning* par Catherine Landreth.

A mesure que les réactions du bébé à son environnement deviennent de plus en plus prononcées et de plus en plus personnelles, il faut que la stimulation du père et de la mère s'adapte en conséquence. Puisque vous êtes plus sûr de vous-même, moins dépaysé et plus attachée au bébé qu'au début, vous trouverez sans doute la tâche facile. Une partie importante de ce que le bébé a déjà accompli a été déclenchée ou mise en place par vous, ses parents. Vous veillez à son bien-être physique, vous le stimulez, vous atténuez les chocs de son existence, vous êtes aussi ses professeurs. Vous comblez ses besoins et vous modifiez son environnement — parfois vous le protégez de celui-ci, parfois vous l'organisez différemment, parfois vous exposez davantage le bébé au monde qui l'entoure.

Ce n'est que récemment, grâce aux travaux de nombreux psychologues, pédagogues et autres chercheurs, que nous savons à quel point la quantité et le type de stimulation que l'enfant reçoit de l'environnement influencent son développement. Si les parents jouent avec le bébé, le manipulent beaucoup, l'imitent, lui parlent, lui sourient; si les parents lui donnent des objets à regarder, à écouter et à explorer avec la bouche et les mains, les bébés font preuve de plus de vigilance, de capacités visuelles supérieures et de coordination motrice. En outre, de tels bébés ont tendance à maintenir ces avantages sur les autres bébés jusque dans leur vie adulte.

La stimulation qu'offre la mère dans les six premiers mois influence beaucoup plus qu'on ne le croyait naguère le développement de l'enfant. Le type et la quantité des stimulations ont un rapport étroit avec le quotient intellectuel éventuel de l'enfant. Les recherches tendent à prouver que les mères qui donnent beaucoup de stimulation et d'encouragement pour que l'enfant développe ses aptitudes produisent des enfants qui progressent plutôt très rapidement. Bien adapter la stimulation aux caractéristiques particulières de l'enfant, à la satisfaction de ses besoins et à des rapports mère-enfant empreints de sincère affection encouragent également le développement mental.

Tel un amortisseur, la mère protège l'enfant contre une trop grande stimulation interne (contre la faim ou la douleur, par exemple) ou externe (le froid ou le bruit). Elle souligne les aspects positifs du monde au bénéfice du bébé. La réceptivité de la mère et son aptitude à adapter l'environnement aux caractéristiques du bébé permettront éventuellement à celui-ci de mieux s'adapter à une situation de stress.

N'oubliez pas que le bébé dépend entièrement de vous. Il aura besoin de vous pour sortir d'une situation embêtante ou pour l'aider et le protéger dans ses mouvements de colère et de frustration. S'il se rendait au bout de son lit et s'y coinçait, allez le secourir et le remettre au milieu du lit, même si

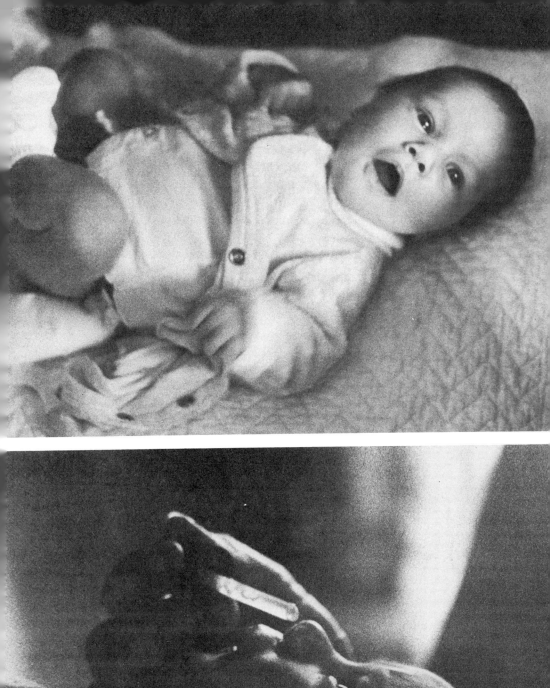
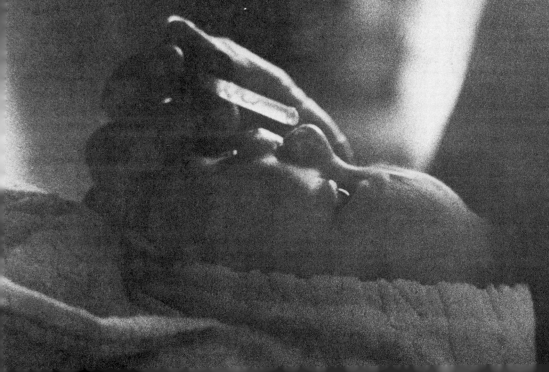

vous savez qu'il va tout recommencer immédiatement. En répondant à ses besoins, vous aurez tous les deux plus de plaisir tandis qu'il apprend, petit à petit, une foule de choses. Si vous le laissez se débrouiller tout seul, il se peut qu'il en vienne à craindre les situations dont il ne peut se sortir au point qu'il se referme, refusant le monde extérieur. Vous pouvez, par contre, tout en l'aidant, lui montrer comment s'en sortir. Au bout d'un certain temps, il saura se retourner pour s'extirper du coin.

Si votre bébé a de la chance, vous passerez une grande partie de la journée à le regarder et à jouer avec lui. Quand vous le réconfortez, le dorlotez ou le bercez, il se détend et observe attentivement votre visage. Outre la stimulation visuelle, il répond de tout son corps à votre contact chaleureux. La mère doit veiller à ce que son enfant reçoive suffisamment de stimulation sensorielle: qu'il puisse téter, voir, toucher et écouter souvent. Il faut lui donner l'occasion de maîtriser ces activités-là afin d'avancer vers des comportements plus complexes. Plus il a l'occasion de s'habituer à la stimulation, moins les expériences visuelles, sonores ou tactiles le dérangent. Encore une fois, les enfants sont plus robustes et répondent mieux à la stimulation qu'on ne le croyait naguère.

Pour essentielle qu'elle soit, l'attention ne se développe pas automatiquement avec l'âge, mais dépend également de l'expérience vécue. Au cours de la première année, les caresses, la qualité de la protection, l'affection, l'approbation et la quantité des sourires, de contacts physiques et de paroles que la mère adresse à l'enfant, ainsi que la promptitude à répondre de façon efficace aux signaux du bébé, influencent sans exception la réceptivité du bébé. Plus le bébé est attentif, plus sa capacité mentale, telle que mesurée sur l'échelle Stanford Binet est élevée à trois ans et demi. Le bébé qui reçoit une telle stimulation répondra mieux à sa mère, sera moins difficile et plus intéressé par l'exploration de l'environnement et par l'exercice de ses aptitudes croissantes. A mesure qu'il explore le monde environnant, le nombre d'activités susceptibles de capter l'attention du bébé augmente. «Plus le bébé voit, plus il veut voir.» Il est en train de se bâtir un vocabulaire d'expériences sensorielles et de consolider des aptitudes dont dépendra tout apprentissage subséquent. En s'exerçant à regarder et à toucher les objets, il en arrive à distinguer les activités de son comportement en général et prévilégie aussi celles qui lui permettront éventuellement de prendre en main ce qu'il voit. Pour que l'enfant puisse apprendre par l'expérience, il faut qu'il y ait expérience. Les expériences perceptives du jeune âge prépare le bébé au développement ultérieur d'un comportement coordonné et visuellement dirigé qui, selon certains, serait inhérent à l'exploration active et la manipulation de l'environnement.

Les conséquences d'un manque de stimulation chez le jeune enfant sont désastreuses. Il faut veiller à encourager et à stimuler le développement mental avec les mêmes soins que ceux qu'on apporte à l'encouragement du développement physique, en veillant à l'alimentation et au régime de vie du bébé. Dire que celui-ci pleure seulement pour faire l'intéressant équivaut à dire: «Oh! c'est seulement parce qu'il veut manger.» Ces deux besoins sont réels. S'il a faim, donnez-lui à manger. S'il s'ennuie, ne le laissez pas pleurer jusqu'à ce qu'il s'endorme d'épuisement. Prenez-le dans vos bras et laissez-le jouir de la compagnie des autres membres de la famille.

Même si cette attitude ne coïncide pas toujours avec les besoins précis du bébé, celui-ci est cependant en mesure d'assimiler une telle stimulation. Il est absolument nécessaire de fournir un environnement sensuel, riche, varié et convenable aux jeunes enfants, car, toujours d'après les recherches, si, au cours des premières semaines, l'environnement n'offre pas à l'enfant des conditions favorables à la satisfaction de ses besoins sensoriels, les conséquences peuvent être dramatiques. Plus tard, en effet, les enfants hypersensibles et handicapés par un seuil de tolérance trop bas peuvent avoir des réactions graves quand on leur fait subir une stimulation normale.

Comme le bébé passe une grande partie de sa journée couché sur le ventre ou sur le dos, la tête tournée d'un côté, il vaut mieux suspendre des jouets sur les côtés du lit plutôt qu'au-dessus du bébé. «Rencontrer» un objet nouveau ou intéressant peut stimuler le bébé; il fera l'effort de rester attentif; même un bébé somnolent peut, dans de telles conditions, se tenir éveillé pendant une période de temps allant jusqu'à trente minutes. Nous ne suggérons pas du tout de soumettre le bébé à un tir ininterrompu de stimulations dont il ne pourrait se sauver. Trop de manipulation, trop d'excitation, peut provoquer des pleurs excessifs, de la tention, de l'irascibilité ou même des coliques. Le bébé a également besoin de tranquillité. Tout comme il n'existe pas de façon unique d'aimer son bébé, il n'existe pas une seule façon de le stimuler. Le défi et le plaisir de la chose résident dans la recherche et la découverte des moyens et des quantités de stimulations qui conviennent aussi bien au bébé qu'à ses parents. Une même stimulation peut éveiller ou calmer le bébé selon son état du moment. Les bébés ont tous leur propre façon de refuser la stimulation. L'un s'agite pour repousser activement une stimulation qui ne lui plaît pas, tandis que le corps d'un autre s'affaisse pour devenir complètement mou: les deux protestent contre la stimulation. Les bébés diffèrent également entre eux quant à leur capacité de communiquer leur besoin de stimulation. Il est évidemment plus facile de comprendre le bébé qui exige de lui-même qu'on fasse attention à lui. Un bébé tranquille ne demande peut-être pas ouvertement de l'attention ou de l'affection, mais il n'en a pas moins besoin pour autant.

Chaque bébé possède une sensibilité personnelle, une façon particulière de répondre à la stimulation et son propre seuil de tolérance. Les bébés qui travaillent très fort pour apprendre une activité risquent de se montrer insensibles et inflexibles. Il est parfois difficile de mettre fin à une longue séance d'apprentissage ou de jeu. Le bébé fait des siennes jusqu'à ce qu'on lui permette de continuer. Cette détermination témoigne du sérieux qu'il accorde à la tâche qu'il se donne et le rend relativement insensible à toute distraction. Par ailleurs, il est possible de mettre cette qualité au service de l'apprentissage. Si vous voulez lui faire changer d'activité, facilitez-lui les choses en faisant la transition à sa place. Distrayez-le avec un jouet, par exemple. Puisque vous changez déjà ainsi son centre d'intérêt, il y a plus de chances qu'il veuille bien entreprendre un autre jeu ou faire des choses essentielles, manger ou dormir par exemple. Si vous laissez le bébé poursuivre uniquement les activités qu'il apprend de lui-même, il y a toujours danger qu'elles finissent par le limiter. Il apprend des activités nouvelles quand vous lui offrez une stimulation nouvelle.

Certains bébés ont besoin d'une stimulation plus douce. S'il s'agit d'un enfant tranquille, peut-être serez-vous tellement ravie de son premier sourire-surprise que vous essaierez d'en provoquer d'autres. Dans ce cas, au lieu de s'épanouir, le bébé peut devenir tout sérieux ou se détourner pour regarder un jouet ou ses mains. Il vaudrait peut-être mieux user d'une plus grande discrétion. «Jouer avec votre bébé chaque fois que cela vous tente» ne s'applique pas à ce genre d'enfant très sensible. Ses réponses lentes ou à retardement et sa douceur naturelle demandent une stimulation particulière et restreinte. Si vous poussez trop loin, vous risquez de n'avoir aucune réponse.

Il faut parfois, en plus d'une grande réceptivité, beaucoup de persévérance pour stimuler le bébé inactif. La peur de se tromper, de le «déranger» ou de lui nuire freine parfois les avances des parents. Ou bien, la mère trop protectrice décourage le jeu plus actif du père. De plus, la détente musculaire qui caractérise souvent le bébé tranquille provoque une certaine retenue chez les parents. Cependant, le fait de le laisser au lit ou dans sa chaise pendant la plus grande partie de la journée ne fera qu'accentuer la tranquillité de l'enfant déjà calme. Si vous continuez à faire l'effort de l'atteindre, vous l'empêcherez de trop s'isoler.

Le caractère imperturbable du bébé qui n'est dérangé par aucun des événements quotidiens de sa vie est peut-être l'aspect le plus difficile à accepter pour la mère, surtout si elle est elle-même extravertie et énergique. Un tel bébé peut très bien accepter, comme si de rien n'était, que sa mère oublie de le nourrir à l'heure. Cette réponse discrète, lente ou inexistante à la stimulation, est ce qu'on appelle un mauvais «feedback». Il est dramatique chez les bébés souffrant de déficiences neurologiques, de surdité ou de cécité, mais existe parfois également chez des bébés qui sont physiquement et mentalement normaux, chez les garçons aussi bien que chez les filles.

Quand une mère doit donner autant d'elle-même à son nouveau-né, elle s'attend instinctivement à ce qu'il lui réponde par une chaleureuse dépendance qui valorise ses efforts. Si elle n'obtient pas la réponse à laquelle elle s'attend, il se peut qu'elle évite de jouer avec le bébé, qu'elle remette ses aptitudes et celles du bébé en question, ou qu'elle succombe à la dépression ou à la fatigue. Cette dénégation institue un cercle vicieux, car le retrait de la mère et le manque de stimulation déprime l'enfant encore plus; il répond de moins en moins et renforce ainsi le découragement de sa mère. Mais celle-ci ne doit pas croire qu'elle est la seule responsable du comportement du bébé, ni de la difficulté de communication qui existe entre elle et l'enfant. Le sexe du bébé et sa personnalité jouent autant que la personnalité de la mère. Au cours des premiers mois, les mères stimulent les garçons plus que les filles, peut-être parce que les garçons dorment moins et pleurent plus que les filles. Néanmoins, les recherches ont démontré que les mères imitent plus les filles et leur parlent plus qu'elles ne le font avec leurs garçons. Beaucoup de mères ont beaucoup de succès avec tel type de bébé et moins avec un autre. Une mère peut manipuler très doucement, très chaleureusement, une petite fille de caractère doux, mais ne saura venir à bout des exigences d'un garçon tendu et actif.

Afin d'améliorer la communication, cherchez à déterminer les goûts du bébé. S'il est tranquille et discret, il se peut qu'il préfère l'activité visuelle. Il n'est pas nécessaire de faire un champion olympique de chaque bébé! Un enfant difficile peut se calmer quand on lui donne des choses à regarder ou à écouter. A moins d'avoir très faim, il restera habituellement tranquille plus longtemps et pleurera moins si on lui donne des jouets ou si on le promène pour qu'il puisse observer ce qui se passe autour de lui. Une fois que vous avez réussi à atteindre le bébé, son énergie accroîtra. Vous constaterez que le cycle de communication sera de plus en plus agréable pour vous deux dans les mois plus actifs à venir.

Au cours des trois derniers mois, votre bébé a exploré le monde de façon sélective, avec ses sens. Il s'est préparé à des explorations futures, à la manipulation et au contrôle de l'environnement et il a établi les bases d'un autre genre de contact avec l'extérieur: la participation physique active.

LE TROISIÈME MOIS

Développement moteur	Développement verbal	Développement mental	Développement social
Motricité brutale Passe du comportement réflexe au contrôle volontaire du corps. Disparition progressive du réflexe tonique. Sur le dos, garde sa tête au milieu, se tient en position symétrique, soulève sa tête. Remue à l'unisson bras et jambe d'un côté, puis de l'autre, ou bras ensemble, jambes ensemble. Bouge les bras et tourne la tête avec vigueur. Quand on le prend, ramasse son corps sur lui-même. Sur le ventre, peut maintenir la poitrine et la tête hautes pendant dix secondes environ; peut garder la tête levée pendant plusieurs minutes. Couché sur le ventre, garde les hanches basses et les jambes fléchies. Quand on le tire jusqu'en position debout, appuie ses pieds contre le sol et se tient momentanément debout. **Position assise** Peut rester assis si on le cale contre un coussin. Peut aider à maintenir la position. Tête relativement stable	**Développement actif** Roucoule avec des sons proches des voyelles, d'une syllable. *(ooh, ah, ae)* Pleurniche, se gargarise, émet de petits cris, ricane. Pleure moins qu'auparavant. Vocalisations plutôt indépendantes de l'environnement. Réponse vocale de caractère social; au sourire et aux paroles de la mère par exemple. **Passif** Ecoute les voix. Distingue les sons du langage humain. Perçoit l'unité syllabique.	Peut rester attentif jusqu'à soixante minutes. Suit un objet des yeux et de la tête, d'un côté du corps à l'autre, pour au moins dix secondes, si on déplace l'objet lentement à quelques pieds [30 cm] devant son visage. Réponse faciale à l'objet. Se concentre sur une image ou un jouet, près de lui ou au loin. Son regard va d'un objet à l'autre. Regarde l'objet qui se dandine au-dessus de son corps immédiatement. Essaie d'attraper l'objet à poings fermés ou tend les deux mains vers l'objet. Jette un coup d'oeil au hochet qu'il tient à la main. Garde volontairement un objet dans sa main. Manipule un anneau; jeux simples avec le hochet. Distingue les objets près ou au loin. Joue avec les distances en tendant le bras et le ramenant vers lui. Commence à faire preuve de mémoire. Attend une récompense prévisible, la tétée par exemple.	**Développement personnel** Commence à sentir que ses mains et ses pieds sont des prolongements de lui-même avec des limites et des possibilités. **Réaction à l'environnement** Sourit immédiatement et spontanément. Nette diminution des pleurs. Les possibilités expressives du visage, la tonicité musculaire et la vocalisation augmentent. Glousse de joie, crie de frustration, pleurniche de faim, se lèche les babines. Reconnaît visuellement sa mère. Réponse corporelle totale au visage connu. Quand on le tient, les bras et les jambes poussent tranquillement. S'oriente et émet des signaux distincts à plusieurs personnes respectivement. Peut se mettre à pleurer ou cesser de pleurer selon la personne qui le tient. Différence très marquée entre sa façon de pleurer quand sa mère le quitte et la façon dont il pleure quand d'autres le laissent.

Fine motricité

Les mains sont ouvertes la plupart du temps. Le réflexe de la poigne disparaît peu à peu. Souvent incapable de saisir l'objet.

Essaie de saisir les objets, mais peut encore très mal viser.

Tend les deux bras vers l'objet; à partir des côtés, les ramène devant lui pour les joindre; entre souvent en contact avec les objets les poings fermés.

tion de sons ou d'images.

Se calme très rapidement pour se concentrer sur un visage. Accorde plus d'attention aux visages en trois dimensions qu'aux visages en deux dimensions.

Commence à reconnaître et à différencier les membres de la famille.

Regarde longuement ses pieds et ses mains. Combine la sensation du mouvement et celle du regard. Explore le visage, les yeux et la bouche de la main. Commence à prendre conscience de lui-même.

Essaie d'étirer la durée d'une image ou d'une action agréable en continuant à regarder, à écouter ou à saisir. Répète les actions pour le simple plaisir de les faire. Peut associer l'action avec son résultat.

Arrête de sucer pour écouter. Peut regarder et sucer en même temps.

Cherche des yeux la provenance des sons.

Répond à presque toutes les stimulations de tout son corps. Passe au contrôle avec la partie supérieure du cerveau. Avale et saisit volontairement. Commence à intégrer les comportements volontaires et les réflexes.

çon particulière en présence de la mère. Tente d'attirer son attention.

Tourne la tête vers des voix qui parlent ou qui chantent; vers les sons familiers des gens qu'il connaît bien; vers un adulte qui s'approche de lui.

La stimulation sociale devient plus importante. Vocalise quand on lui parle.

Développement culturel
Habitudes de vie

Mange, reste alerte et dort très régulièrement.

Un seul repas la nuit. Prêt à commencer à absorber de la nourriture solide.

Deux siestes de deux heures environ, une le matin et une l'après-midi.

Dort environ dix heures d'affilée la nuit.

Il ne faut pas considérer ce tableau comme un calendrier rigide. Les bébés sont imprévisibles. Beaucoup commencent à pratiquer une activité plus tôt ou plus tard que la date indiquée au tableau.

LE QUATRIÈME MOIS

VOIR

Quand le bébé atteint quatre mois, et lui et sa famille commencent à être en forme. En prenant le bébé dans vos bras, vous constaterez probablement qu'il a le corps ferme et robuste, qu'il est bien dodu, sans être gras, et que le tout se tient beaucoup mieux ensemble. Il a des fossettes aux genoux et aux coudes. La peau du bébé est lisse et sans imperfection, et le duvet, ou *lanugo* qui a pu la recouvrir à la naissance a complètement disparu. Il se peut qu'il ait une petite irritation de la peau de temps à autre, mais en général ces éruptions disparaissent rapidement et ne laissent aucune trace. La compagnie du bébé est maintenant très agréable: il est non seulement beau à regarder, mais il répond très ouvertement à vos avances et communique très clairement son plaisir quand vous le prenez dans vos bras, le dorlotez, le faites s'asseoir ou jouez avec lui. A un mois, le bébé restait éveillé et alerte pendant trois ou six minutes après les tétées; cette période peut maintenant durer jusqu'à quarante-cinq minutes. Les repas eux-mêmes sont maintenant plus agréables, bien que plus salissants. Le bébé coopère et s'intéresse davantage à ce qui se passe. En plus d'absorber du lait, il peut manger jusqu'à la moitié de deux petits pots de nourriture différente. Il a accepté pour de bon la nourriture solide. De plus, il a établi un intervalle régulier entre les repas et l'élimination. A cet âge, même les bébés qui s'adaptent le plus difficilement ont cessé de demander le repas de deux heures du matin. La plupart sont probablement en mesure de se passer également du repas de vingt-deux heures, mais vous voudrez peut-être le maintenir encore afin de profiter de l'intimité qu'il vous permet d'établir avec le bébé, surtout si d'autres enfants vous empêchent de donner aux autres repas ce caractère paisible.

Si vous désirez que le bébé s'adapte à un horaire de trois repas et trois tétées au lieu de quatre, facilitez la transition en adoptant l'horaire suivant:

    7h: lait
8h30-9h: céréales et fruit
12h-13h: lait, viande, légumes
    17h: céréales et fruit
18h30h: lait

En repoussant les deux limites de sa journée à 7h le matin et 18h30 le soir, vous lui apprenez à s'adapter à de plus longs intervalles entre les repas. A mesure qu'il s'habitue aux trois tétées quotidiennes, vous pouvez confondre les deux repas de 7h et de 8h30, et ceux de 17h et 18h30, pour en arriver à nourrir le bébé à 7h, 12h et 18h par exemple.

Manger est un jeu

Les repas sont une excellente occasion de socialiser. Si vous parlez au bébé en le nourrissant, ses bruits, vocalisations et gargarisations dureront jusqu'à trente minutes avant qu'il ne se décide à retourner à la tétine. Animal sociable qui ne connaît encore aucune de nos contraintes sociales, le bébé adore son rôle de prince débraillé. Il a toujours sucé ses doigts après chaque bouchée, mais il y va maintenant de tout son poing ou préfère jouer avec les mains qui le nourrissent. Sucer délicatement ses doigts ne les nettoie pas suffisamment pour l'empêcher de barbouiller son visage. Il a tellement hâte de «parler», de regarder agir sa famille ou de jouer avec vos vêtements, vos cheveux ou votre visage, qu'il tète furieusement pendant de courtes périodes, pour ensuite s'arrêter complètement, en laissant le lait dégouliner le long de ses joues et de son menton. Baver, sucer ses doigts, explorer sa bouche avec sa main, sont parfois signes de poussée dentaire, mais ils n'en font pas moins partie de l'intérêt croissant que l'enfant porte au monde.

Le fait de passer moins de temps à téter, dans le but d'en consacrer plus à l'observation des membres de sa famille, ne pose pas de problème pour l'enfant. S'il est nourri au sein, il parvient probablement à absorber les quatre à six onces [12-18 cl] de lait dont il a besoin dans les premières cinq minutes. Au contraire, c'est vous qui risquez d'avoir un problème. S'il y a une diminution subite de la stimulation, elle peut amener une diminution du lait. Si cela vous arrive, il faut allaiter plus souvent pour augmenter le volume du lait. Vous pouvez également veiller à donner la première et la dernière tétée de la journée dans une pièce obscure et tranquille, où rien ne viendra distraire le bébé. Dans ce cas, il tétera probablement plus longtemps et vous aurez plus de lait. C'est aussi une habitude à prendre s'il faut raccourcir le temps d'un repas ou si le bébé ne mange pas suffisamment.

Même si le bébé est facilement distrait, et malgré l'incommodité que ça peut représenter, il vaut mieux donner les repas du bébé «en famille», puisque les repas représentent les moments de sociabilité les plus importants dans la vie du bébé. N'oubliez pas que cette créature ravissante et dynamique mérite que vous en fassiez l'effort. Le bébé qui passe les six premiers mois de sa vie dans une ambiance où il expérimente souvent l'exubérance et la fréquence de la bonne humeur et des contacts familiaux fera preuve de plus d'initiative sociale et de dynamisme que les autres.

Au grand étonnement de tous ses membres, la famille elle-même partagera souvent des moments de bonheur tranquille. Le père n'écoute plus d'une oreille distraite en appréhendant la dernière catastrophe domestique. Vous commencez à vous sentir reposée et vous redécouvrez le plaisir d'être ensemble après une nuit de sommeil ou après la sieste du bébé. S'il y a des enfants plus âgés, ils se sont adaptés à la présence du dernier-né et disposés à de la bienveillance envers lui. Vos tout-petits peuvent vous aider en vous apportant des couches, des jouets, la nourriture du bébé. Permettez-leur de tenir brièvement le bébé sous votre surveillance. Les écoliers peuvent vous apporter une aide encore plus appréciable en vous secondant pour les repas, le bain, ou en habillant le bébé.

Et le bébé lui-même est capable d'en faire davantage maintenant. Il a commencé une véritable exploration du monde extérieur. Il peut tendre la main, saisir un objet, l'amener à lui, le lâcher après l'avoir goûté, presque obligatoirement. Il établit ainsi, petit à petit, des liens entre son monde et l'environnement.

La possibilité de mieux se servir de ses mains, qui deviennent de plus en plus habiles, et le plus grand intérêt qu'il porte au monde extérieur l'amènent à sucer davantage ses doigts et à explorer encore plus son visage et sa bouche. Sucer, en dehors des repas, peut occuper jusqu'à quatre heures de la journée du bébé de quatre mois.

On peut tirer le bébé assis et il maintient bien sa tête dans cette position. Qu'il soit assis ou couché sur le ventre, il peut tourner la tête et regarder dans tous les sens. Sur le ventre, il peut pousser avec ses bras droits et monter la tête à un angle de 90 degrés. Il arque peut-être son dos, tendant ses bras et ses jambes en croix pour se balancer sur le ventre. Il est capable de rouler de sur le dos jusque sur le ventre, ce qui lui donne un nouveau point de vue et augmente son champ d'attention.

Après avoir acquis un peu d'expérience, le bébé précoce peut même être tiré debout et supporte brièvement son poids. Bien qu'il ne s'agisse là que d'un réflexe de raidissement, il prend conscience de l'acte en lui-même. Si votre bébé est très actif, il se peut qu'il aime tellement être debout que ça arrête ses larmes à tout coup et que ça l'amène à s'asseoir pour mieux se remettre debout. Vous serez peut-être obligée de le faire plier vous-même à la taille pour le faire asseoir.

C'est le temps, par ailleurs, de *toujours* garder une main *ferme* sur votre petit diable quand vous lui tournez le dos. Même si votre bébé n'est pas parmi les plus turbulents, il peut vite se libérer d'une main nonchalante. Il est beaucoup trop actif, trop intéressé par tout ce qui se passe pour que vous puissiez le laisser sur une surface le moindrement élevée. Il peut passer par-dessus le bord en moins de temps qu'il vous en faut pour vous déplacer. Il peut se rendre au bord d'un lit et tomber dans le vide. S'il vous faut le laisser, attachez-le ou déposez-le par terre, où il est plus en sécurité.

Peu à peu, le bébé coordonne ses capacités motrices: il s'assied quand on le cale, arque son dos, tourne la tête et regarde parallèlement à la surface sur laquelle il est assis ou couché. Il parvient enfin à maîtriser visuellement un espace en trois dimensions d'une nouveauté merveilleuse, qu'il peut créer ou changer par lui-même.

Voir, c'est croire

Le bébé de quatre mois est à même de tirer une pleine satisfaction visuelle du monde. Ses capacités visuelles approchent de celles d'un adulte. Au contraire de la plupart des petits animaux, l'enfant humain voit dès la naissance. Les recherches ont démontré que les bébés peuvent distinguer certaines couleurs dès l'âge de deux semaines et qu'ils répondent très clairement à la clarté au cours du premier mois. Le nouveau-né préfère les motifs aux tons unis. Ses yeux et son cerveau sont suffisamment développés pour percevoir les formes. Il est conscient du mouvement — il s'agit probablement de la perception qui apparaît le plus tôt, sans doute la plus fondamentale. Le bébé jette un coup d'oeil vers des objets en mouvement dès le premier jour et peut même suivre des yeux une lumière qui bouge au cours des premières heures.

Les capacités visuelles du bébé naissant ont quand même des limites. Celles-là comportent plusieurs éléments: la capacité de l'oeil à percevoir les couleurs, à s'adapter à des distances variables, à voir une seule image au lieu d'une image double, à s'orienter par rapport aux objets en mouvement et à percevoir les profondeurs. Toutes ces capacités se développent et se coordonnent aux environs du quatrième mois. On ne connaît pas encore les raisons de ce développement. Nous ne savons pas, par exemple, comment l'oeil et le cerveau synthétisent la couleur ni comment se développent exactement les connexions de l'oeil et du cerveau de l'enfant devant les informations visuelles. Quoi qu'il en soit, dès le quatrième mois, le bébé voit le monde en couleur. Il distingue les couleurs spectrales. Ainsi, il contemple plus longuement un objet bleu ou rouge qu'un objet gris.

L'oeil peut aussi percevoir des choses à une plus grande distance. Comparé à la distance de sept ou huit pouces [18-20 cm] qui délimitait la capacité visuelle du bébé naissant, le bébé de deux mois peut percevoir des objets éloignés de lui de plusieurs pieds [30 cm] au moins. Des études effectuées sur les capacités visuelles indiquent cependant que le bébé de deux mois ne peut pas suivre des yeux l'objet en mouvement situé à six ou huit pieds [2-2,5 m].

Dès le quatrième mois, le bébé peut coordonner les mouvements des yeux et de la tête presque aussi bien que l'adulte qui veut suivre un objet des yeux. La tête du bébé participe davantage et plus fortement pour suivre un objet qui tourne autour de lui et il peut s'orienter dans la direction de l'objet qui l'intéresse. De plus, les bébés de cet âge utilisent, tout comme leurs aînés, deux sortes de mouvements de la tête et des yeux. Quand le bébé *choisit* de regarder quelque chose, le mouvement de la tête conduit les yeux. Quand il s'agit au contraire d'un changement quelconque dans l'objet, qui *attire* le regard, l'oeil, plus rapide que la tête, conduit celle-ci. Dans les deux cas, l'oeil et la tête se dirigent vers le centre du corps, probablement parce que les yeux doivent être centrés

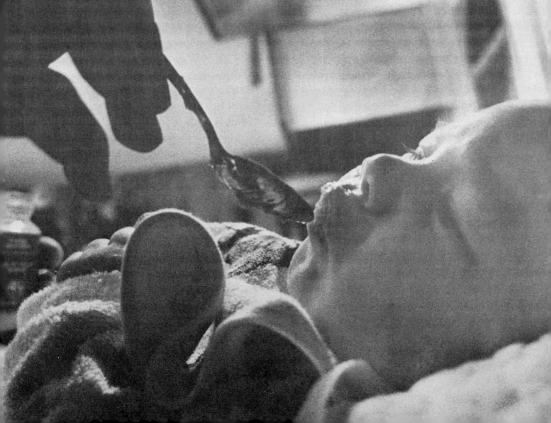

pour guider les mains du bébé sur un côté ou l'autre du corps.

Même si les scientifiques ont pu mieux étudier le système visuel que les autres systèmes sensoriels, ce qu'on sait indique que l'ouïe, le goût et l'odorat se développent à peu près en même temps que les possibilités visuelles. Ce que les chercheurs désirent vraiment savoir, c'est «quand, et dans quelles circonstances, l'expérience visuelle de l'enfant mène à une connaissance utile de l'environnement.» On nous propose déjà quelques réponses: la capacité du bébé à voir ses mains à différentes distances l'aide à tendre les mains avec précision vers les objets. Des études effectuées sur les petits animaux ont mené les chercheurs à la conclusion que l'incapacité de voir ses membres quand il s'en sert représente un handicap important pour le jeune chiot ou chaton. Lors d'une expérience qui devint célèbre par la suite, le Dr Eleanor Gibson fit traverser sur une grande feuille de verre renforcé, posée sur un cadre de bois, des bébés âgés de six mois et demi ou d'un an. Un motif imprimé était collé directement sous une moitié de la vitre. Le même motif était posé sous l'autre moitié de la vitre, mais à une plus grande profondeur. Malgré des jouets attirants et l'appel de leurs mères — du côté «profond», — les bébés refusèrent absolument de traverser le côté profond, bien qu'ils ne firent pas d'histoire pour traverser le côté qui paraissait «plat». Toute récompense ou sanction de l'environnement mise à part, les bébés utilisaient les renseignements qu'ils avaient perçu eux-mêmes par rapport à la profondeur, de la façon qui semblaient à leur avantage.

Pendant longtemps l'expérience du Dr Gibson représentait le niveau le plus bas de l'âge où on pouvait certifier que les bébés percevaient la profondeur. On savait au moins que cette perception se développait ou s'était développé dès l'instant où le bébé était en mesure de se déplacer. L'expérience était limitée par la capacité de l'enfant à se traîner à quatre pattes: il ne pouvait prouver autrement qu'il percevait des profondeurs différentes et qu'il pouvait traiter une telle perception de façon utile.

Le Dr Roger Webb, anciennement attaché au Centre d'études cognitives de Harvard, a mené par ailleurs une expérience astucieuse qui démontre que les bébés de *trois* mois perçoivent les différences de profondeur et agissent selon cette perception discriminatoire. Quand on faisait subitement apparaître des balles rouges et argentées de derrière un écran situé à un pied [30 cm] des enfants, leur rythme cardiaque et leurs mouvements augmentèrent de façon radicale, se préparant à saisir l'objet; mais quand celui-ci était à quatre pieds [1,22 m] des enfants, ils n'avaient pas la même réaction. Il se peut que l'espace *étendu* soit encore, à cet âge, un tableau plat, une espèce de zone neutre. Sans l'expérience préalable de saisir les objets, les enfants exerçaient quand même une nette discrimination des distances et commençaient à tendre une main, guidée par l'oeil seulement quand l'objet était à leur portée.

Les premiers outils

Si l'on veut décrire le développement du bébé, il faudrait changer le vieil adage qui veut qu'«une chose mène à une autre» pour «une chose mène à l'explosion.» Le perfectionnement de l'appareil visuel et la capacité de tenir la tête droite permettent à l'enfant d'apprécier le monde tridimensionnel et d'y participer activement.

Vous remarquerez peut-être que votre bébé peut saisir un jouet aussi bien de la main gauche que de la main droite. Cela veut dire qu'il a suffisamment maîtrisé la capacité de saisir, pour s'emparer d'un objet, même si celui-ci ne fait que frôler sa main ou si son regard est ailleurs. Dès la fin du quatrième mois, il sera probablement en mesure de prendre les objets, alternant d'une main et de l'autre, ou de transférer un jouet d'une main à l'autre. Il pourra même se mettre à le brandir en l'air avec enthousiasme et à le transférer à l'autre main avant de la brandir de nouveau, et ainsi de suite, d'une main à l'autre, comme un jongleur en herbe. Il se peut, quand la main du bébé imite l'autre, qu'il soit en train de se rendre compte qu'il peut accomplir les mêmes gestes des deux bras ou encore, en train de distinguer ses mains l'une de l'autre. Cette conscience est primordiale dans la perception de l'espace. Le bébé commence, par ailleurs, à se voir agir quand il répète les gestes visant à tendre la main ou à se saisir d'un objet. Il commence à faire la distinction entre ce qui est lui et ce qui est le monde extérieur.

Vous pouvez également constater les progrès du bébé en vous servant d'un miroir et des «normes» de Gesell concernant le développement mental. Selon ces normes, le bébé sourit à son image aux environs de la vingtième semaine. Tenez le bébé devant le miroir et observez-le contempler vos deux réflexions. Il regarde surtout sa propre image et lui adresse peut-être un sourire. Quand son image lui sourit, il devient actif et se met à vocaliser. Il sera peut-être porté à jeter alternativement des regards sur votre visage et la réflexion de votre image, d'un air troublé. Il connaît déjà votre visage et ne peut s'expliquer son dédoublement. Si vous lui parlez doucement, la confusion est encore plus grande. Mais, qu'il finisse par se retourner vers sa «vraie» mère démontre qu'il fait déjà preuve de discrimination et de préférence.

Cette faculté discriminatoire se révèle aussi dans l'attachement du bébé à un objet — un jouet ou un animal en peluche — qu'il préfère à tout autre dès cet âge. Ce comportement indique que le bébé se développe suffisamment pour s'intéresser au monde extérieur et s'y attacher. Après avoir exploré tous ses jouets, le bébé peut commencer à marquer une nette préférence pour un objet en particulier. Dans les mois à venir, l'objet, que ce soit un jouet ou toute autre chose à laquelle l'enfant s'identifie en jouant, ou en s'en affublant, peut devenir un «petit chouchou». Les chouchous peuvent être à peu près n'importe quoi, allant des oursons en peluche aux souliers: un morceau de linge, une couche ou bien une couverture avec laquelle l'enfant jouera, qu'il dorlotera et qu'il traînera partout dès l'âge de neuf ou dix mois. Il dormira avec son «nounours», le machouillera, l'embrassera et lui «parlera». On peut rencontrer de sérieux problèmes quand il faut lui enlever tout à coup l'objet en question, même pour les meilleures des raisons (le laver par exemple). L'identification du bébé avec l'objet peut devenir si totale que le pédiatre peut s'attendre à devoir commencer l'examen de l'enfant, à chaque étape, par l'examen du «chouchou» — lui écouter le coeur, y diriger sa lampe et lui donner des tapes dans le dos — pour gagner la confiance du bébé.

Un tel attachement pour les objets — véritables substituts maternels — aide le bébé à faire la transition du détachement de la mère. Si vous pensez un instant à la difficulté d'une telle transition, vous apprécierez les «chouchous» à leur juste

valeur. Ils aident l'enfant à faire face à cette séparation néces-saire ainsi qu'aux autres frustrations que le bébé rencontre en grandissant. Le bébé très actif, lui, a besoin d'un jouet douillet pour une raison toute spéciale. Renoncer à l'action et aux jeux et se réconforter lui posent toujours un problème. Il se sentira mieux avec lui-même s'il est en compagnie du bon vieux nou-nours amical. Et la mère ne doit aucunement regarder l'affec-tion de l'enfant envers un objet comme une menace: elle devrait plutôt se sentir flattée de ce que l'enfant puisse étendre son domaine d'affection. Seuls les bébés qui ont confiance en l'amour maternel sont en mesure de diriger leur affection ailleurs. Mieux encore, de tels bébés font déjà preuve d'initiative et de caractère.

Les jouets sont aussi des personnages

Le développement des capacités sensorielles de l'enfant lui permet de porter plus d'attention aux jouets et aux gens. Il faut lui donner, dès maintenant, des jouets qu'il peut mani-puler, bouger et modifier. Les jouets sont aux enfants ce que les livres et les disques sont aux adultes. Ils lui apportent une précieuse stimulation mentale. Non seulement les jouets empêchent l'enfant de s'ennuyer, mais ils lui apprennent beau-coup de choses: les rapports des objets dans l'espace, la couleur, la texture et bien d'autres choses.

Tout est jeu pour le bébé de quatre mois. Regardez bien le vôtre quand il découvre qu'il peut produire des sons: il les répète inlassablement. Chaque fois qu'il émet un son nouveau, il s'arrête sous l'effet de la surprise et puis recommence, son corps entier tendu sous l'effort. Il peut devenir tellement agité que son activité corporelle l'empêche de vocaliser.

Regardez-le aussi quand vous le tirez debout. Il glousse de joie et de satisfaction, tout fier de son exploit. Dans la bai-gnoire, il roucoule et rit tout haut, donne des coups de pied, bat l'eau des bras et éclabousse tout. Quand il émet des sons stridents, il rit de ravissement et se met à glousser si ces sons réussissent à vous faire venir d'une autre pièce. Si son frère ou sa soeur se mettent à jouer avec lui dans son parc, il peut s'y amuser pendant une heure ou plus. Il peut même réserver des jeux particuliers à la famille. Dès deux mois, peut-être, la mère imitait la toux du bébé. Au début, la toux et le sourire

de la mère ne provoquaient qu'un sourire; mais éventuellement, il se met à tousser à son tour et commence à échanger. (La toux, soit dit en passant, est sèche comme celle d'un grand fumeur). Plus tard, c'est le bébé qui prend l'initiative du jeu, en se mettant à tousser avec un grand sourire, au moment où sa mère s'y attend le moins. La valeur du jeu augmente quand l'enfant se rend compte que tousser fait venir ses parents quand il veut les voir. Bien qu'une partie de la toux qu'on constate à quatre mois soit due à la salivation excessive qui accompagne la poussée dentaire, la «toux sociale» du bébé, tout comme celle de l'adulte, est commandée volontairement. Bien souvent, la mère donne crédit au bébé d'avoir inventé ce jeu tout seul.

Il importe moins de savoir qui est à l'origine du jeu, que de savoir que celui-ci, comme la plupart des jeux qu'il partage avec la famille, est un mécanisme d'apprentissage. Le bébé apprend que les sons qu'il émet, tels un claquement de langue et la toux, sont des moyens efficaces de parvenir à socialiser. Il apprend par la même occasion que son comportement peut avoir un effet positif sur l'environnement — et il est important qu'il l'apprenne. Et surtout, il apprend à imiter les sons, procédé essentiel pour l'apprentissage du langage.

Dès le quatrième mois, même le bébé le plus actif consacre autant de temps à la socialisation qu'à l'activité physique. Un visage familier met fin à la séance de gymnastique la plus ardue. Il regarde le visage et lui sourit, pour ensuite tenter une espèce de compromis entre la vocalisation et l'action. Si on le prend dans les bras, il se met immédiatement à «parler», à rire et à étudier le visage de celui ou celle qui le tient. Tout ce qui interrompt son jeu lui cause un certain mécontentement. Comme il joue sur le dos la plupart du temps, vous provoquez des hurlements de protestation si vous le mettez sur le ventre ou bien il enfonce son visage dans les draps et reste immobile jusqu'à ce que quelqu'un le change de position. Afin d'habituer votre bébé à se tenir sur le ventre, mettez-vous à son niveau et jouez avec lui. Peu à peu, il arrivera à jouer, au moins pendant quelques minutes, sur le ventre.

La plupart des bébés ont de plus fortes réponses en présence de leurs parents ou de leurs aînés, mais quelques-uns ont la réaction opposée. Votre présence, par exemple, peut rendre le bébé silencieux au lieu de provoquer une vocalisation accrue. Le bébé extrêmement sensible peut interrompre sa séance de roucoulements, de pratique de voyelles et de jeu des tonalités pour observer prudemment votre visage et vos mouvements. Mais rassurez-vous: peu à peu, il en viendra à accepter librement votre présence et à répondre à vos sons par ses propres sons.

La première visite

Le moment le plus propice pour amener le bébé en visite est aux cours des six premiers mois. Par la suite, et pendant longtemps, il sera plus difficile de le faire. Il est encore léger et portatif. Bientôt, il sera plus conscient d'un environnement inconnu, plus réticent face aux étrangers et pourra moins bien dormir dans un autre lit que le sien. En attendant, ce serait dommage de ne pas profiter de sa grande mobilité. De bien des façons, il est aussi plus facile de voyager avec un bébé de cet âge qu'avec un enfant plus âgé. Il se contentera de n'importe quel contenant dans lequel vous le bordez bien douillettement pour dormir. De plus, le mouvement et le ronronnement continu des voitures, des trains et des avions ont un effet calmant sur la grande majorité des bébés. Il y a de nombreux produits disponibles qui facilitent le voyage avec un bébé. On trouve, par exemple, du lait qui ne demande pas de réfrigération, sous forme de concentré ou de prêt-à-servir, ainsi que des couches et des biberons à jeter après usage et des serviettes déjà imprégnées de nettoyant. La plupart des produits pour bébé sont emballés dans des contenants en plastique léger et incassable. A moins d'aller quelque part où vous serez vraiment isolé, vous n'avez pas besoin d'apporter beaucoup de provisions. La plupart des magasins d'alimentation et les pharmacies vendent de tels produits.

Si vous commencez tout de suite à promener le bébé, à l'amener avec vous quand vous faites des courses ou quand vous rendez visite à des amis ou des parents (où vous pouvez coucher le bébé dans une chambre au besoin), cela peut atténuer la réaction de l'enfant devant les étrangers, les animaux, les objets et les endroits inconnus, et le conditionner à accepter le monde plus facilement. Bien des bébés ont des problèmes tout simplement parce qu'ils n'ont jamais eu à faire face à plus de deux personnes à la fois.

Cependant, à cause de l'excitation causée par de nouvelles stimulations et de nouveaux auditoires, le bébé peut réagir très fortement après la visite, surtout si elle a été prolongée. Il peut refuser de manger, se réveiller plusieurs fois au cours de la nuit, se calmant en votre présence mais se remettant à pleurer dès que vous le quittez pour s'endormir en larmes. Ce dérangement peut se prolonger pendant plusieurs jours, durant lesquels il passera sa journée et une partie de la nuit à pleurer et à pleurnicher. S'il devient hystérique, il faut le traiter avec fermeté. Si vous paniquez, votre détresse ne fera qu'augmenter celle du bébé. Si vous faites preuve d'une indifférence calculée face à ses cris et ses hurlements, vous l'aiderez à retrouver sa routine habituelle.

Si vous sortez en laissant le bébé entre les mains d'une gardienne, d'un parent ou d'un ami, assurez-vous que celle qui vous remplace veille à faire les choses de la même façon que vous les faites. Il faudrait auparavant la faire venir pour qu'elle passe un certain temps à observer la façon dont vous tenez et manipulez le bébé et comment vous jouez avec lui et lui parlez.

La plupart des bébés de quatre mois reconnaissent leur mère, et, bien que la moitié environ s'adapte sans problème à une présence étrangère, l'autre moitié se révolte contre celle-ci. Après tout, personne d'autre que vous n'a pu lui offrir autant de stimulations différentes. Si le bébé a l'occasion de voir la gardienne à vos côtés, il lui est plus facile d'établir un lien entre vous et elle et de faire la transition. (Imaginez quelle serait votre panique si.vous vous réveilliez au milieu de la nuit, pour découvrir que tous vos proches étaient disparus et qu'il y avait un parfait inconnu à côté du lit!) Un peu plus tard, au cours du neuvième mois, tout cela change encore plus radicalement; alors il vaut mieux prendre les mesures nécessaires et profiter de cette étape pour sortir de temps en temps.

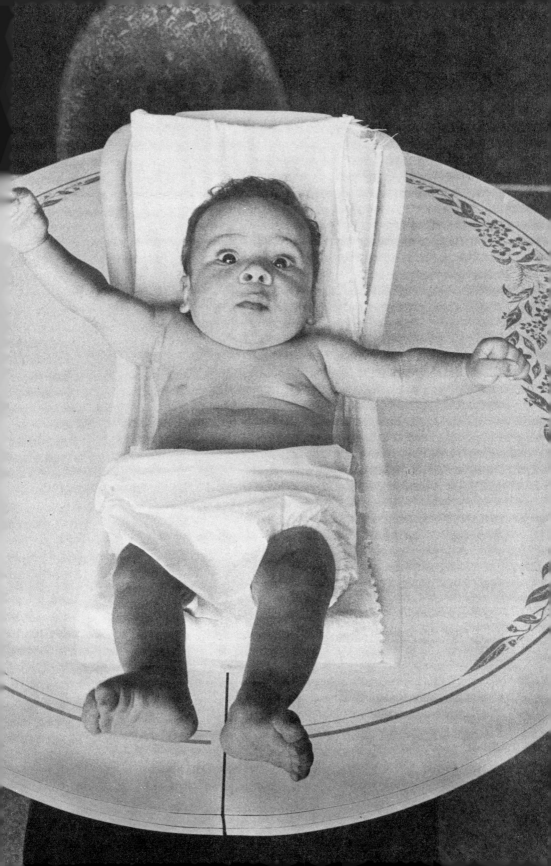

LE QUATRIÈME MOIS

Développement moteur	Développement verbal	Développement mental	Développement social
Motricité brutale	**Développement actif**		**Développement personnel**
Le réflexe de Moro commence à disparaître. Sur le dos, garde sa tête au milieu.	Le roucoulement accuse des modulations d'intonation. Peut vocaliser ainsi pendant quinze ou vingt minutes.	Capacités visuelles proches de celles d'un adulte. Lentille de l'oeil s'ajuste aux objets situés à des distances variables.	Exprime vocalement ses humeurs, son plaisir, son indécision et ses objections. Rit en socialisant; hurle si on interrompt son jeu.
Tourne la tête dans tous les sens, assis ou couché. Tient sa tête droite et stable pendant de courtes périodes. Sur le ventre, soulève la tête à un angle de 90 degrés au-dessus du matelas, levé sur ses bras tendus ou en s'appuyant sur les avant-bras.	La qualité de la voix se normalise; pleure d'une voix forte et stable.	Périodes d'attention pouvant atteindre une heure ou plus. Intérêt soutenu pour le détail.	Manifeste son anticipation, s'excite, halète.
Sur le dos, peut pencher le cou en avant pour regarder ses mains attraper ses pieds.	Quand on lui parle, il sourit, émet des petits cris, roucoule.	La tête et les yeux tournent de façon coordonnée, parallèles à la surface sur laquelle l'enfant est couché ou assis. Suit des yeux un objet en mouvement. Cherche des yeux la provenance des sons. Regarde immédiatement un hochet ou un anneau.	Tente de se calmer par lui-même. S'apaise à la musique. Saisit ses mains et ses doigts en jouant.
Se couche sur le ventre, jambes étendues. Peut délibérément fléchir les muscles, de la taille aux pieds, pour soulever les hanches.	Peut vocaliser sa bonne humeur pendant trente minutes d'affilée — glousse de joie, émet des petits cris, gargarise, sourit, rit tout haut. Imite plusieurs tons de voix.		S'intéresse à son image dans le miroir; lui adresse peut-être un sourire. Distingue peut-être la réflexion de sa mère de la sienne. Peut attendre avec une certaine patience le repas.
Sur le ventre, peut se balancer comme un avion, les membres étendus et le dos arqué.		Agite les bras et le torse s'il y a un objet près de lui. Regarde alternativement sa main et l'objet. Tend la main, le saisit et le lâche, se servant indifféremment d'une main ou de l'autre.	**Réaction à l'environnement**
Sur le ventre, roule d'un côté à l'autre. Se roule parfois du ventre ou du côté sur le dos.			Vocalise pour amorcer l'interaction sociale — tousse ou claque la langue.
Si on le tire jusqu'à ce qu'il soit debout, il étend les jambes et maintient le corps sur un même plan, des épaules jusqu'aux pieds.		Tire un objet suspendu vers lui. Porte les objets à sa bouche. Donne des grands coups à main ouverte pour essayer d'attraper les objets d'une seule main, mais manque souvent l'objectif.	Réagit à la manipulation et y trouve plaisir. Vocalise quand on l'asseoit; n'aime pas s'étendre.
			Manifeste de l'intérêt pour les objets de jeu; peut préférer un jouet à

Position assise

Bien calé contre un appui, peut rester assis de dix à quinze minutes, la tête droite et stable, le dos bien tenu.

Fine motricité

Se sert des mains plus adroitement et avec plus de variété. Jeu réciproque des doigts. Poigne malhabile: la paume et les doigts s'opposent au pouce. Peut prendre de petits objets entre l'index et le majeur.

fondeur et de distance. Commence à manipuler le bord de la table. Regarde fixement l'endroit où il a laissé tomber un objet.

Temps de mémoire de cinq à sept secondes.

Sourit et vocalise plus devant le visage réel que devant l'image du visage. Fait la différence entre les visages et les motifs, entre les gens et les objets.

Distingue les différents visages. Peut mal accepter la présence des étrangers.

Jeu réciproque des doigts. Commence à prendre conscience qu'ils sont distincts.

Peut sourire et vocaliser à la réflexion du miroir. Commence à adapter ses réponses aux gens. Commence à distinguer ce qu'il fait du résultat, lui, le monde extérieur et les objets.

Conscient de toute situation inhabituelle. Associe de plus en plus de comportements différents. Exerce une certaine discrimination; peut préférer un jouet aux autres.

Peut transférer un jouet d'une main dans l'autre.

Aime jouer, socialiser, joue quelquefois plus longtemps s'il n'est pas seul.

Développement culturel
Habitudes de vie

Moins intéressé aux repas, vu son intérêt accru pour l'échange social.

Anticipe la nourriture en la voyant ou en entendant les préparatifs du repas. Reconnaît le biberon et pince ses lèvres pour obtenir de la nourriture.

Prend régulièrement de la nourriture solide.

Intervalles prévisibles entre les repas et les selles.

Dans la baignoire, éclabousse, donne des coups de pied, lève la tête.

Il ne faut pas considérer ce tableau comme un calendrier rigide. Les bébés sont imprévisibles. Beaucoup commencent à pratiquer une activité plus tôt ou plus tard que la date indiquée au tableau.

LE CINQUIÈME MOIS

UN PAS VERS L'EXTÉRIEUR

Tenez-vous bien: la plupart des bébés entrent, dès le cinquième mois, dans la première phase d'une incroyable prise de vitesse qui englobera toutes leurs activités et qui risque fort de vous laisser tout à fait essoufflé avant que votre enfant n'ait fêté son premier anniversaire. Finie la tranquillité des quatre premiers mois. Le bébé peut rester attentif pendant une période de temps allant jusqu'à deux heures avec votre encouragement et il compte bien consacrer de telles périodes au jeu. Evidemment, il peut encore s'intéresser à des jeux tranquilles, surtout à ceux qui l'aident à se distinguer du monde extérieur. Il se tourne maintenant vers votre voix quand vous l'appelez d'une autre pièce de la maison ou quand il entend prononcer son nom au milieu d'une conversation. Il aime encore beaucoup les miroirs et s'arrête même de pleurer pour regarder son image. L'intérêt que le bébé porte à lui-même est tout autre chose que l'égoïsme adulte. L'exploration de soi qu'effectue le bébé est éminemment saine en ce qu'elle est la première étape d'un dépassement de soi. Mettre alternativement ses doigts et des jouets dans la bouche est une façon de se comparer aux objets du monde extérieur.

Comme le bébé peut de mieux en mieux contrôler les muscles du torse et de la base du dos, il peut rester assis, calé dans un fauteuil ou une chaise d'enfant pendant de grands bouts de temps. Il jouit également d'un meilleur équilibre et contrôle mieux sa tête et il est capable de saisir des objets avec ses mains. Tout cela rend les moments de station assise très excitants. Le bébé ne se contente plus d'être un spectateur passif: ses yeux, ses doigts et sa bouche peuvent maintenant travailler ensemble et il tient à avoir des objets à sa portée afin de les toucher, les tenir, les tourner, les secouer et les goûter. Si vous laissez, par inadvertance, un jouet en vue du bébé, mais hors de sa portée, cet instinct se manifestera dans toute sa force: le bébé se mettra probablement à hurler de frustration en constatant qu'il ne peut pas examiner le jouet comme il le voudrait.

Le pouvoir de tendre la main et de saisir un objet, qu'on peut constater en général vers le début du cinquième mois, est le fruit d'une longue préparation. La période allant de six semaines à cinq mois est d'une importance capitale pour le début du développement physique et perceptuel. Premièrement, avant de pouvoir tendre le bras, il faut que l'enfant puisse voir. Il possède déjà à la naissance un pré-requis: l'aptitude à suivre des yeux une lumière mobile ou changeante ou n'importe quel objet qui contraste avec le fond, en autant qu'il soit dans le champ visuel de l'enfant. Quand il le regarde directement, le motif qu'il présente à l'oeil déterminera si celui-ci continuera à le fixer ou non. Dès 1961, on pouvait affirmer que le nouveau-né fixe des motifs dont les contours sont bien définis et les contrastes frappants: de larges rayures blanches sur fond noir uni par exemple. En peu de temps, la possibilité de suivre les contours et de fixer les motifs se développe pour permettre à l'oeil de suivre le centre de l'objet, et, par le contrôle des yeux, de suivre facilement par la suite les motifs quand ils bougent; c'est ainsi qu'il pourra explorer le monde du regard.

Au milieu du deuxième mois, l'appareil visuel du bébé se met à se perfectionner très rapidement. Il apprend à cligner des yeux à l'approche d'un objet. Le mouvement des deux yeux se coordonne et l'image unique remplace l'image double. La lentille de l'oeil s'épaissit ou s'amincit selon la distance de l'objet, ce qui permet au bébé, dès trois mois et demi, de le percevoir distinctement. Il peut alors fixer sa main, faisant le lien entre la vue et le toucher par un système de double feed-back. L'oeil voit la main et ce que la main sent et la main sent ce que l'oeil voit. Le contrôle visuel de la main mène à des jeux de mains, tels le maniement des doigts par l'autre main, les grands coups donnés, d'abord à poing fermé et ensuite à main ouverte; ce qui mène à la tentative malhabile de tendre la main vers les objets, ratée la plupart du temps. Mais le bébé apprend peu à peu à mieux viser en augmentant le nombre de regards jetés alternativement à la main et à l'objet visé. Ensuite, peu avant cinq mois, le bébé peut ramener rapidement la main située en dehors du champ visuel jusqu'à l'objet qu'il regarde et saisir celui-ci sans heurts. Comme vous l'avez peut-être constaté, la progression du contrôle musculaire va des yeux, de la tête et des bras vers les mains, et du centre du champ visuel vers l'extérieur.

Cette progression, devant laquelle on ne peut que s'enthousiasmer, est selon le Dr Jean Piaget la première poussée majeure de la petite enfance. Ses implications sont nombreuses: il y a les préoccupations d'ordre pratique, comme acheter une chaise dans laquelle l'enfant peut sauter et transformer la

maison pour qu'elle soit à l'abri des gestes enfantins; il y a la «crise» familiale à traverser, car il faut notamment essayer de garantir à chacun des nuits de sommeil adéquat; il y a aussi les éléments «internes», tels le développement mental du bébé et les sentiments de rejet auxquels la mère doit faire face de temps en temps.

Avant que votre bébé ne soit vraiment mobile et explorateur, mettez-vous à deux pour établir une liste de tous les «pièges» que la maison peut tendre au bébé. Prenez ensuite les mesures qui s'imposent pour que la maison ne représente pas un danger pour l'enfant (et vice-versa). Puisque le bébé peut déjà sortir de son siège d'enfant en sautillant, procurez-vous une chaise dans laquelle il peut sauter en toute sécurité, ou une balançoire de bébé. Veillez à ce que la chaise soit inclinée de sorte que, même si le bébé se penche en avant, la chaise maintienne la partie inférieure du dos. Le fond doit être lesté pour empêcher le bébé de renverser sa chaise. Il faut prendre vos précautions, car, tout petit qu'il soit, le bébé a beaucoup d'imagination et sera porté à faire des choses auxquelles vous ne songez même pas. Eloignez son fauteuil de toute source de chaleur et veillez à munir sa poussette d'une courroie.

Maintenant qu'il voit très clairement, le bébé peut visuellement distinguer ses parents. Il peut se mettre à se tortiller, babiller et battre des bras quand il découvre le visage de son père ou de sa mère dans une pièce remplie de gens. Puisqu'il peut également distinguer ceux qui ne sont pas ses parents, il est plus sensible qu'auparavant à toute présence étrangère. Il peut avoir une réaction particulièrement marquée en présence de femmes inconnues. Quand une femme se penche sur lui avec des «oh» et des «ah», ou essaie de le prendre dans ses bras, il peut très bien se mettre à pousser des hurlements de protestation. La peur des femmes inconnues est, en général, plus prononcée que celles des hommes inconnus, probablement parce que la femme éveille toutes les associations de la vue, du toucher, de l'odorat, de l'ouïe, du goût, du bien-être, de l'apprentissage, et du divertissement que le bébé a bâti avec sa mère plus qu'avec son père.

Le fait que le bébé voit et manipule les objets l'aide à prendre conscience qu'ils sont stables et permanents et que chacun est autonome. Jusqu'à cinq mois environ, le monde du bébé est plus ou moins une série d'objets qui apparaissent ou disparaissent mystérieusement. Quand le bébé se met à tendre la main vers les objets, il commence à percevoir ceux-ci comme au-delà et en dehors de lui, donc distincts de lui. Quand il manipule un objet, il sent que la forme reste constante même si son aspect visuel change quand il le retourne dans sa main ou quand l'objet s'éloigne ou s'approche de lui. Il tente également de récupérer les objets s'il les perd. Il se penche, par exemple, pour regarder par terre quand un objet lui tombe des mains, plutôt que de fixer l'endroit où il lui a échappé. Il cherchera de même en dehors de son champ visuel, pour trouver l'objet qu'il tenait à la main. Il peut jouer pendant un temps avec son nounours, le délaisser pendant quelques minutes et ensuite le retrouver sans hésitation. Il peut également anticiper la présence d'un objet entier en n'en apercevant qu'une partie et il ouvre sa perspective en se débarrassant d'obstacles mineurs, comme une couverture, quand ils le voilent. Il abandonne cependant immédiatement la partie si l'objet perdu n'est pas tout de suite en vue ou à portée de sa main. Il semble encore croire que les objets alternent entre l'existence et la non-existence. Quelques mois plus tard, il fera une découverte merveilleuse entre toutes: les choses continuent à exister même quand elles sont hors de vue et loin de sa portée. Le jour où votre enfant fera mine de repousser votre main pour essayer de faire tourner une toupie ou rouler une voiture lui-même, vous saurez qu'il se rend compte que quelqu'un ou quelque chose autre que lui-même fait marcher les choses.

Tendre la main et saisir les objets aident aussi le bébé à prendre conscience de «l'avant» et «l'après» et du lien entre la cause et l'effet dans une séquence d'actes qu'il institue lui-même. Cela veut dire qu'il commence à garder un souvenir significatif de ses gestes dans un passé rapproché. Au cours des deux mois à venir, le bébé aura suffisamment étudié son biberon pour le remettre à l'endroit si vous le lui tendez à l'envers. Il manifestera qu'il reconnaît des objets familiers en esquissant les gestes qu'il fait habituellement quand il les tient. S'il voit le nounours qu'il aime bercer, il ouvre et ferme ses mains dans une sorte d'abréviation de bercement. Cette reconnaissance corporelle précède la reconnaissance mentale adulte et constitue un premier pas dans l'orientation vers un but.

Au chant du coq

Tant de nouvelles impressions qui, pour vagues qu'elles soient, n'en sont pas moins vitales, c'est beaucoup. Le bébé est sur le point d'une poussée de développement et il répond activement à l'excitation comme à la frustration. La plupart des bébés de cinq mois se réveillent littéralement aux premières lueurs de l'aube afin de recommencer le plus tôt possible leur apprentissage. Les cycles de sommeil de quatre heures, établis aux environs de trois mois, font que le bébé se réveille à six heures. Mais maintenant, au lieu de rester tranquillement couché en suçant ses doigts ou en regardant ses jouets, il veut mettre en pratique immédiatement toutes ses nouvelles capacités musculaires et sociales. Il s'amusera peut-être pendant quelques minutes tout seul, se berçant sur le ventre ou se retournant, mais tôt ou tard il exige que l'on s'occupe de lui. Ses pleurs et ses appels réveillent toute la maisonnée, comme s'il invitait tout le monde à mettre fin au sommeil pour partager sa journée.

Rien ne peut changer cette espèce d'horloge interne. Vous aurez beau le coucher plus tard, il n'en sera pas plus fatigué tôt le matin. Il ne sert à rien de le nourrir la nuit non plus; vous pouvez essayer de bloquer sa fenêtre avec des stores très opaques. Si vous êtes vraiment désespérée, vous obtiendrez peut-être un soulagement temporaire en l'attachant au lit, mais les conséquences à long terme ne seront une solution pour personne. Aussi bizarre que cela puisse paraître, attacher le bébé risque plus de nuire à son développement émotionnel qu'à son développement physique. Les résultats des recherches entreprises dans le monde entier démontrent que la contrainte physique, telle des langes serrés par exemple, ne fera que retarder le développement moteur d'un mois environ. Il importe d'encourager les efforts du bébé à s'exercer à ses nouvelles capacités. Vous l'aiderez ainsi à acquérir la maîtrise du monde qui l'entoure.

La solution la plus humanitaire consiste peut-être à coucher le bébé le plus loin possible des autres membres de la famille.

Non seulement vous pourrez dormir davantage, mais le bébé apprendra à compter davantage sur ses propres ressources.

Chez la plupart des bébés, ces poussées d'activité vont et viennent. Le bébé plus calme, par ailleurs, réserve un traitement plus subtil à ces prises de conscience grandissantes. Il peut rester couché sur le dos, tout content d'attraper ses doigts, ses orteils ou des jouets et de les sucer ou de les explorer avec intensité. Il mâchouille chaque côté d'un jouet pour découvrir tous les goûts et tous les aspects minutieusement. Beaucoup d'enfants plus actifs ne sont heureux que quand ils bougent, c'est-à-dire quand ils s'agitent d'eux-mêmes ou quand on les manipule vigoureusement. Jouissant d'une plus grande liberté sur le dos, le bébé actif peut donner des coups de pied au matelas ou au tapis pour se propulser jusque dans un coin où il se trouvera coincé; ou bien il peut se tortiller jusqu'à ce que la partie supérieure de son corps se retourne complètement et qu'il se retrouve sur le ventre; il s'appuie alors sur ses bras, lève la tête pour regarder autour de lui et puis se roule de nouveau sur le dos. Le bébé très actif peut même se réveiller plusieurs fois la nuit par excitation. Pendant la partie mi-consciente du sommeil, il peut se réveiller complètement. Il essaie alors de se consoler par l'activité, puisque celle-ci est son moyen de défoulement habituel. Malheureusement, elle ne fera rien pour le calmer la nuit. Si vous essayez de restreindre ses mouvements au moyen d'un drap ou d'une couverture serrée, il n'en sera que plus furieux et luttera encore plus en s'éveillant. Vous auriez de meilleurs résultats à lui donner un biberon tard le soir, suivi d'une courte séance de jeu, qui défoulera le bébé d'une partie de son trop-plein d'énergie. Dans l'espace de quinze jours, vous réussirez peut-être à mettre fin à ses séances de gymnastique nocturne.

Vous pouvez également aider le bébé à dépenser de l'énergie et diminuer ses frustrations par des séances quotidiennes d'exercices. Vous pouvez ainsi lui apprendre à se rouler sur le ventre quand il est sur le dos et à se calmer lui-même. Le Dr Brazelton suggère de le coucher à plat ventre et de mettre son pouce à sa bouche, puis de le bien tenir dans cette position. Ça suscitera peut-être une colère enragée au début, mais peu à peu l'enfant apprendra à se calmer pendant ces séances «d'entraînement»; il appliquera peut-être lui-même le principe pendant la nuit. Ce genre d'intervention, ferme mais affectueuse, est loin de la contrainte forcée. Des leçons trop insistantes ou sans tact peuvent prendre d'assaut la sensibilité de l'enfant et lui enlever tout désir d'apprendre par lui-même.

L'apprentissage du langage

Vous êtes peut-être portée à croire que le bébé consacre tellement de temps et dépense tellement d'énergie à se développer physiquement qu'il ne peut rien faire d'autre. Mais c'est tout à fait faux. C'est maintenant qu'il entreprend d'«étudier» sérieusement le langage. Comme vous l'avez peut-être déduit vous-même d'après votre expérience avec votre bébé, le langage expressif ne commence pas avec les premiers mots, mais dès que l'enfant se sert de ses cris pour attirer votre attention. Les scientifiques situent cet événement aux environs d'un mois et parfois même plus tôt: dès lors on peut distinguer sans peine les pleurs de douleur, de malaise et de faim. Au cours des mois suivants, l'enfant manifeste clairement ses réactions à différentes situations au moyen de gazouillements, de cris de joie, de grognements de dégoût et de criailleries. Le langage gestuel qui consiste à regarder et à tendre les mains est également un moyen de communication entre la mère et l'enfant. Comme à tout le reste, votre bébé appliquera son style personnel à l'apprentissage du langage. Il faut se rappeler que les enfants ne partagent pas tous un même intérêt pour le langage. Ceux qui babillent beaucoup dès leur plus jeune âge, seront peut-être plus tard des «parleurs» et favoriseront toujours le langage de préférence aux autres modes d'échange. Certains «parleurs» émettent des cris stridents pour le simple plaisir d'expérimenter leur équipement vocal; d'autres mettent en valeur une gamme de registres variés et subtils, faisant des trilles à voix basse et exerçant un contrôle de volume remarquable. Les silencieux choisissent peut-être d'assimiler et d'explorer les possibilités du langage de façon moins voyante. Le bébé sensible aux sons peut, par exemple, faire des arrangements sonores en combinant ses propres sons ou ceux qu'il entend. Le tintement d'un jouet à clochettes peut le fasciner. Il apprendra peut-être même à le faire tourner pour en faire varier le son. S'il préfère contrôler et produire les sons qu'il émet lui-même, il s'intéressera moins au jouet musical.

La plupart des bébés sont prêts à communiquer avec qui veut les entendre. Votre bébé observe probablement la bouche, les mâchoires et le visage des gens qui émettent des sons près de lui pour ensuite expérimenter ses propres sons et mouvements faciaux. La combinaison tout à fait fortuite de voyelles avec les quelques consonnes qu'il prononce *(d, b* et *m* sont habituellement les premières) peut donner des mots comme *papa, maman* ou *bébé* qui ne manqueront pas d'exciter toute la famille. Puisque le feedback est probablement un des éléments les plus importants de l'apprentissage de la langue chez le bébé, il est très important que la famille réagisse toujours quand le bébé leur parle. Même si celui-ci n'est pas encore en mesure d'associer les séquences de sons à la signification des mots, il apprend à imiter et à répéter ce qui n'était à l'origine qu'un effet dû au hasard si on répond de façon prévoyante à ses syllabes. Une fois que vous aurez pris l'habitude de ce joyeux échange, le bébé tentera de reproduire les intonations de votre voix et passera à des prouesses encore plus complexes.

L'encouragement de ce genre de communication, en plus de donner à l'enfant le sentiment qu'il y est maître, joue un rôle spécifique très important dans l'apprentissage. L'identification des gens et des objets repose sur le principe qui consiste à nommer les choses. Ce principe, une fois acquis, détermine la capacité de l'individu à comprendre les choses d'une manière symbolique. En écoutant attentivement les sons qu'émet le bébé, vous constaterez, du moins au début, qu'ils n'appartiennent à aucune langue, et pas du tout à la langue française, sauf peut-être pour les *voyelles* nasalisées; l'*r* guttural, quant à lui, semble plutôt se rapprocher de l'allemand. Mais, en tant que parents de langue française, vous réagirez surtout aux sons qui se rapprochent le plus de votre langue et le bébé essaiera par ailleurs de modeler ses sons sur les vôtres. En réponse à votre encouragement sélectif, les sons qui ne s'apparentent pas à la langue française disparaîtront graduellement du vocabulaire de l'enfant. Plusieurs mois plus tard, votre tout-petit possédera tout un système de sons véritablement français. Ne vous attendez cependant pas à ce qu'il s'exprime aussitôt dans un français impeccable. Plus des trois quarts des sons qu'il émet seront clairs dès l'âge de deux ans, mais il y a une différence appréciable entre les sons français compréhensibles et le français compréhensible. La distribution des voyelles et des consonnes est également très importante, et c'est seulement vers l'âge de deux ans et demi que l'enfant pourra les distribuer à peu près comme les adultes. De plus, l'aspect sonore n'est qu'un des trois aspects majeurs de la langue que l'enfant doit assimiler. Il lui reste à acquérir les notions de grammaire et à bâtir son vocabulaire.

La fonction sociale du langage chez le jeune enfant

L'enfant utilise volontairement ses capacités vocales pour faire intrusion dans vos activités et attirer votre attention là où il croit qu'elle devrait être dirigée — sur lui. Il peut se mettre à sourire et à «parler» à une amie venue vous rendre visite. Quand ses tactiques ne suffisent pas pour arrêter votre conversation, il peut se tourner vers vous pour essayer de vous divertir. Si cela non plus ne marche pas, vous serez peut-être surprise et amusée de constater qu'il babille de plus en plus fort. Si vous voulez continuer à parler avec votre amie, vous serez peut-être obligée d'enlever le bébé de sur vos genoux et de le déposer dans une autre pièce. Ne vous laissez pas intimider si le bébé semble se désintégrer dans une crise d'activité exagérée ou une crise de larmes. La «conversation» lui demande encore un grand effort. Votre concours est tout aussi important que vos craintes de «trop» lui apprendre. Il est essentiel que l'enfant rencontre une stimulation humaine dans ce domaine. Les recherches ont démontré que chez les enfants dont les parents sont sourds l'incapacité des parents à entendre et à imiter les sons émis par les bébés n'a guère d'influence sur la qualité de ces sons: les gazouillements et les roucoulements de ces bébés ressemblaient à ceux des autres. Mais plus tard, le manque d'interaction et la particularité des sons émis par les parents commencent à influencer les sons émis par les bébés; ceux-ci perdent de leur intonation et deviennent de plus en plus nasillards. Réciproquement, une déficience auditive de l'enfant peut l'handicaper au point qu'il se referme sur lui-même, étant sans contact avec son environnement. Le regard absent, il se tranchera dans des habitudes répétitives et auto-stimulantes afin de compenser pour le manque de stimulation extérieure.

Un des grands handicaps que l'on constate chez les enfants vivant en institution ou qui ont reçu une éducation déficiente, est leur incapacité à communiquer avec autrui. Ce défaut est attribué à un manque de stimulation de langage. Ceux qui ont la garde de ces enfants-là n'ont pas le temps de leur parler ou, trop souvent, ne s'y intéressent pas d'assez près pour le faire. Au cours de la première année, il existe *vraiment* une séquence naturelle de développement physique et verbal que l'environnement peut accélérer ou ralentir, sans toutefois en changer l'ordre. Nous ne pouvons pas, par exemple, apprendre au bébé à prononcer des phrases propositionnelles avant qu'il ne commence à babiller. Ce qui compte le plus, c'est de parler à l'enfant.

La stimulation du langage commence quand la mère nourrit le bébé, lui donne son bain ou veille à son confort tout en accompagnant ses soins par des gestes et des sons affectueux. Même s'il n'a que deux mois, le bébé a besoin de diriger ses sourires et ses sons vers un visage qui lui répond. Le bébé peut dès lors associer le langage à un processus d'identification, de bien-être, de communication. Plus tard, des gestes accompagnés de mots appropriés (*parti, assis,* etc.), des jeux centrés sur le nez, les orteils, les pieds, les mains et la bouche du bébé, tout cela aidera à rendre l'apprentissage du langage agréable et intéressant. La maison où l'on trouve toute une variété de sons occasionnels — une sonnerie d'horloge, une boîte à musique, des jouets à clochettes, des oiseaux qui chantent, sans vacarme étourdissant en fond sonore — stimule l'enfant à prendre conscience des qualités de sons différents.

Ne vous préoccupez pas, du moins pas à ce stade, de ce phénomène qu'on appelle «parler bébé.» Vous pouvez même vous en servir à volonté. Tous les peuples du monde de quelque langue qu'ils soient, fournissent, qu'ils l'avouent ou non, cette forme particulière du langage à leurs nourrissons, précisément dans le but de leur apprendre à communiquer. Les mots «approchants» du bébé, qui sont un aspect normal et nécessaire du développement du vocabulaire, n'ont pas besoin d'être des modèles de précision. Il suffit que le nombre de mots qu'il essaie de prononcer augmente. Il a seulement besoin d'entendre des sons et le langage humain, et les mots du parler enfantin abondent dans les deux.

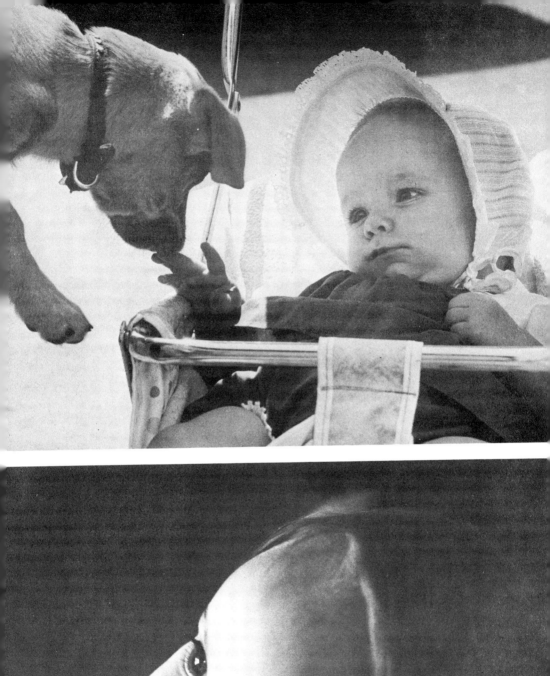

Inutile, rejetée, mal-aimée

De nombreuses mères rapportent qu'elles ressentent une impression d'exclusion aux environs du cinquième ou sixième mois. A mesure que leurs bébés deviennent de plus en plus indépendants physiquement, elles y voient la fin du besoin qu'éprouve l'enfant de sa mère, malgré le fait indéniable qu'il aura encore besoin d'elle pendant de nombreuses années. On est trop porté à réagir de façon exagérée à la relative indépendance du bébé. Les mères ont tendance à exprimer ces sentiments profonds à l'occasion de deux séparations différentes: le sevrage, si elles allaitent au sein, et le retour au travail.

Si vous allaitez votre bébé, vous ne serez pas à court de justification en optant pour le sevrage; vos arguments seront tous valables. Le bébé, mange en effet suffisamment de nourriture solide pour se contenter de trois tétées par jour; s'il est au biberon, d'autres membres de la famille pourront le lui donner si vous êtes particulièrement occupée. Vous serez moins fatiguée si vous renoncez à cette charge physique supplémentaire (l'allaitement peut malheureusement augmenter la fatigue maternelle). Or, le bébé passe sa journée à vous appeler et tend les bras pour que vous le preniez chaque fois qu'il vous aperçoit. Ne pas répondre à ses appels vous donne un sentiment de culpabilité, bien que vous sachiez que la «frustration» qui en résulte stimule l'autonomie de l'enfant. Ou bien, au contraire, le bébé semble perdre tout intérêt pour la tétée.

Ne vous laissez pas noyer par les sentiments que vous ressentez envers votre bébé: il y a en effet bien d'autres mères qui se débattent avec leur enfant dans les mêmes problèmes. Eux aussi doivent vivre cette vaste série d'événements et d'étapes de croissance. En ce moment, le bébé traverse peut-être une de ces trois baisses d'intérêt pour la tétée que le Dr Brazelton situe pour la première, au moment où l'intérêt visuel pour l'environnement augmente subitement; la deuxième, accompagne la formidable poussée motrice du septième mois. Certains bébés ne perdent jamais le goût de la tétée; il faut vraiment les enlever de force du sein. Quand le bébé semble ne plus y prendre goût, après neuf mois, abonder dans son sens paraît approprié à notre société. Il a pu téter suffi-

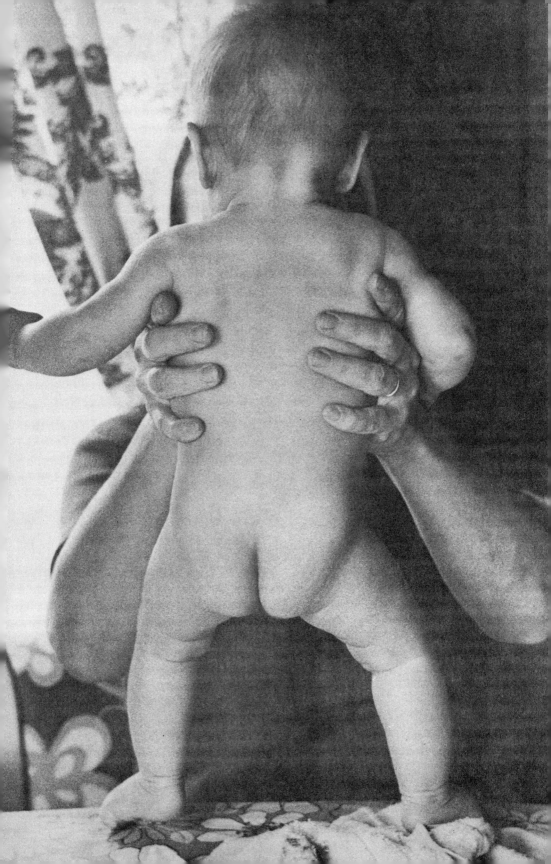

samment pour satisfaire ses besoins nutritionnels et n'en a probablement plus besoin.

Dans bien des pays, les mères allaitent leurs enfants pendant plusieurs années afin de les protéger contre les maladies et leur assurer des protéines, du calcium et des vitamines dont ils seraient privés autrement; pour les protéger aussi de leur mieux contre le taux de mortalité infantile très élevé qui sévit dans beaucoup de pays en voie de développement. Le cycle naturel de la conception, de la grossesse, de la naissance et de l'allaitement continue jusqu'à la ménopause. Dans notre société, par contre, les avantages que l'allaitement représente pour la santé de l'enfant diminuent à mesure qu'il grandit. Tant que la mère l'allaite, le bébé bénificie de l'immunisation contre certaines maladies et allergies. Cependant, une fois passés les premiers mois, ce n'est plus vital pour sa survie. Les bénéfices que la mère retirent de l'allaitement sont une autre question: les recherches les plus récentes démontrent que les chances d'un cancer du sein ultérieur chez les femmes qui ont allaité trois enfants pendant un minimum de six à neuf mois chacun, ou un ou deux enfants pendant un minimum de neuf mois, sont en principe nulles.

Si vous y tenez vraiment, vous pouvez sevrer le bébé en une semaine car la montée du lait diminue en même temps que la stimulation. Cependant, le sevrage est plus traumatisant pour la mère que la plupart des gens ne le pensent. En plus du choc émotif, une version de la dépression suivant l'accouchement plus courte et moins intense peut se présenter due aux changements hormonaux. La plupart des femmes ont un besoin inconscient de «remplir» leurs bras «vides» quand elles sèvrent leur enfant. Si le bébé est très attaché à son père, le sevrage peut être encore plus pénible. C'est de l'enfantillage, cependant, que d'être jalouse de cet attachement quand on pense que l'enfant éprouve encore un besoin immense de sa mère.

Si vous sevrez graduellement l'enfant, vous aurez tous les deux le temps de vous adapter à la situation. Dans ce cas, les pédiatres conseillent d'omettre la tétée de midi pour commencer, celle du soir ensuite et celle que vous donnez tôt le matin en dernier lieu. Tôt le matin et tard le soir, vous pouvez jouir d'une paix unique sans les bruits du train-train quotidien ou les distractions causées par d'autres enfants. Que vous sevriez

votre enfant maintenant ou plus tard, vous trouverez probablement qu'il est plus difficile de renoncer à la tétée du matin qu'aux autres, surtout si vous avez l'habitude de profiter de cette occasion pour tenir longuement le bébé dans vos bras, le dorloter un peu au lit avant de le remettre dans son berceau en espérant obtenir ainsi une heure de plus de sommeil.

Beaucoup de bébés semblent sucer davantage leurs doigts après le sevrage. A ce stade, il est fort probable que ce soit dû à une tension précédant une poussée de croissance physique plutôt qu'à un dérangement occasionné par le sevrage. Si vous vous sentez coupable parce que vous «n'en faites pas autant» pour le bébé, cette attitude reflète probablement votre propre confusion plutôt que celle de l'enfant.

Ayant veillé à ce que le bébé traverse sans heurt ces premiers mois difficiles, bien des mères songent maintenant à retourner au travail. Elles doivent peser le pour et le contre et prendre en considération leurs propres besoins ainsi que le besoin de l'enfant d'une figure maternelle constante et fiable. De nombreux pédiatres et psychologues, même ceux qui ont travaillé dans des sociétés où l'enfant est élévé par plusieurs personnes, affirment catégoriquement que l'enfant doit pouvoir se rapporter constamment à une seule personne à mesure que sa façon de répondre au monde évolue. L'enfant sera peut-être bien plus en mesure d'entretenir des rapports avec plusieurs personnes, et plus tard plus sociable, s'il est souvent entouré de beaucoup de gens — son père, ses aînés, ses grands-parents, d'autres parents, des amis de la famille — qui s'occupent de lui à l'occasion. En fait, les soins maternels prodigués par beaucoup de personnes différentes écartent quelques-uns des problèmes auxquels sont confrontées les familles trop intensément repliées sur elles-mêmes, tels un trop grand attachement au parent du sexe opposé, la rivalité entre les enfants pour accaparer l'attention des parents, l'aggressivité envers le parent du même sexe ou la compétition entre les parents pour accaparer l'attention de l'enfant. Mais il faut quand même qu'il y ait une personne entre toutes sur laquelle l'enfant puisse compter pour avoir l'aide, le bien-être, l'apprentissage et l'affection qu'il lui faut. Si personne n'a formé de liens vraiment étroits avec lui, l'enfant aura peu de chances d'établir des liens profonds avec un autre être humain.

La quantité, la qualité et la constance des soins maternels auront une influence, non seulement sur les réactions immédiates du bébé à une éventuelle séparation, mais également sur la croissance de sa personnalité, de sa santé mentale et de son évolution physique. Le bébé apprend tellement de choses fondamentales entre trois mois et un an, qu'il est particulièrement vulnérable aux déficiences intellectuelles s'il y a manque de stimulation dans son environnement. Au premier niveau, l'absence de la mère peut priver l'enfant de la stimulation auditive, visuelle et tactile dont il a besoin, tout comme du défi que sa présence lui apporte en temps normal. Il faut que la personne qui vous remplace s'engage, et autant que vous, dans le développement mental, social et physique du bébé. Il faut qu'elle soit prête à se mettre à quatre pattes pour montrer au bébé comment descendre l'escalier à reculons quand il commence à se déplacer, plutôt que de simplement le poser dans son parc et le gaver de nourriture.

Du sixième au douzième mois, les liens mère-enfant se modifient. Le bébé peut réagir immédiatement à l'absence de sa mère, aussi bien entre le neuf à cinq que pendant des périodes indéfiniment prolongées. Il peut se mettre à pleurer beaucoup, tendre les bras vers tout le monde, refuser de manger, oublier ses derniers progrès physiques, se coller à sa mère quand elle revient. Contrairement au bébé qui est séparé de sa mère pendant une longue période de temps, le bébé dont la mère lui revient chaque jour pourra garder en tête l'image de sa mère; il anticipera son retour, grâce à une mémoire qui fonctionne de mieux en mieux. Quand vous trouvez une gardienne compétente pour s'occuper du bébé, donnez-lui, ainsi qu'aux autres enfants, le temps de faire connaissance avant de lui confier les enfants.

Un des avantages du retour au travail est que les enfants seront probablement portés à jouer ensemble plus souvent; ils s'entendront mieux. A moins qu'un problème sérieux ne les oppose l'un à l'autre, les enfants ne se disputeront pas l'attention d'une gardienne comme ils se disputent la vôtre, car elle représente à leurs yeux une intermédiaire moins vitale.

Si vous décidez de retourner au travail, la seule chose qui est pire que de se sentir coupable, c'est de refuser de s'avouer qu'on se sent coupable. La culpabilité concernant votre prétendue négligence (toute imaginaire) aura un effet sur le bébé. Elle peut troubler votre jugement et détruire la discipline et la régularité dont vous avez besoin tous les deux. Le bébé a besoin de tout autant de fermeté que de tendresse, tout comme avant.

Le pédiatre peut apporter une aide précieuse à la jeune mère si elle a besoin d'aide pour connaître et restreindre la portée de ses sentiments complexes. Si votre pédiatre ne peut vous guider, trouvez-en un qui le peut. Et dites-vous bien qu'il faut également céder à *vos* besoins parfois. Vous apporterez peut-être plus à vos enfants si vous vous réalisez pleinement et si vous vous sentez libre de vous consacrer vraiment à eux quand vous êtes à la maison.

Papa, à quoi sert-il?

Le comportement du père influence lui aussi la capacité du bébé à former des liens avec autrui. Les bébés dont les pères prennent soin, avec lesquels ils jouent souvent et font preuve de patience face à leurs crises de larmes ou leur mauvaise humeur deviennent très tôt très attachés à leur père. Ils sourient, vocalisent, tendent leurs bras vers eux et font un effort formidable pour entrer en contact physique avec lui. Les psychologues attachent la plus grande valeur à ces liens, car en se montrant suffisamment intéressant et agréable pour attirer le bébé au-delà du couple mère-enfant, le père contribue ainsi à le rendre autonome.

LE CINQUIÈME MOIS

Développement moteur	Développement verbal	Développement mental	Développement social
Motricité brutale	**Développement actif**	Éveillé et alerte jusqu'à une heure et demi ou deux heures.	**Développement personnel**
Sur le ventre, soulève la tête et le torse bien au-dessus du matelas.	Émet des sons-voyelles: *ii, ai, ah, ooh* et quelques sons s'approchant des consonnes *(d, b, l, m)*.	Tourne délibérément la tête dans la direction d'un bruit ou d'un objet qui disparaît.	Exprime des sentiments de peur, de dégoût et de colère.
Sur le dos, soulève la tête et les épaules.	Vocalise spontanément pour lui-même, pour ses jouets.	Se guide visuellement pour saisir ou manier les objets.	Distingue l'image de sa mère et de la sienne dans le miroir.
Amène ses pieds à la bouche et suce ses orteils.	Pour attirer l'attention, babille.	Lève la main près d'un objet; jette alternativement des regards sur l'objet et sur sa main; s'approche graduellement de l'objet et le saisit.	Sourit et vocalise à l'image dans le miroir. Peut lui donner des tapes amicales.
Couché sur le ventre, étend ses bras et ses jambes.	Regarde attentivement les bouches; essaie les différents sons après avoir écouté parler les autres.		Imite des expériences faciales.
Se roule du ventre sur le dos.	Essaie d'imiter l'intonation.	Ramasse au contact un bloc ou un jouet.	**Réaction à l'environnement**
Sur le ventre, s'appuie sur les mains et avance les genoux.	**Passif**	Essaie d'atteindre les objets en avançant les deux mains, du côté jusqu'au centre du corps, parfois à poings fermés. Les mains peuvent se rencontrer au-dessous, au-delà, ou devant l'objet.	Sourit aux visages et aux voix humaines.
Peut se propulser en se balançant, se roulant et se tortillant; ou, sur le dos, en donnant des coups de pied contre une surface plate.	Réaction nettement plus forte aux sons humains qu'aux autres; tourne la tête, semble chercher la personne qui parle.		Peut distinguer les adultes qu'il connaît de ceux qu'il ne connaît pas. Sourit ou vocalise pour établir des contacts sociaux.
Peut être facilement tiré jusqu'à la position debout. Quand supporté sous les aisselles, se tient debout, imprime un mouvement de haut en bas, frappe le sol d'un pied puis de l'autre.	Comprend son nom.	Veut toucher, tenir, retourner, secouer, explorer avec la bouche et goûter les objets. Manipule activement le bord de la table.	Manifeste son anticipation, fait aller ses bras, les tend pour se faire prendre.
			Essaie de se rapprocher de quiconque se trouve près de son lit.
Position assise		Anticipe l'objet entier en n'en apercevant qu'une partie.	S'aggrippe à la personne qui le tient dans ses bras.
Bien calé, reste assis pendant de			

longues périodes (trente minutes), le dos bien tenu.

Tient la tête droite et stable. Aide à soulever son corps quand on le tire, penche sa tête en avant, plie le torse, tire les jambes vers le ventre.

Peut saisir un objet.

Fine motricité

L'apposition du pouce partielle et précaire encore. Saisit un objet avec le pouce et l'index, la main tournée en partie.

Joue avec le hochet qu'on place dans sa main.

Peut tenir le biberon d'une ou de deux mains.

Tend la main vers un anneau et le saisit; vise bien.

Transfère les objets d'une main à l'autre.

Se sert indifféremment des deux mains.

Cherche des yeux les objets qui bougent rapidement et ceux dont il a détourné son regard. Se penche pour chercher l'objet qui est tombé. Enlève les obstacles mineurs de sa vue.

Reconnaît les objets familiers.

Se souvient des actions qu'il a accompli dans le passé immédiat.

A en tête un modèle du visage humain.

Distingue ses parents, frères et soeurs d'autrui.

Peut se ressentir de la présence d'un étranger, surtout s'il s'agit d'une femme.

Imite délibérément et systématiquement les bruits et les mouvements.

Essaie de maintenir, par la répétition, les changements intéressants qu'il peut causer dans l'environnement.

Tient un bloc à la main; en regarde un deuxième. Lâche le premier pour prendre le deuxième.

Vocalise pour interrompre la conversation des autres.

Cesse de pleurer quand on lui parle.

Manifeste son mécontentement; proteste et résiste si un adulte essaie de lui enlever un jouet.

S'ébat follement quand on joue avec lui.

Joue avec un hochet, donne des tapes affectueuses au biberon ou au sein.

Développement culturel
Habitudes de vie

Intérêt qui diminue pour le sein.

Supporte très bien les aliments solides.

Commence peut-être à boire à la tasse.

S'éveille sans faute à l'aube.

Il ne faut pas considérer ce tableau comme un calendrier rigide. Les bébés sont imprévisibles. Beaucoup commencent à pratiquer une activité plus tôt ou plus tard que la date indiquée au tableau.

LE
SIXIÈME
MOIS

EN POSITION
ASSISE

A six mois, le monde du bébé a bien changé: il le contemple surtout assis. C'est de là qu'il le manipule, lui «parle» et joue avec lui. Très alerte visuellement pendant la moitié du temps environ qu'il passe éveillé, il peut passer ainsi de grands bouts de temps dans son fauteuil à ressorts et au moins deux heures à s'amuser avec ses jouets. Dans sa chaise, il peut suivre des yeux des objets se déplaçant à des distances et des vitesses différentes. Il peut se pencher par-dessus la tablette pour toucher ou regarder ses pieds ou encore pour étudier le territoire environnant. Il est capable de se propulser là où il veut aller pour examiner de près les objets qui l'intriguent. Il tend la main vers tout ce qu'il voit et étudie tout ce qu'il réussit à saisir. Cette espèce de manie de tout voir et tout saisir avec précision est pourtant essentielle à la conscience des éléments de l'environnement du bébé même si elle semble menacer toute votre décoration intérieure.

Maintenant, votre bébé est probablement capable de rester assis en équilibre pendant une demi-heure environ. Il peut même garder l'équilibre penché sur l'épaule des adultes en s'accrochant à leur tête. Peu à peu, son dos se redresse pour devenir droit quand il est assis ou quand vous le tirez assis: cela veut dire que son contrôle musculaire s'étend lentement il est vrai, mais régulièrement, vers le bas. L'usage qu'il fait de ses mains vous rappelle que ce n'est que tout récemment qu'il a appris à s'asseoir: même quand il est capable de s'asseoir seul, le bébé se sert de ses bras et de ses mains pour s'équilibrer. Quand vous constaterez que votre enfant manipule un jouet tout en restant assis sans support, vous saurez qu'il a complètement maîtrisé l'art de se tenir assis.

Bien qu'il faille encore l'aider à s'asseoir, il peut néanmoins se rouler presque assis en se pliant à la taille. Certains enfants très actifs, en posture pour ramper, y parviennent en s'asseyant par derrière sur leurs jambes, qu'ils étendent ensuite devant eux.

Le bébé de six mois peut également arquer le dos pour contempler le monde à l'envers, se tourner dans tous les sens se rouler, ramper. Le moment de l'habiller peut devenir une vraie séance de judo au cours de laquelle vous aurez à lui présenter toute une série de jouets, dont aucun ne le distraira pendant plus de quelques secondes. En se préparant à la marche à quatre pattes, le bébé traversera une pièce en rampant comme un ver de terre, en se tortillant et en se roulant. Vous aurez sans doute à l'extraire souvent d'en dessous des meubles.

Un bébé de cet âge-là peut aussi s'accroupir sur ses genoux et ses mains et se propulser en avant pour s'étaler de tout son long, membres écartés. Il peut approcher d'un objet convoité en répétant ce geste plusieurs fois; mais, bien souvent, l'objet disparaît mystérieusement sous son corps quand il vise trop loin à la dernière plongée. Certains bébés parviennent même à se traîner, ventre à terre, en poussant des pieds et en se guidant de leurs bras étendus. Cette façon de ramper ne ressemble pas du tout à la marche à quatre pattes, celle-ci étant caractérisée par les coudes et les genoux fléchis.

Qu'il commence par ramper ou par ces plongées, il peut tout aussi bien commencer à reculons. Même s'il essaie d'avancer, il ne peut encore se fier à son sens de l'orientation. Il reculera plus souvent qu'il n'avancera pendant un certain temps encore.

La décision prise à un très jeune âge d'avancer plutôt que de reculer dépend sans doute de la prise de conscience de ce que la propulsion vers l'avant est plus rapide. Cependant, la nature ne seconde pas les efforts du bébé à cette époque: les muscles qui permettent la propulsion en avant sont alors moins bien développés que ceux qui permettent de se propulser en arrière.

De nombreux bébés de cet âge adorent se tenir debout, tenus par leurs parents ou en s'accrochant solidement à des objets. Dans leurs chaises d'enfant, ils peuvent, avec un appui solide, se tenir debout. Au début, votre bébé s'exercera probablement à bien s'accrocher. Par la suite, il pourra essayer de s'appuyer d'une seule main, pour brandir l'autre en l'air.

Très peu de bébés à six mois insisteront pour se déplacer en tenant une main d'adulte. Bien que ce phénomène ne se produise qu'aux environs du neuvième mois en général, il se peut que votre bébé grogne ou pleurniche jusqu'à ce que vous consentiez à le laisser se déplacer. Il lancera une jambe bien raide, puis l'autre, tel un petit robot, le corps rigide et le visage tout plissé sous l'effort: il y concentre en effet toute son énergie. Il va sans dire que c'est la première étape de l'apprentissage de la marche.

Le Dr Brazelton fait remarquer que les adultes ne peuvent guère reproduire la quantité d'énergie que l'enfant consacre à s'exercer à ses diverses activités. On rapporte que Jim Thorpe, le célèbre athlète américain, a tenté d'imiter chacun des mouvements que le bébé accomplit dans une journée. Au bout de quatre heures, Thorpe, complètement épuisé, abandonne la partie. L'enfant, lui, continua pendant plus de huit heures. L'exercice acharné de ses capacités sensorielles, physiques et mentales qui détermine son comportement au cours des deux premières années, témoigne du besoin de l'enfant à apprendre autant qu'à rechercher le plaisir.

Parler tout haut

Tout comme la locomotion peut se définir comme le moyen de se déplacer dans l'espace physique, le langage peut se définir comme le moyen de se déplacer dans le monde social. Il est pour l'homme le moyen d'exprimer ses besoins et d'avoir de l'influence sur les gens qui l'entourent. La séquence des événements moteurs et langagiers chez l'enfant est un fait universel: on peut, jusqu'à un certain point, déduire à partir de l'observation de l'activité physique du bébé où il en est dans l'apprentissage du langage. Bien que l'effort vocal du bébé de six mois puisse diminuer quand il se consacre à l'activité physique, l'ordre du jour est à l'expression orale et au babillement continu. S'il rencontre une difficulté, il grogne ou se plaint; s'il est heureux mais tranquille, il roucoule ou gazouille; il crie quand il est excité, rit en jouant, glousse de joie et de satisfaction quand il est fier de lui; il peut émettre un rire franc venant du ventre, rugir ou pleurnicher quand il est frustré. Il peut modifier à volonté le volume, le ton et le débit de son babil.

Ce babil, composé de longues séries de voyelles vaguement reliées les unes aux autres par des consonnes, est parmi les premiers vrais signes de l'apprentissage du langage. Le bébé le trouve tellement satisfaisant qu'il s'y exerce indifféremment devant un auditoire ou tout seul. Il adore le son de sa propre voix.

Chez les filles, ce babil semble un indice d'aptitude intellectuelle. Les bébés de sexe féminin qui babillent en voyant un visage et qui vocalisent le plus dans les situations expérimentales ont tendance à être plus attentives et obtiennent de meilleurs résultats dans les tests d'intelligence quand elles sont enfants et adultes que celles qui vocalisent moins. Il se peut, spéculent les scientifiques, que les filles soient «programmées» de telle sorte qu'elles verbalisent davantage quand leur attention est captée par un événement intéressant. Ou bien, peut-être que la quantité de vocalisation constatée chez les filles est un meilleur indice de leur quotient intellectuel futur tout simplement parce que leur rythme général de croissance mentale est plus stable. Nous ne pouvons encore rien affirmer à ce sujet.

Le répertoire du bébé peut inclure des suites de sons répétés, comme *ga-ga-ga* ou *ba-ba-ba*. S'il veut attirer l'attention de son frère, il peut émettre un son se rapprochant du nom de celui-ci. Il va sans dire, puisque ses parents sont les personnes les plus importantes au monde, qu'il y a de fortes chances qu'il dise *Papa* et *Mama*. Ce *Papa* apparaît en général très tôt chez l'enfant, et celui-ci a vite fait de l'associer au plaisir et au divertissement. Puisque c'est la mère qui veille aux choses «sérieuses» — les repas et le dépannage quand il a des problèmes — l'enfant peut très bien exprimer ses premiers *Mama* d'un ton plaintif. Même quand il n'a aucun problème, il peut vous appeler «pour voir», comme s'il était en danger de mort. Quand vous lâchez tout pour aller le secourir au plus vite, vous le trouvez bien couché dans son lit, tout content de vous voir. Ne vous en fâchez pas: il ne fait que s'exercer à nommer et à appeler les gens qu'il aime. Il est important qu'il puisse mettre ses nouveaux pouvoirs à l'épreuve.

Les bébés qui ont appris qu'ils peuvent recevoir une réponse de leur environnement lui font confiance et sont plus souples que ceux qui ont trop souvent appelé ou pleuré en vain. Les bébés, dans les pouponnières ne comptant que quelques adultes, s'adaptent avec un retard considérable à un horaire régulier de repas et à la pleine nuit de sommeil quand on les confie à une seule gardienne, comparés à ceux qui ont toujours été soignés par une seule personne. Ces derniers ont appris déjà qu'ils peuvent recevoir une réponse régulièrement quand ils en prennent l'initiative. En vous appelant, le bébé prouve qu'il a pu réduire à un signal précis le comportement qui vous fait venir.

A mesure que le bébé apprend à émettre des sons dont la plupart sont encore des voyelles, il apprécie de plus en plus les autres bruits. La musique peut l'exciter au point d'augmenter son babillement, ses chansons, ses frénésies cadencés dans son fauteuil.

Le langage humain, et plus particulièrement la voix de la mère, est un élément très important de l'environnement sonore du bébé. Il est déjà devenu signifiant. N'importe quel son interrompra temporairement le babil du bébé tandis qu'il dresse l'oreille. C'est la musique qui le fera taire le plus longtemps. C'est cependant la voix humaine qui le fait écouter le plus attentivement, et seule la voix a pour effet de faire babiller davantage le bébé après la pause initiale. On a également pu constater que les bébés parlent plus en réponse à la voix féminine. Non seulement le bébé distingue-t-il la voix masculine de la voix féminine, mais il y répond de façon appropriée en se basant sur son expérience. Qui, sinon sa mère, a été constamment son professeur de langue?

Des recherches menées récemment indiquent que parler à l'enfant est capital pour sa croissance mentale. Lors d'une étude basée sur le fameux jeu du «cou-cou», les bébés de quatre mois observaient apparaître et disparaître un jouet en caoutchouc. L'apparition du jouet était parfois ponctuée par le silence, d'autres fois par le «couic» du jouet, d'autres fois encore par la voix de la mère. Seule cette dernière provoquait régulièrement le sourire des bébés. Quand l'objet apparaissait en silence, il ne provoquait *jamais* une telle réaction. Les recherches démontrent par ailleurs que même le bébé de deux mois est à même d'associer un bruit donné avec sa source; tout changement d'émission, de lieu ou de volume du son peut le troubler. Le repérage dans l'espace du son guide l'attention *visuelle* de l'enfant vers sa source. Les bruits fixent et clarifient le flux plus ou moins continu du monde visuel. Le langage joue un rôle important dans le développement adéquat de l'attention; et c'est peut-être là l'acquisition mentale la plus délicate de la première année.

Un style spécial

Puisque l'activité physique est vraiment remarquable pour la première fois au cours du sixième mois, le style personnel du bébé se manifeste de plus en plus clairement. Le bébé choisit la sorte de stimulation qui convient à sa personnalité et il s'oppose à tout ce qu'on veut lui imposer de force. Chaque bébé, d'ailleurs, a sa propre façon de manifester cette opposition. Certains bébés consacrent la plus grande partie de leurs heures d'éveil à s'exercer à s'asseoir, à se rouler ou à ramper, tandis que d'autres restent tranquillement étendus pour regarder et écouter ce qui se passe autour d'eux. Il n'y a pas d'ordre ou de vitesse d'apprentissage qui soit de rigueur.

Certains enfants s'intéressent à leurs mains une fois seulement qu'ils ont maîtrisé certains mouvements généraux, comme s'asseoir ou se tenir debout. Quelques-uns acquièrent simultanément le contrôle des deux domaines, celui des muscles plus petits et celui des mouvements généraux. D'autres encore apprennent d'abord à contrôler les plus petits muscles — l'intérêt que le bébé porte à ses mains est un signe de cet apprentissage particulier — avant de maîtriser les mouvements plus larges. Ils peuvent se pencher lourdement d'un côté de la chaise et rester immobiles quand on les place sur le ventre. Vous remarquerez peut-être que le bébé devient tout flasque quand vous le prenez, renonçant même à essayer de se tenir la tête. Quand vous le mettez par terre, il peut décider d'envoyer ses jambes à droite et à gauche au lieu de former un triangle pour maintenir son équilibre. Il peut s'affaisser vers l'avant jusqu'à ce que son menton touche le sol. Si vous essayez de le tirer en le tenant sous les bras, il peut se pencher par-dessus vos mains, devenir flasque ou étendre ses jambes de façon à former un angle de 90 degrés avec le torse. Ce genre de mouvement, qui exige autant d'énergie que de se tenir debout, peut être un indice de ce que le bébé essaie de dire. Il ne se laissera pas pousser à accomplir quoi que ce soit à moins d'en être prêt lui-même, en dépit de ce que vous ou la voisine pouvez en penser, et quels que soient les exploits de ses enfants à elle.

Il est peut-être difficile de rester calme si le bébé acquiert plutôt lentement l'habileté motrice, surtout si on se met à le comparer avec d'autres enfants. Mais il n'y a aucune raison de s'inquiéter ni de le pousser. Bien que le manque d'exercice de certaines activités comme ramper ou se tenir debout puisse ralentir le développement psychomoteur, tout progrès physique est cependant dépendant du développement musculaire du bébé. Rappelez-vous qu'il n'y a aucune règle qui dicte que l'enfant doive s'asseoir, ramper ou se tenir debout à six mois. En fait, la plupart des bébés nord-américains s'asseoient et se traînent à sept mois, et se tiennent debout à neuf ou dix mois. Les bébés qui réagissent physiquement qu'à leur effleurer la peau sont moins portés à faire un effort musculaire que ceux qui ne réagissent qu'à un contact physique plus vigoureux. Les bébés tranquilles aiment qu'on les borde dans le lit, qu'on les habille, même pendant les mois d'apprentissage psycho-moteur les plus intenses; leurs préférences vont même aux jouets douillets qu'ils peuvent serrer dans leurs bras. Ces enfants développent graduellement la capacité de rester attentif plus longtemps. A l'âge scolaire, ils concentrent davantage leurs énergies sur l'apprentissage.

Indépendamment de la quantité de nourriture absorbée, les enfants tranquilles sont en général plus dodus que les enfants actifs. Les bébés minces mangeraient plus et bougeraient plus que la moyenne, tandis que les très gros bébés mangeraient et bougeraient moins. Les gros bébés resteraient gros même s'ils absorbaient très peu de calories. Les chercheurs ont découvert que les bébés très gros ou très minces possédaient un nombre réduit et surabondant de cellules actives; leur métabolisme de base se situerait donc respectivement au-dessous et au-dessus de la moyenne. Le métabolisme de base est un facteur inné: il détermine les proportions de graisse, mais n'est pas du tout une conséquence. Le bébé moyen en bonne santé, nourri convenablement, semble adapter la quantité de nourriture absorbée à la quantité d'énergie qu'il dépense. L'activité peut, par ailleurs, être liée aux caractères des parents. Les mères des bébés actifs sont en général sensibles, nerveuses ou agitées. Les bébés moins actifs ont en général soit une mère sûre d'elle-même et calme, soit une mère qui manque de confiance en elle-même et qui est de caractère passif. Les enfants dont les parents sont calmes ont plus de chances de devenir plus actifs en grandissant que ceux dont les parents sont passifs, puisque ces derniers fournissent un environnement moins stimulant.

La mère du bébé très actif doit éviter, dans la mesure du possible, de s'inquiéter outre mesure si son enfant dort moins que la plupart des bébés de son âge; de même si elle ne

réussit à lui faire avaler que très peu de nourriture. Les enfants intelligents, actifs et curieux ont tendance à dormir moins que la moyenne. C'est que le corps de votre enfant est réglé autrement que ceux de la plupart des bébés; il se peut qu'il utilise de façon plus efficace la nourriture et le repos qu'il prend, tout simplement.

Rappelez-vous également que l'énergie dépensée pour l'activité atteint son sommet à six mois. Le bébé n'a besoin que de très peu de calories pour former de nouveaux tissus ou pour prendre du poids. En fait, la croissance elle-même n'accapare que 15 pour cent des calories que le bébé absorbe. Le reste est dépensé dans l'activité quotidienne.

De plus, le bébé arrête tout simplement de prendre du poids de temps en temps. Une étude a déjà démontré que les enfants dont le poids augmentait graduellement sur une période de cinquante jours, développaient leurs capacités motrices plus rapidement que ceux qui prenaient rapidement du poids. Tout changement dans les proportions corporelles et la quantité de graisse, exige une plus grande adaptation avant que l'enfant ne puisse développer de nouvelles capacités psychomotrices. Et la croissance, qu'elle soit physique, mentale, ou émotive s'accomplit par bonds, accalmies et régressions. Le bébé mettra parfois un frein à ses progrès dans un domaine pour mieux avancer dans un autre. Le bébé souffrant d'une maladie quelconque ne dispose pas d'assez d'énergie pour faire des adaptations émotives complexes ou pour progresser mentalement.

La mère du gros bébé — 16 livres [7 kg] et plus, ce qui est beaucoup à cet âge — peut instaurer un cycle nuisible. Le bébé peut en effet être «immobilisé» par son poids. Comme il est frustré par les difficultés rencontrées quand il veut se déplacer, il peut demander à manger davantage si ce n'est sa mère qui lui donne plus à manger pour le tenir tranquille. C'est la pire chose à faire, car le bébé établira un lien entre manger et le soulagement de l'incommodité. De plus, cette habitude mènera à l'accumulation de cellules de graisse qui s'intégreront au corps. Les recherches effectuées dans ce domaine indiquent que l'adulte dont le poids se maintient au-dessus de la moyenne depuis l'enfance ne peut se maintenir à un poids convenable qu'au prix de privations constantes. L'excès de ces cellules de gourmandise semble déclencher des modifi-

cations du métabolisme; il s'ensuit que la personne qui a connu l'obésité doit se restreindre à un régime bien plus pauvre en calories pour se maintenir à un poids acceptable que celui d'un homme de la même grandeur qui n'a jamais été obèse.

Au lieu de donner plus à manger au bébé, essayez de le stimuler en engageant des jeux actifs. Si vous jouez au coucou avec lui, il sera peut-être tellement excité qu'il se mettra à sautiller et à «s'ouvrir». A mesure que le bébé devient plus actif, il utilise de la graisse et ses chairs s'affermissent. Vous pouvez aussi le laisser découvrir lui-même le moyen de ce cycle. Rappelez-vous que l'influence de l'activité sur le poids de l'enfant est à son plus fort entre quatre et six mois. Autrement dit, la passivité du bébé est maintenant grandement responsable de son poids excessif. Plus tard, c'est la quantité de nourriture absorbée, mais que vous pouvez relativement contrôler, qui affectera son poids. Si vous exercez un contrôle sur les quantités de nourriture absorbée, tout en encourageant l'activité physique, vous devriez parvenir à de bons résultats.

Déclaration d'indépendance

Si vous allaitez le bébé, l'apparition des premières dents vous obligera tous les deux à une certaine adaptation. Même s'il s'agit d'un accident, se faire mordre à un endroit aussi sensible est douloureux et agaçant. Une réaction bien franche — sursauter ou repousser le bébé, ou lui donner autre chose (même un doigt) à mordre — aidera le bébé à comprendre que, bien que vous l'aimiez beaucoup, vous ne pouvez accepter un tel comportement.

Il y a également des problèmes avec le biberon. Si le bébé est particulièrement précoce, il insistera pour manipuler celui-ci tout seul. Permettez-lui d'essayer, mais gardez-le dans vos bras même s'il semble s'y objecter au début. Même le bébé le plus «adulte» manifestera à la longue qu'il apprécie la chaleur et la stimulation implicites au contact physique et au dialogue humain. Le bébé très actif a particulièrement besoin de ces moments-là: l'étroit contact humain le calme suffisamment pour qu'il puisse assimiler la chaleur et la satisfaction qu'apportent les repas. Son énergie et ses besoins peuvent le conduire à un affairement qui ne laisse que très peu de répliques à son entourage.

Le bébé de six mois est souvent ravi de commencer à boire à la tasse. Avec un manque total de finesse au début, il se lance dans l'aventure pour s'étouffer plus qu'il n'avale. Certains bébés ne se laissent même pas décourager quand ils aspirent le liquide par le nez. Le nourrisson peut devenir tellement attaché à sa tasse qu'il se mettra à crier de joie ou à taper des mains chaque fois qu'il la verra, et pleurera s'il la perd.

Même si le bébé précoce peut boire convenablement à la tasse à six mois, il faut le laisser reprendre le biberon quand il semble en avoir besoin. Ces petites régressions font partie de la croissance confuse et trépidante de la première année. Quant aux solides, c'est tout à fait autre chose. Déjà, votre bébé manifeste peut-être des préférences et des répugnances bien définies. Par exemple, la plupart des bébés refusent de manger des épinards quand ils aiment les fruits. Beaucoup n'aiment pas le goût de la viande seule. Si c'est le cas de votre bébé, mêlez la viande avec des légumes. La plupart des bébés l'acceptent ainsi déguisée. La viande est d'une trop grande valeur nutritive pour qu'on l'omette. Les protéines et le fer contenus dans la viande sont de plus en plus importants à mesure que l'enfant grandit et devient plus actif.

Les repas sont par ailleurs de plus en plus salissants. Le bébé est plus actif et plus facilement distrait qu'auparavant. Vous pouvez essayer de le laisser dans sa chaise à sauter pour lui donner son repas, pourvu que le plateau retienne sa cuiller et sa tasse. Le bébé de six mois est extrêmement malpropre; vous verrez bientôt qu'un imperméable en toile cirée est le vêtement qui convient le mieux à ses repas. Le bébé peut refuser une bouchée pour le simple plaisir de taquiner sa mère. Il peut lui arracher la cuiller des mains, envoyer sa nourriture aux quatre coins de la pièce, faire des bulles avec sa bouchée de carottes et peindre le mur couleur «épinard craché».

La plus grande dextérité du bébé est en partie responsable du chaos qui caractérise les repas. Il est prêt à se servir de ses mains et tient à le faire. Comme tout apprentissage du jeune âge, les premiers efforts de l'enfant à bien saisir les choses, que ce soit de la nourriture ou d'autres objets, sont terriblement raides. Même son attention à cet âge est limitée par une sorte d'inflexibilité. Les chercheurs ont démontré que les bébés de cinq mois étaient désemparés quand on leur présentait alternativement, à intervalles de moins de six secondes, des objets différents. Ils paraissaient accablés, troublés, détournaient la tête, pleuraient et riaient même à l'occasion.

Pour atteindre un objet, le bébé de six mois se concentre complètement à la tâche et ouvre *tout grand* ses yeux et ses mains. Les doigts sont raides et bien étendus et sa tête et son torse sont plus ou moins alignés. Il peut tendre les deux bras vers l'objet. Il semble figé, prêt à bondir, mais avant la fin de l'année il pourra accomplir ce geste sans heurts.

Le bébé commence à contrôler les muscles plus petits: il a donc envie de s'exercer en manipulant des morceaux de nourriture sur le plateau; il les entoure de sa paume et les rapproche de son visage. Il essaie peut-être même de s'enduire la bouche des miettes. Certains bébés sont plus habiles: le bébé très adroit peut retarder et savourer le plaisir anticipé d'un biscuit pendant plusieurs minutes pour ensuite l'apporter à ses lèvres et le lécher partout avant de le machouiller. Une fois le biscuit avalé, il léchera minutieusement ses doigts. Donner au bébé de petits morceaux de biscuits, de pain grillé ou de banane à manipuler pendant que vous lui donnez à manger le tiendra peut-être occupé et stimulera l'exercice de ses capacités de manipulation.

Les parties de plaisir

Les repas sont aussi la scène de nombreux jeux. Le bébé de six mois adore faire le clown et faire des grimaces. Puisque les repas sont des événements sociaux de première importance, c'est le moment idéal de sortir tout son répertoire de grimaces au bénéfice d'un frère ou d'une soeur préférée. Puisque ses talents ne sont pas encore très variés, le jeu se limite à faire des bulles avec son lait et à cracher sa nourriture. Si vous êtes prête à tolérer ce gâchis à l'occasion, votre bébé en tirera une mine d'enseignements. Les jeux des bébés contiennent les rudiments de l'art de se débrouiller dans la vie.

Le petit qui tend son bras jusqu'à la hauteur de sa tête quand son père lui demande «Tu es grand comment?» s'approche du très vaste domaine des rapports spaciaux. Le bébé de huit mois qui jette un bloc dans un bocal explore les notions du contenant et du contenu, du vide et du plein, du dedans et du dehors. Celui de six mois qui va jusqu'à la cuisinière et s'aventure à y poser un doigt hésitant est prêt à apprendre le principe du froid et du chaud. Le bébé de six mois qui aime par-dessus tout jouer avec un bout de papier qu'il peut toucher, tourner, secouer, faire craquer, et dont il peut changer la forme en le pliant et en le roulant pour finalement le porter à sa bouche et le goûter expérimente les différentes propriétés des objets.

Le jeu de coucou fait en général son apparition au début du cinquième mois. Au début, l'adulte cache son visage avec ses mains, puis les enlève au grand plaisir du bébé. Bientôt, le bébé apprend, lui aussi, à se couvrir le visage. Ce jeu est tellement instinctif que le bébé, pour peu qu'il soit en forme, amènera le reste de la famille dans la ronde. Ses frères et soeurs jouent de façon plus trépidante, sautant de derrière les meubles en rugissant ou en criant; le bébé est ravi de la version enfantine comme de la version adulte et s'arrête presque toujours de pleurer pour y participer. Au bout de quelques semaines seulement, le bébé ajoute des variantes de sa propre invention. Il tire une couche sur son visage, rit, et donne de joyeux coups de pied en appelant ses parents. Ceux-ci demandent évidemment «Où est bébé?». Il crie de joie et garde la couche sur sa figure. Si les parents restent trop longtemps silencieux, le bébé se remet à vocaliser et à donner des coups de pied avant d'ôter la couche de son petit visage étonné. Réassuré par la présence des parents, il les gratifie d'un grand sourire. Le «coucou» est peut-être la première manifestation du sens de l'humour: le bébé joue un tour prémédité aux autres.

Par ailleurs, ce jeu implique que le bébé garde en mémoire le souvenir d'un être aimé; cette image le rassure suffisamment pour tenter une petite séparation sous contrôle. Il implique aussi que le bébé a déjà le sens de la permanence des objets et de sa mère; il peut même anticiper la joie de la rappeler.

Un peu plus tard, le bébé fera l'essai de la séparation en s'y prenant autrement. Le jeu du «viens me chercher» ne demande que des parents prêts à poursuivre et un bébé prêt à grimper. Il ne faut pas mettre un terme à ce jeu trop rapidement, car on risque de se retrouver avec un enfant furieux. L'enfant se résignera plus facilement à abdiquer pour aller manger ou se changer au bout de plusieurs tours.

C'est au même âge que l'enfant commence à regarder les objets qu'il a laissé tomber par terre en se penchant par-dessus sa chaise. Et voilà que commence le jeu du «je lâche, tu ramasses». Il pratique une version différente du même jeu aux repas en échappant sa cuiller et sa tasse en se détournant de la cuiller que vous lui tendez. Quand tout ce qui peut être échappé est parti, il se met probablement à pleurer pour que sa mère ou ses aînés ramassent les objets.

Comme le «coucou», ce jeu démontre que l'enfant commence à avoir une idée de lui-même. Il est distinct des autres personnes et des objets, et peut exercer une influence sur eux par des actes qu'il choisit *lui-même*. Dans un sens plus général, le fait qu'il commence lui-même le jeu est lié à une capacité croissante de formuler des buts et d'entreprendre l'action nécessaire pour y parvenir. L'intention accordée à un plan n'est rien de moins qu'un comportement intelligent.

Il va sans dire que les frères et soeurs peuvent faire beaucoup pour élargir presque indéfiniment ce répertoire. Ils ramperont autour de la maison avec le bébé. Le jeu qu'ils risquent le plus d'adopter est, cela va sans dire, celui de la maman, du papa et du bébé; celui-ci est tenu debout, couché, nourri et lancé comme une poupée de chiffons; mais il ne sera que trop content de se prêter à de telles manipulations, pouvant tenir le coup jusqu'à deux heures durant.

Même si ce jeu présente certains risques (il peut se faire marcher dessus ou tomber d'une chaise par exemple), il est d'une grande valeur. En coopérant avec ses frères et soeurs, le bébé se développe mentalement et socialement. Il y trouve d'innombrables occasions de toucher, de regarder, d'imiter et d'écouter qu'il ne trouverait nulle part ailleurs. Il apprend qu'il est parfois nécessaire de «jouer un rôle» pour capter l'attention d'autrui. Le frère ou la soeur vous seront aussi d'un certain avantage. Il se peut que le bébé refuse de façon très violente la nourriture que vous lui offrez, mais qu'il se tienne tranquille le temps d'avaler un bol de céréales ou même un repas tout entier quand c'est sa soeur qui le lui donne. Par une journée particulièrement orageuse, vous pouvez vous fier à cette ressource supplémentaire.

Jouer avec ses frères et soeurs est une expérience tellement satisfaisante que le bébé passera par dessus la douleur, la peur ou les réprimandes pour garder ses aînés près de lui. Le bébé est une créature bien résistante; son frère ou sa soeur ne viendront pas à bout de lui faire peur. Ses aînés distrairont le bébé de ses petits chagrins, vous remplaceront quand vous devrez vous absenter momentanément et vous aideront à lui prodiguer les soins quotidiens. Ils peuvent stimuler un bébé tranquille ou ralentir un bébé trop actif, grâce à des activités comme la «lecture», que le bébé ne supporterait pas s'il n'aimait pas ses aînés à la folie. Grâce à ceux-ci, le bébé s'intéressera à autre chose qu'à ses propres activités. Jouer avec des objets qui l'obligent à se servir de ses mains et le sens du jeu partagé viendraient peut-être plus tard et plus difficilement autrement. Il est à souhaiter que vous apprécierez tout ce que ces jeux apportent, non seulement au bébé, mais aux autres enfants, en leur apprenant à former des liens et à s'aimer de plus en plus; et que vous serez prête aussi à les surveiller avec la plus grande discrétion, à intervalle quand cela s'impose, mais sans arrêter le jeu pour quelques risques relativement bénins.

LE SIXIÈME MOIS

Développement moteur	Développement verbal	Développement mental	Développement social
Motricité brutale	**Développement actif**		**Développement personnel**
Tourne librement la tête.	Davantage de consonnes entre les chaînes de voyelles (*f, v, th, s, ch, z, sz, m, n*).	Se tourne dans tous les sens, vers un bruit provenant d'un point qui n'est pas dans son champ de vision.	Sourit à son image dans le miroir. Se distingue de son image.
Sur le ventre, soulève bien ses jambes étendues.	Varie le volume, le ton et le débit de son babillement.	Roucoule, chantonne ou cesse de pleurer quand il entend de la musique. Réagit aux changements de volume.	Met alternativement un objet dans sa main et sa bouche. Tient les objets alternativement dans une et l'autre main. Conscient des différentes parties de lui-même, de la différence entre lui-même et le monde extérieur.
Se tourne dans tous les sens.			
Se roule du dos sur le ventre.	Vocalisation encore très différente du langage adulte, mais il contrôle mieux ses sons.	Reste éveillé pendant deux heures de suite.	
Peut s'accroupir en se tenant sur les mains et les genoux, et se propulser vers l'avant ou vers l'arrière en étendant brusquement ses membres.	Babille et devient actif quand il entend des sons excitants.	Alerte visuellement près de la moitié de la journée.	Essaie d'imiter les expressions faciales.
Se traîne en se propulsant sur le ventre. Avance ou recule avec les jambes, se guidant avec les bras.	Répond en babillant à la plupart des voix féminines.	Tend régulièrement la main vers ce qu'il voit, rapidement et sans à-coups.	Se tourne vers la personne qui parle quand il entend prononcer son nom.
Bien soutenu, peut se tenir debout.	Exprime oralement son plaisir et son mécontentement: grogne, rugit, se plaint; roucoule de plaisir, crie de joie, rit.	En général, regarde l'objet qu'il veut saisir, mais peut aussi fermer les yeux.	
Position assise			**Réaction à l'environnement**
S'assied avec un minimum d'appui.			Dérouté devant les étrangers. Fait

Peut se pencher en avant et sur les deux côtés.

Dans sa chaise, saisit les objets suspendus. Sautille.

S'assied momentanément sans aide. Peut rester assis sans appui pendant trente minutes.

Peut avoir besoin de se pencher en avant et de s'appuyer sur ses mains pour garder l'équilibre.

Quand il se roule sur le dos, il arrive presque à s'asseoir en se pliant à la taille quand il est sur le côté.

Fine motricité

Tient le biberon.

Fait tourner son poignet. Peut retourner et manipuler les objets.

Tend un bras vers l'objet qu'il veut saisir.

Passif

Réagit aux différences d'intonation.

Ramasse un bloc avec habileté et directement.

Aime regarder les objets à l'envers et créer des changements de perspective.

Examine longuement les objets. Soulève sa tasse par l'anse. Soulève un contenant posé à l'envers.

Tend la main pour reprendre l'objet qu'il a laissé échapper.

S'intéresse aux griffonnages d'autrui.

Saisit le rapport entre ses mains et les objets qu'elles manient.

Transfère les objets d'une main à l'autre. Tient un bloc, tend la main libre vers un deuxième. Regarde immédiatement un troisième bloc.

la différence entre les adultes et les enfants. Sourit et tend le bras pour caresser les enfants inconnus.

Appelle ses parents quand il a besoin d'aide.

Sur le dos, saisit son pied pour jouer. Préfère jouer avec les gens, surtout aux jeux "coopératifs" — "coucou", "viens me chercher", "je lance, tu ramasses».

Développement culturel
Habitudes de vie

Commence à vouloir manger avec ses doigts.

Développe des préférences de goût très prononcées.

Peut vouloir manipuler le biberon lui-même.

Peut commencer à manier la tasse.

Dort toute la nuit.

Dort environ douze heures sur vingt-quatre.

Il ne faut pas considérer ce tableau comme un calendrier rigide. Les bébés sont imprévisibles. Beaucoup commencent à pratiquer une activité plus tôt ou plus tard que la date indiquée au tableau.

LE
SEPTIÈME
MOIS

TOUJOURS
EN
MOUVEMENT

Les proportions générales du corps de l'enfant se modifient rapidement au cours de la deuxième moitié de la première année; le bébé passe d'une immobilité relative à l'acquisition des capacités fondamentales qui lui permettent de se déplacer dans son monde. Le septième mois, chez la plupart des bébés, est un véritable éclatement du développement moteur. Depuis quelques mois, le bébé peut se tenir assis bien calé contre un appui; mais maintenant, il peut se tenir assis sans appui pendant plusieurs minutes et vous pouvez le porter sur la hanche sans l'incommoder. Il peut mieux se servir de ses bras et ses mains, vu qu'il en a moins besoin pour s'appuyer. Son torse est également plus agile, ce qui lui permet de se tourner et de se pencher pour ramasser des objets, qu'il laisse d'ailleurs tomber exprès afin de s'exercer à les ramasser. Quand il est sur le ventre, il peut se tourner à moitié et s'asseoir en se poussant de côté sur ses bras. Certains bébés essaient d'un côté, puis se laissent tomber pour s'essayer sur l'autre, comme s'ils voulaient profiter du plaisir d'explorer les possibilités des deux côtés avant de se décider en faveur de l'un ou de l'autre.

Le bébé se traîne de mieux en mieux, et il peut compter toujours progresser dans cette voie. Il commence peut-être même quelques variations sur ce thème. Mais surtout, il commence à faire l'expérience de la station debout. Au cours des quelques mois à venir, il va convertir son monde «assis» en monde «debout». Il va sans dire que les nouvelles aptitudes du bébé à se déplacer et son activité toujours croissante entraînent des conséquences de grande portée pour le bébé et toute la famille.

De nombreux enfants commencent à marcher à quatre pattes au cours du septième mois. C'est le premier moyen de locomotion effectif que connaît l'enfant. Mais c'est également un art difficile, selon le Dr Myrthe McGraw, psychologue au collège Briarcliff, qui étudie depuis des années le développement physique des nourrissons. Elle écrit: «Dans aucune autre situation la lutte entre les centres supérieur et inférieur du cerveau pour le contrôle du comportement est aussi évidente que lors de l'apprentissage de la marche à quatre pattes. Le cortex, ou la partie supérieure du cerveau, n'assume pas le contrôle du mouvement de tous les muscles impliqués dans cette activité en même temps. Il assume en premier lieu le contrôle des épaules et des bras, et, plus tard seulement, ce-lui des jambes. Quand le cortex commence à fonctionner, le bébé étire ses bras dans l'effort de se propulser en avant, tandis que les jambes traînent en arrière comme un poids mort. Ou alors le bébé peut se lever au bout de ses bras en s'appuyant sur ses mains et se tourner d'un côté à l'autre. Eventuellement, il peut plier ses jambes pour sauter sur les genoux. Certains bébés se mettent sur les mains et sur les genoux et se balancent de l'avant vers l'arrière ou se jettent en avant, avant de pouvoir partir correctement».

Votre bébé en viendra peut-être à se mettre à quatre pattes pour s'y exercer, pendant des heures d'affilée.

Pendant deux ou trois semaines, il se contentera peut-être de chanceler sur quatre petites échasses. Il pourra ensuite utiliser les enseignements concernant la locomotion qu'il a glanés lors de ses expériences de rampement, pour avancer prudemment une jambe raide et se déplacer un tant soit peu. Les jambes ne participent que peu à l'action au début. Les deux jambes peuvent partir dans des directions différentes. Le bras doit avancer deux fois avant que la jambe ne consente à bouger; et parfois, le bébé perd le contrôle des bras et des épaules pour s'étaler de tout son long. Au bout de quelques essais de plus, il apprend qu'il peut faire suivre un coup de jambe par un coup de bras. Il maintient mieux son équilibre quand il a deux points d'appui, et il commence à coordonner les mouvements du bras et de la jambe du même côté. Il piquera du nez bien des fois encore avant de comprendre qu'il faut aller chercher l'autre bras et l'autre jambe aussi. Eventuellement, le corps et les quatre membres se mettent à travailler ensemble, «en équipe». Le Dr Brazelton avance la théorie qu'il peut y avoir des corrections innées entre les mouvements qui donnent l'impression d'être «justes» quand l'enfant les effectue par hasard et les assimile. Ces connec-tions transmettent un signal de satisfaction au cerveau qui permet au bébé d'identifier et de privilégier ce mouvement-là lors de la tentative suivante.

Le Dr McGraw était parmi les premiers à étudier dans le détail l'exercice ardu d'un travail moteur jusqu'à la maîtrise parfaite de l'acte. Tout comme le bébé s'exerce à se déplacer des heures durant, il s'exerce de la même façon à se tenir debout. Vous aurez peut-être la chance d'être témoin des

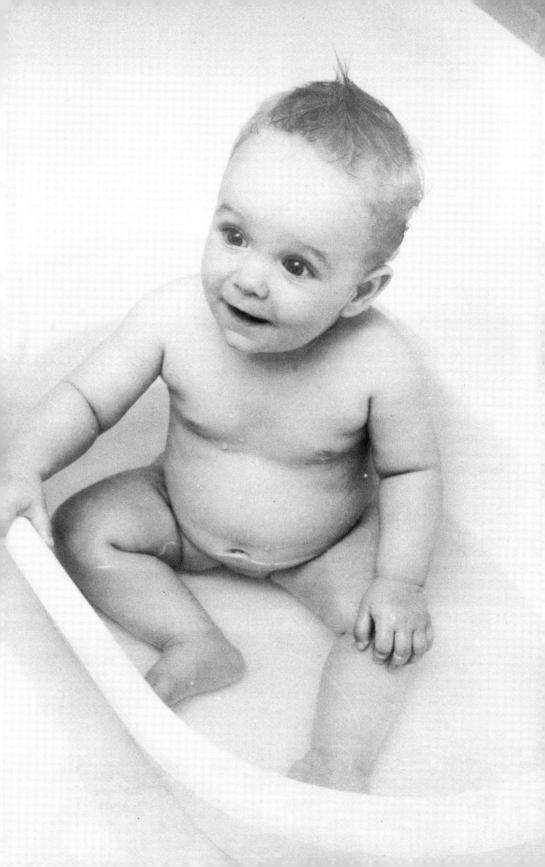

premières tentatives du bébé dans ce domaine. Le parc est la plupart du temps le lieu le plus propice au départ, puisque l'enfant peut facilement s'y aggriper. Ou bien, il peut se traîner jusqu'à un meuble assez imposant, un divan ou un buffet par exemple, ramasser ses genoux sous son corps, étirer ses bras et pousser des jambes. Et enfin, il réussit par *lui-même* à se mettre debout.

Les variantes

Aucun enfant n'est obligé de suivre le rite ou l'ordre décrits ci-dessus. Les bébés diffèrent quant à l'ordre et la rapidité du développement de leurs capacités motrices. Au contraire d'une maison spacieuse, l'appartement de dimensions modestes peut modérer la motivation du bébé à suivre sa mère, puisqu'il peut la voir et l'entendre dans toutes les pièces de son point d'observation. Certains bébés se tiendront debout après avoir appris à ramper, mais avant d'entreprendre la marche à quatre pattes. Cet enchevêtrement des différentes phases de développement, aussi bizarre qu'il puisse paraître, est un phénomène assez courant. De nombreux bébés prennent peur devant leur nouvelle capacité à se tenir debout: comme si le besoin de s'exercer davantage au sol se faisait subitement ressentir, ils se laissent tomber pour une séance d'entraînement à quatre pattes. Une fois qu'ils ont bien assimilé le principe du fonctionnement alternatif des mains et des genoux, ils recommenceront quelques semaines plus tard à s'initier au principe fondamental de la locomotion sur deux pieds. A cause du caractère inégal des progrès enfantins — et chaque bébé passe par des hauts et des bas — vous devez savoir quand il faut éviter de trop stimuler le bébé et quand il faut l'encourager par tous les moyens.

Le bébé actif a peut-être déjà l'habitude de s'asseoir seul depuis longtemps et se traîner en rampant est déjà chose du passé. Par ailleurs, le bébé tranquille commence peut-être tout juste à se traîner sur le ventre à sept mois, et se mettra à marcher à quatre pattes vers le dixième mois seulement. En général, il se passe plusieurs mois entre le moment où le bébé se met à ramper et celui où il commence à marcher à quatre pattes, mais l'intervalle entre les deux peut aussi être de un mois seulement. Le bébé actif choisira peut-être de se déplacer en combinant le roulement avec les coups de pied à

218

cinq mois, se déplacera rapidement à six mois et commencera à marcher à quatre pattes au cours du septième. Le bébé «moyen» rampe à six mois et marche à quatre pattes à huit mois.

Les bébés manifestent également des préférences personnelles quant aux moyens de locomotion qu'ils adoptent. Le Dr McGraw a décrit une foule de styles fascinants utilisés par les bébés dans ce domaine, et ces styles semblent, la plupart du temps, refléter le caractère individuel des enfants. Certains bébés se promènent assis, se tirant d'un bras et se poussant d'une jambe, laissant ainsi leurs yeux et leurs oreilles bien disponibles pour capter chaque nuance de l'environnement. Une telle posture caractérise probablement le bébé extrêmement sensible à ce qu'il voit et entend. Il est également bien placé, ainsi, pour ramasser les jouets, et pour jouer, une fois parvenu à destination.

L'enfant actif s'occupe peut-être déjà d'élargir son répertoire de talents moteurs par terre et debout. Il peut s'asseoir pour traverser la pièce en sautillant sur les fesses par exemple. (Certains bébés adoptent cette méthode plutôt que de se traîner par terre sur le ventre.)

S'il est très actif, le bébé commence également à se déplacer debout, en s'accrochant d'un meuble à l'autre. Son équilibre manque encore de sûreté et il tombe souvent tête première; mais sa bravoure ne connaît pas de limite et il apprend sans broncher à améliorer peu à peu son jugement.

Le bébé tranquille s'intéresse peut-être à tout autre chose. Il peut connaître une accélération spectaculaire d'activité au cours du septième mois. Il coopère beaucoup plus quand un de ses parents l'aide à s'asseoir et peut s'asseoir seul en se penchant en avant pour s'appuyer des deux mains. Si votre bébé se tient ainsi, ne le laissez pas trop longtemps dans cette position, car elle peut fatiguer les muscles du dos. A sa façon, avec beaucoup de nonchalance, il se met aussi à se déplacer quelque peu. Couché sur le dos, il peut s'avancer en soulevant ses fesses pour se pousser avec les pieds. Puisqu'il parvient ainsi à découvrir d'autres endroits, il y trouve une motivation supplémentaire qui l'encourage à bouger plus, non pas parce que le mouvement en lui-même lui procure un certain plaisir, comme c'est le cas pour certains bébés, mais parce qu'il lui permet de changer son point de vue et de contempler de nouveaux horizons. S'il est intrigué, non seulement par les plaisirs visuels mais aussi par les bruits, il aimera beaucoup écouter le bruit (un bon «floc» sonore) que font ses fesses quand il avance par à-coups. Il s'y exerce, à sa propre façon, pendant des heures.

Si vous voulez stimuler un bébé tranquille à se déplacer sur le ventre, posez un jouet préféré juste au-delà de sa portée. Quand il se rendra compte que vous n'allez pas le lui donner, il se résignera probablement à aller le chercher. Des doses bien calculées de frustration produisent souvent une poussée importante (et parfois nécessaire) à l'apprentissage. Veillez à ce que le jouet soit vraiment attirant. Sinon, et si les performances motrices laissent le bébé plutôt indifférent, cette stratégie risque d'échouer.

Le même bébé qui tarde à se déplacer peut être extrêmement précoce en ce qui concerne l'usage des mains. Il se défoulera par la manipulation, tout comme un autre bébé le fera par des mouvements plus généraux. Comparé au bébé qui est précoce dans le développement des performances musculaires grandes et petites, votre bébé peut tout en restant «conservateur» en ce qui concerne la position assise ou debout ou les déplacements, exceller dans le domaine de l'habileté manuelle. Il peut peut-être s'amuser sur le ventre pendant trente minutes, tout occupé à manipuler un chaînon de billes minuscules de forme et de texture différentes. Il adore peut-être jouer avec des clefs, manipulant, secouant et goûtant chacune. Il peut étendre la main, toucher et même prendre, entre le pouce et l'index, une minuscule particule de poussière.

Si votre bébé peut s'asseoir sans appui par terre, prendre une tasse d'une main et l'apporter à la bouche en se servant des deux mains, il est très précoce. En général, le bébé de sept mois ne peut manipuler que les objets de dimensions plus importantes. Maintenant que son pouce se trouve en apposition avec ses doigts, il peut aisément prendre des blocs ou des jouets. Il frappe joyeusement ensemble les jouets qu'il tient dans les deux mains, ou bien les frappe alternativement contre le plancher ou le mur. A cet âge-ci, jouer devant un miroir aide l'enfant à évaluer la gauche et la droite; cette découverte fait partie de sa découverte du monde. Bien que quelques bébés dénotent déjà une préférence pour un côté ou l'autre dès le troisième ou quatrième mois, la plupart se

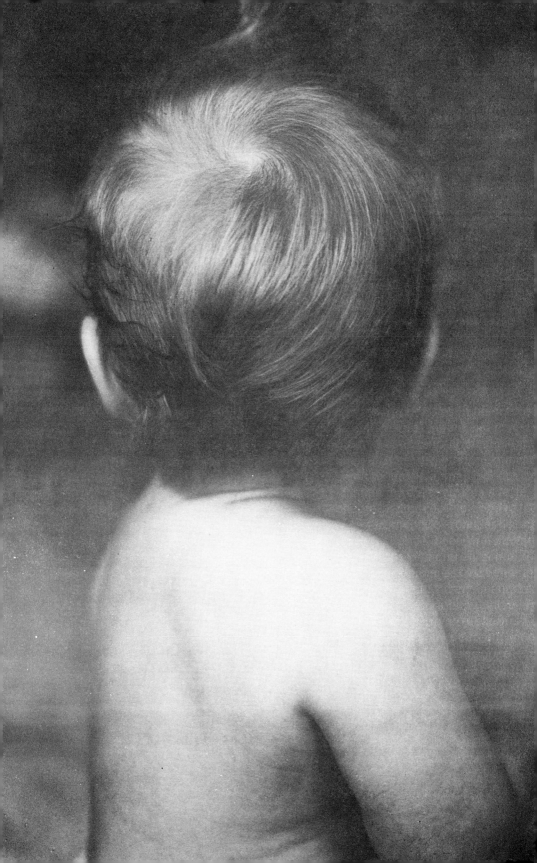

servent autant d'une main que de l'autre tout au long de la première année. Le fait de tenir simultanément un bloc dans chaque main annonce la venue prochaine d'un nouvel accomplissement important: l'usage des deux mains.

Explorer les possibilités des mains est un passe-temps tellement passionnant que le bébé de sept mois a presque toujours quelque chose dans une des deux mains. Il fait le tour d'une pièce en traînant un jouet à la main, parfois même dans les deux mains. Même quand il est debout, il se tient d'une main et manipule un jouet de l'autre.

L'exploration du monde

Le bébé est plus habile, plus mobile et plus curieux qu'auparavant. Il se met à tout explorer en se promenant dans toute la maison. C'est la raison pour laquelle il faut absolument éliminer dès maintenant tout ce qui peut représenter un danger pour l'enfant. Tout ce qui est électrique doit être à l'abri de l'enfant, à qui vous apprendrez en passant, que le mot *non* s'applique à de telles choses. Bouchez les prises de courant avec des couvertures de plastique. Le bébé peut se brûler gravement s'il insère un doigt mouillé ou sa langue dans la prise. De plus, de telles brûlures laissent inévitablement des cicatrices. Veillez par ailleurs à suivre de près le bébé lors de ses expéditions exploratrices, même si votre compagnie n'a que pour effet de l'inciter à plus de prouesses.

Le bébé veut tout explorer: il enfoncera peut-être un doigt curieux dans vos oreilles, vos yeux, votre nez et votre bouche, aussi bien que dans les siens pour les comparer aux vôtres. Si vous sucez le doigt qu'il met dans votre bouche, il le reprendra peut-être pour y goûter lui-même, et puis vous l'offrira de nouveau.

Il peut s'explorer lui-même en s'enfonçant le doigt partout. Il a déjà découvert ses oreilles, son nez, et sa bouche, et, à mesure qu'il apprend à s'asseoir et à se pencher en avant, il découvre la partie inférieure de son corps. Mais la seule occasion qu'il a de découvrir ses organes génitaux se présente quand on lui enlève sa couche. Le petit garçon peut jouer avec son pénis et l'étirer jusqu'à ce qu'il ait une érection. La petite fille tentera d'explorer son vagin.

222

Le plaisir de l'enfant à découvrir ses organes génitaux indiquent clairement que ceux-ci sont plus sensibles que les
autres. Nos moeurs intensifient souvent la curiosité du bébé,
son plaisir et sa sensitivité. Notre héritage nous imprime une
certaine gêne face à nos corps, et nous veillons à garder ces
parties-là cachées et hors d'atteinte. La couche protège si
bien les organes génitaux que la peau est conditionnée à ne
réagir que lors de l'élimination. Les autres parties du corps
sont plus exposées à l'air, aux changements de température,
à la pression et au toucher. De plus, dès que le bébé commence ses investigations, il se trouve toujours quelqu'un pour
retenir sa main fautive, le divertir ou le couvrir «décemment».
La réaction des adultes va de la gêne et de l'indignation mo-
rale à une véritable préoccupation; les plus âgés s'offusque-
ront et s'en irriteront. Le bébé peut devenir fasciné par cette
région inconnue qui provoque une réaction très nette chez sa
mère. Nous justifions parfois notre comportement en insis-
tant sur le fait que si nous ne mettons pas un frein à cette
manipulation normale, l'enfant pourra se nuire à lui-même.
N'importe quel médecin est en mesure de vous rassurer à ce
sujet, en rejetant catégoriquement une telle hypothèse. La
découverte et l'exploration des organes génitaux sont normales et importantes, maintenant comme plus tard. Les bébés
élevés en institution tendent à s'y attacher plus longtemps,
peut-être bien parce qu'ils ne trouvent rien de plus plaisant
ou de plus intéressant à faire. Mais l'enfant dont les parents
sont sains du point de vue émotif, et qui vit dans un environnement stimulant, n'y est jamais rivé.

Le bébé doit par ailleurs adapter sa vie émotive à sa nouvelle mobilité. Il veut de plus en plus participer aux échanges
sociaux; il est plus tendu et souvent plus dépendant de sa
mère pendant cette période. Tant qu'il restait assis, il se contentait de regarder, de sourire quand ses aînés souriaient, et
de rire quand ils riaient. Maintenant il veut participer plus
activement à la vie familiale. Quand son besoin de se faire
»reconnaître« n'est pas satisfait, ou bien, s'il s'agit de ses
frères et soeurs, il s'avance jusqu'au milieu de leur jeu, ou
bien il part à votre recherche.

La tension qui précède les grandes étapes du développement, telles s'asseoir ou se promener à quatre pattes, peut se
manifester par la mauvaise humeur ou par le mâchouillage

des doigts et des pouces. Certains bébés affichent un regard absent, se roulent ou frappent leurs têtes au point de devenir chauve par endroits, jusqu'à ce qu'ils puissent se défouler de leur tension en agissant. Par la suite, ces comportements déroutants disparaissent graduellement, pour ne réapparaître que quand l'enfant est fatigué ou quand il a faim. Que la vie devienne de nouveau une expérience uniformément agréable, et ces habitudes disparaîtront complètement, tandis que le bébé se promènera, à la vitesse d'un ouragan, à travers toute la maison, territoire enfin conquis.

La plus grande mobilité de l'enfant, en même temps qu'elle lui confère une liberté nouvelle, l'expose subitement à un tir serré de nouvelles stimulations venant de toutes parts avant qu'il n'ait eu le temps de s'y préparer. Ce facteur, ajouté à l'information parfois effrayante qu'il peut recevoir dans ce monde élargi, le rend plus dépendant et plus craintif des séparations. L'affection qu'il vous voue augmente ses craintes. Il veut que ce soit *vous* qui lui donniez à manger, qui lui souriez, qui le stimuliez, qui l'approuviez, même quand d'autres que vous sont prêts à lui offrir de l'aide. Il fait de son mieux pour rester toujours près de vous. Il a une conscience plus aiguë de votre capacité de vous déplacer (donc de vous éloigner de lui) grâce à ses propres expériences de locomotion.

En apprenant à se tenir debout et à marcher à quatre pattes, il commence à saisir les dimensions de ses actes. Chancelant pour la première fois sur ses deux pieds, il a besoin d'aide pour redescendre, et, prenant peur, conscient de lui-même, il se rend compte des dangers de la chute et de sa propre incapacité à modifier sa position. Naguère enchanté de ce qu'une soeur le tire debout, il peut maintenant refuser catégoriquement de laisser d'autres personnes que ses parents l'aider à se mettre debout, puisqu'il juge, très lucidement, que leur compétence et leur jugement dépassent les siens ou ceux de sa soeur. Son épouvantable conscience de ce que vous et lui pouviez vous séparer précède la véritable maîtrise de la locomotion, et donne lieu à un certain doute concernant l'amélioration de cette aptitude terrifiante. A vrai dire, vous pouvez encore vous éloigner plus facilement du bébé que lui ne peut s'approcher de vous.

Par ailleurs, il est encore inexpérimenté et entreprend assez maladroitement ses explorations et ses jeux, même s'il y trouve beaucoup de plaisir. Il sent peut-être qu'il n'est pas encore en mesure de juger de ce qui est dangereux et ce qui ne l'est pas, bien qu'il soit vaguement conscient de l'existence du risque. Et il a désespérément besoin de votre aide afin de s'extraire des situations difficiles dans lesquelles il ne manquera pas de se retrouver. Tant qu'il peut vous voir, il est tout heureux de jouer. Vous remarquerez peut-être que quand vous quittez la pièce, il pleure et essaie de vous suivre, ou qu'il n'aime plus rester dans son parc tandis que vous travaillez dans la pièce à côté. Même si des raisons pratiques vous obligent à le laisser dans le parc, faites de votre mieux pour l'aider dans cet état de dépendance nouvelle. En quittant la pièce, retournez-vous vers lui pour lui assurer que vous allez revenir, et appelez-le de temps en temps de la pièce où vous vous trouvez. Le contact vocal peut le consoler un peu, et il vous appellera probablement de temps en temps à son tour pour savoir où vous êtes. Il s'orientera peut-être même dans votre direction, face à la porte par laquelle vous pourriez entrer; il se retournera dans la direction de votre voix ou bien entrera dans un état de frénésie absolue afin de vous faire revenir pour s'agripper à vous. Ne vous en inquiétez pas. Sa volonté d'autonomie, ajoutée à votre assurance et votre présence, le tireront de cette impasse passagère. L'attachement à une personne ou à une croyance est à son plus fort immédiatement après la prise de conscience de son existence; donc le bébé souffre maintenant davantage de toute forme de séparation. Dites-vous bien aussi que seuls les enfants jouissant de bons rapports avec leur mère redoutent les séparations. Les bébés pour qui la mère ne compte guère réagissent moins parce qu'ils ont été obligés de faire face à la vie seul, et trop tôt.

L'association des gestes, des bruits et des idées

Le bébé peut paraître consacrer toutes ses énergies au développement de ses performances physiques, mais il n'en travaille pas moins à l'amélioration de ses capacités mentales. Il fait des associations de plus en plus claires. Le soir, en entendant le bruit de la porte qui s'ouvre et se ferme, il crie bienvenue à son père. Son accueil consiste surtout en un babillement incompréhensible, mais au milieu de tant de sons, on distinguera quelque chose qui ressemble à «papa». Il sait, quand il entend grincer la porte du réfrigérateur, qu'il y aura de la nourriture, et il commence à grogner, anticipant son repas. Quand sa soeur suce ses doigts pour l'imiter, il répond par un rire qui démontre qu'il fait déjà l'association visuelle entre le geste de sa soeur et le sien. En »lisant« en compagnie de son frère qui «miaule» quand il y a une image de chat et «aboie» quand il y a une image de chien, il piaille — sans qu'on l'y incite — à l'image d'un bébé, comme s'il la reconnaissait et faisait l'association avec lui-même et ses propres bruits. Il a également appris un comportement approprié à la «lecture». Il remarque que son frère émet un certain son devant une image et l'imite correctement. Il semble accepter au premier abord les dames d'un certain âge, les associant à grand-maman, mais dès qu'il les regarde comme il faut et écoute leur voix, il se raidit de crainte et de déception. Il prend peu à peu conscience des différences de taille et peut diviser les objets de grandeur différente selon leurs dimensions. Donnez au bébé plusieurs blocs de grandeur différente et observez son comportement. S'il les tend devant lui en les regardant tour à tour pour les placer finalement devant lui, il est en train de faire la comparaison. Comme s'il voulait bien assimiler la différence de taille, il les reprend, mais chacun dans l'autre main cette fois-ci, les met dans sa bouche à tour de rôle, et puis les pose de nouveau, en inversant leurs positions. Certains bébés commencent à faire de telles comparaisons dès six mois, mais la plupart s'y mettent aux environs de sept mois.

Le bébé est en train de développer un sens de l'humour, qui débute en général lors de jeux d'association comiques ou bien en réponse à une situation de surprise. Par exemple, si vous commencez à chanter avec votre bébé, il peut arrêter de chanter, sourire, et puis se remettre à chantonner. Il peut aussi pousser des petits rires et sautiller en cadence. Parfois, une partie seulement d'une situation amusante peut déclencher le souvenir de la situation totale, auquel cas la première réaction rejaillira. Le Dr Brazelton nous décrit une telle situation: vous échappez un objet et lancez un juron par inadvertance. Le bébé rit du caractère subit du mot et de la drôle de position que vous adoptez pour ramasser l'objet. Et l'association est faite. Chaque juron que vous prononcerez déclenchera le rire du bébé qui identifiera les mots, les sons

et le contenu émotif. Et, soit dit en passant, le bébé renforce votre comportement. La réaction répétée — le rire dans ce cas-là — démontre non seulement la capacité de se souvenir mais également la capacité de se rappeler des segments représentatifs des situations dans leur ensemble. Cette capacité est précoce mais possible à sept mois.

Les bouchées d'oiseau

Plus habile qu'auparavant, le bébé de sept ou huit mois commence à saisir des petits morceaux de nourriture entre le pouce et les deux premiers doigts lors des repas. Comme il est encore maladroit, il fait en général tout un gâchis. Si la nourriture tombe à l'intérieur de sa main quand elle est fermée, il se donne tout un mal pour l'en extraire. S'il veut porter de la nourriture à sa bouche, sa méthode ressemble plutôt à s'essuyer la bouche. A la fin de ce qui peut représenter un processus souvent long et ardu, le bébé peut écraser les restes du repas, sur la tablette de sa chaise ou les envoyer par terre d'un grand geste satisfait.

Même s'il est maladroit, il faut encourager la volonté du bébé à se nourrir lui-même. Laissez-le participer de la façon la plus simple: il est plus facile de lui donner des morceaux de nourriture ou une cuiller et une tasse, que de lutter tout au long du repas pour garder la cuiller en votre possession, et c'est plus enrichissant pour l'enfant. «Beaucoup de mères, fait remarquer le Dr Brazelton, se préoccupent tellement de faire absorber telle quantité de nourriture à l'enfant, qu'elles ne voient pas la valeur évidente du comportement explorateur du bébé face à sa nourriture.» Le bébé apprend en s'exerçant à se nourrir lui-même. Regarder, manipuler, goûter et sentir les aliments fait suite à l'exploration qui a déjà commencé dans le domaine des non-comestibles. L'indice le plus élémentaire de cet apprentissage est la réticence du bébé à manipuler des aliments glissants, comme les bananes, qui contraste avec la façon dont il manipule du pain ou des biscuits, jusqu'à ce qu'ils soient réduits en miettes inidentifiables. L'expérience tactile de la nourriture rehausse le plaisir que les repas procurent à l'enfant. Si on lui permet de prendre plaisir à manger et si on lui laisse développer ses propres façons de se nourrir, il apprend en même temps que le monde n'est pas un endroit contraignant et rébarbatif où l'affirmation de ses besoins et sentiments ne cause que des problèmes.

Le bébé dispose d'innombrables ressources pour lutter, passivement ou activement, contre la mère qui fait mine d'ignorer son désir de participer au repas. Si on ne le laisse pas s'amuser, il peut prolonger indéfiniment le repas. Il peut commencer à taquiner sa mère en lançant des bouts de nourriture autour de la pièce, en crachant ou en laissant savamment écouler et suinter la nourriture qu'il a pris soin de bien tourner dans sa bouche. Il peut encore rejeter sa tête en arrière, fermer sa bouche de toutes ses forces ou tenter de saisir la cuiller. S'il mâche et avale d'énormes morceaux de son propre chef mais refuse les morceaux plus faciles à manger que vous lui offrez, c'est signe qu'il veut vraiment agir en être autonome.

De nombreux aliments sont réduits en bouillis ou avalés tout entiers quand on les coupe en petits morceaux. Il ne faut cependant en donner que peu à la fois au bébé pour éviter qu'il ne s'étouffe en s'en empiffrant. Le Dr Brazelton est d'avis que l'enfant de sept mois est tout juste en mesure de prendre les aliments suivants:

céréales sèches en morceaux
pain grillé, tendre, en morceaux
biscottes
carottes ou pommes de terre cuites, en dés
petits pois (si la peau est déchirée)
oeufs brouillés
fromage tendre en morceaux
viande hachée, tendre, en morceaux
tartines et sandwiches coupés en petits morceaux
(au boeuf pour bébés ou au pâté).

A mesure qu'il apprend à mâcher les premiers morceaux, vous pouvez lui en donner plus, deux morceaux à la fois. Le caractère pondéré de l'exploration des mains et des doigts vous laisse le temps de le nourrir ou de vaquer à d'autres choses dans la cuisine.

Il est encore trop tôt pour songer à la fourchette et à la cuiller: ce n'est qu'aux environs de seize mois que l'enfant sera assez habile pour bien les manipuler. Mais déjà, au moment où il saura se tenir debout et marcher, le bébé sera en mesure de se nourrir entièrement en se servant de ses doigts:

il fera preuve de beaucoup d'habilité en manipulant les morceaux de nourriture et boira à la tasse avec un peu d'aide. Pour l'instant, il manie la tasse assez maladroitement. Au cours de la première semaine, le bébé de sept mois ne sait pas du tout comment garder le bord de la tasse à un angle compatible avec le niveau horizontal du liquide. Tenez compte de sa façon rigide de manipuler la tasse et ne mettez que peu de liquide dans celle-ci au début. Quand il aura quatorze mois, l'enfant saura ajuster la tasse au niveau du liquide au moyen de quatre ou cinq mouvements de rectification des mains, des poignets et des coudes en approchant la tasse de sa bouche. Dès vingt-sept mois, ces rectifications distinctes auront disparu pour faire place à la coordination main-poignet-bras qui maintiendra sans à-coups le liquide au bon niveau.

Les problèmes d'alimentation

La mère qui fait pression pour essayer de convaincre son enfant à manger peut causer de vrais problèmes d'alimentation. Faire accepter la nourriture par la ruse ou les taquineries ou faire sursauter l'enfant afin de profiter de sa bouche béante pour y pousser la nourriture sont les pires choses qu'on puisse faire. Non seulement ces pratiques sont-elles cruelles, mais elles peuvent éventuellement mener à plus de résistance et de difficultés.

Si le bébé commence à répondre à vos pressions par sa propre tension, essayez de le laisser graduellement prendre en main son repas, tandis que vous vous occuperez ailleurs dans la cuisine. Vous aurez ainsi le temps de vous calmer et le bébé s'occupera de son propre dilemme. Si vous continuez à essayer de le convaincre quand la nourriture ne l'intéresse plus, vous y perderez plus que vous y gagnerez. Quand il s'agite, il peut se donner en spectacle et ruiner complètement son repas, se tenant debout dans sa chaise, mine d'ignorer la nourriture, tout en quémandant des morceaux ailleurs pour les lancer ou les écrabouiller tout à fait. Ou bien, il peut se mettre à graviter autour de la table, en mendiant comme un chiot agaçant, saisissant tout ce qu'il voit. Aux environs d'un an, il fera preuve encore plus d'imagination en manifestant sa détermination à manger ce qu'il veut quand il le veut. Ou bien il aura gain de cause, ou bien on obtiendra de force une soumission plutôt malaisée. On ne devrait jamais permettre à un bébé de profiter des repas pour augmenter ou provoquer la tension familiale. Si vous exprimez clairement et fermement ce que vous attendez de lui, et si la quantité de nourriture qu'il absorbe ne vous obsède pas, il apprendra à apprécier la valeur sociale des repas — d'abord pour votre bénéfice et plus tard pour le sien propre, quand elle lui sera nécessaire.

Manger entre les repas

Nourrir l'enfant entre les repas parce qu'il «mange si peu» n'est qu'une autre forme, et pas des plus subtiles, de pression. Mais vous récolterez ce que vous favorisez peut-être: un enfant capricieux qui mangera du bout des dents.

Aucun bébé n'a besoin de manger entre les repas. Selon le Dr Brazelton, les aliments suivants suffisent à combler les besoins nutritifs quotidiens du bébé.

1) une chopine [48 cl] de lait (ou l'équivalent en fromage, crème glacée ou en succédané de calcium — une cuillerée à thé [5 ml] égale à huit onces [24 cl] de lait)

2) une once [28 ml] de jus de fruit frais ou un morceau de fruit

3) deux onces [56 g] de protéines riches en fer, un oeuf ou deux onces [56 g] de viande par exemple (un demi-pot de viande de bébé ou un petit hamburger)

4) une préparation à base de multivitamines, qui peut s'avérer plus ou moins nécessaire, mais qui vous évite de trop vous inquiéter si le bébé n'a pas mangé de légumes verts ou jaunes, ou s'il n'a pas mangé de légumes du tout.

Si l'on veille à ce que le régime quotidien (couvrant une période de vingt-quatre heures) de l'enfant contienne ses éléments essentiels, celui-ci grandira et prendra du poids normalement. Un tel régime vous paraît peut-être trop élémentaire, mais il satisfait pleinement les besoins du bébé: n'insistez donc pas pour qu'il mange plus s'il n'en manifeste pas le désir.

De nombreuses mères ont l'impression de faire leur devoir du moment qu'elles réussissent à faire avaler la nourriture à l'enfant, quels que soient les moyens utilisés pour arriver à leurs fins. A vrai dire, la responsabilité de la mère ne se limite pas à l'absorption de la nourriture, mais inclut également toute l'ambiance dans laquelle les repas ont lieu.

On a expérimenté comment la façon dont la mère donne à manger à l'enfant se répercute sur le comportement ultérieur de l'enfant. Les mères qui se laissaient guider d'après les désirs manifestes de l'enfant, qui répondaient rapidement quand le bébé envoyait des signaux de faim ou de satisfaction et qui lui permettaient de participer activement aux repas avaient des rapports harmonieux et mutuellement satisfaisants avec leurs enfants. Vers la fin de la première année, ils manifestaient invariablement un sain attachement envers leur mère; ils essayaient activement de se remettre en contact avec elle et de maintenir ce contact en s'agrippant à leur mère et en se refusant à la lâcher après une séparation de courte durée. Les bébés dont les mères étaient relativement insensibles à leur besoin lors des repas ne se souciaient guère de garder des contacts étroits avec elles; ou bien, ils essayaient tout à la fois d'entrer en contact avec elle, de s'en détourner ou même de la repousser. En général les mères qui pouvaient concevoir la situation des repas du point de vue du bébé adoptaient dans d'autres domaines également des méthodes menant à un harmonieux échange mère-enfant. Les enfants dont les mères réagissaient avec présence et intérêt apprenaient d'autres moyens de communication que les pleurs insistants. Ils étaient également plus en mesure de supporter la frustration que les bébés pour qui la façon d'agir n'avait eu que peu d'influence sur leur destin. Laisser une certaine autonomie au bébé selon ses intérêts et ses capacités semble faire partie intégrante de la façon d'élever un enfant sain et heureux.

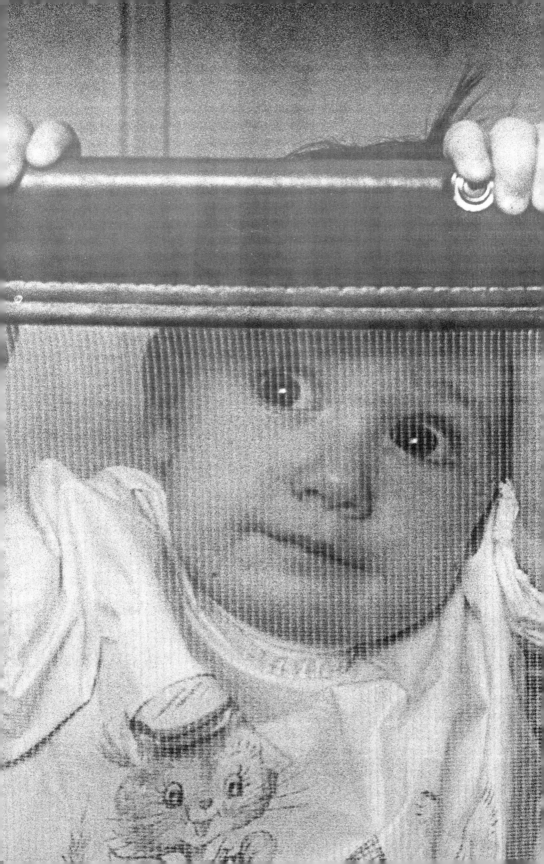

LE SEPTIÈME MOIS

Développement moteur	Développement verbal	Développement mental	Développement social
Motricité brutale	**Développement actif**	Plus grande concentration; s'intéresse au détail.	**Développement personnel**
Maintient très bien sa tête en équilibre.	Prononce des voyelles et des consonnes au hasard. Possède quelques syllabes spéciales et bien définies; le plus souvent, quatre ou plus: *ma, mu, da, di, ba*. Prononce plusieurs sons d'une seule haleine.	S'approche et saisit d'une seule main un jouet, comme une clochette ou un hochet.	Tend la main pour caresser son image dans le miroir.
Se soulève en poussant contre ses mains et ses genoux et se balance dans cette position.		Continue à trop tendre les doigts; se concentre entièrement à la tâche.	Explore son corps avec la bouche et les mains.
Se traîne en tenant un ou des objets d'une ou de deux mains. Avance. Commence peut-être à marcher à quatre pattes.	Essaie d'imiter les sons ou les séquences de sons.	Distingue les objets proches et lointains; notion de l'espace.	**Réaction à l'environnement**
Peut aussi se déplacer en soulevant et baissant les fesses quand il est sur le dos, ou en s'asseyant de côté, jambe fléchie, se propulsant avec la jambe correspondante et la jambe opposée. Aide à se hisser debout quand on le tire.	Peut dire *papa* et/ou *mama*.	Saisit, manipule, goûte, secoue et frappe les objets. Joue énergiquement avec les jouets sonores comme les clochettes, les boîtes à musique ou les hochets.	Peut avoir peur des étrangers.
			Commence à manifester un sens de l'humour.
	Passif		Taquine.
	Ecoute ses propres vocalisations et celles d'autrui.	Cherche brièvement un jouet disparu.	Manifeste sa volonté à participer à l'interaction sociale.
Se hisse peut-être debout tout seul. Quand on le soutient sous les aisselles, se tient debout en soutenant son poids, sautille, marche sur place, regarde ses pieds.		S'attend à la répétition d'un événement ou d'un signal.	Résiste à toute pression visant à lui faire faire ce qu'il ne veut pas faire.
		Se souvient d'un élément représentatif d'une situation globale.	Distingue une voix amicale d'une voix hostile.
Position assise			Peut avoir peur d'effectuer certaines activités familières.
S'assied avec un léger appui.		Se souvient d'une série limitée d'actes de son passé immédiat, si immédiat.	Peut mâchonner ses doigts et sucer son pouce.

S'assied seul, de façon stable, pendant plusieurs minutes ou même plus, et y trouve un grand plaisir.
Bon équilibre.
Assis, les mains sont libres.
Se retourne, se penche.

Peut s'asseoir en poussant contre ses bras quand il est couché sur le côté, ou en s'accroupissant pour étendre les jambes devant lui.

Fine motricité

Apposition complète du pouce.
Le pouce et les doigts saisissent un bloc.
Tient deux objets en même temps, un à chaque main.

Peut les frapper ensemble.

pliqué dans l'action.

Peut commencer à imiter des actions.

Continue à comparer les gestes accomplis d'un côté et de l'autre du corps.

Associe visuellement ses actes et ceux d'autrui quand ils se ressemblent.

Réagit de façon enjouée à son image dans le miroir. Peut associer l'image d'un bébé à lui-même et émettre un son approprié.

S'intéresse aux conséquences de son comportement, mais reconnaît l'événement en tant que but seulement après en avoir réalisé les moyens.

Commence à apprendre les implications des gestes les plus courants. Conscient des différences de grandeur entre les objets similaires, des blocs par exemple; les compare.

Transfère les objets de main à main. Retient deux blocs entre trois ou de petits jouets qu'on lui présente.

Sur le dos, met ses pieds dans sa bouche en jouant.

Se tortille en anticipant le jeu.

S'amuse avec ses jouets.

Développement culturel
Habitudes de vie

Commence à manger avec ses doigts.
Tient et manie une cuiller ou une tasse en jouant.

Veut être autonome aux repas.

Reste au sec pendant une heure ou deux.

Il ne faut pas considérer ce tableau comme un calendrier rigide. Les bébés sont imprévisibles. Beaucoup commencent à pratiquer une activité plus tôt ou plus tard que la date indiquée au tableau.

LE HUITIÈME MOIS

UN AVENTURIER

Maintenant, le bébé n'arrête plus de bouger, depuis le moment où il ouvre les yeux jusqu'au moment où il tombe de sommeil. Il se hâte de maîtriser de nouvelles manoeuvres pour les combiner joyeusement avec celles déjà acquises. Il se déplace assez bien pour vous suivre partout. Pour l'instant, il marche à quatre pattes quand il est pressé d'arriver au but, mais il consacre une bonne partie de son temps à apprivoiser la station debout. Vu l'habileté toujours croissante du bébé à se déplacer, il faut que vous en arriviez à un compromis entre le contenir et lui laisser la liberté d'explorer. Vous devez aussi faire face à sa résistance face au sommeil — après tout, de son point de vue, le sommeil ne fait que l'empêcher de découvrir des choses intéressantes; vous devez comprendre sa peur devant les étrangers et savoir suivre tout l'apprentissage qui résulte de sa plus grande expérience des choses à voir, à écouter ou à sentir.

La plupart des bébés développent leur aptitude à se tenir debout à cet âge-ci. Si vous l'observez avec soin, vous remarquerez pendant qu'il est assis qu'il étend le pied, ramène légèrement les jambes vers lui, tire sur les barreaux de son lit ou sur n'importe quel point d'appui jusqu'à ce qu'il soit mi-debout mi-assis, le derrière chancelant bien loin derrière. A mesure qu'il contrôle chaque étape du processus, il devient plus libre de ses mouvements, reconnaît et utilise des variantes. Il peut choisir par exemple de lâcher une main ou même les deux. S'il retire vraiment ses deux mains de son point d'appui, il se retrouve sur les fesses et tout est à recommencer. S'il ne lâche sa prise que d'une main, il peut se hisser le long du meuble qui le soutient en alternant les mains, l'une au-dessus de l'autre. En un jour ou deux, il apprend à coordonner ses mouvements piur tirer avec ses mains et se hisser à sa pleine grandeur. Il apprend ensuite à retrouver son équilibre après s'être appuyé sur quelque chose et enfin à se tenir précairement debout sans aide.

Il fait beaucoup moins d'efforts en position assise. Il peut bien se tourner, assis sur son derrière, jusqu'à ce qu'il tombe de vertige, mais il essaie rarement de changer de direction. Puisqu'il en a maîtrisé l'essentiel, s'asseoir devient beaucoup moins passionnant que se tenir debout.

Mais attention: qu'il sache se mettre debout n'implique pas nécessairement qu'il est capable de se rasseoir. La plupart des bébés passent des semaines assez pénibles à acquérir cette dernière technique. Certains essaient de se laisser tomber en arrière, mais comme un bébé de cet âge a beaucoup de difficulté à se plier en tombant, cette solution s'avère vite trop douloureuse. Tomber à la renverse déclenche par ailleurs le réflexe de Moro, qui renforce la tendance à tomber tout droit, le dos arqué, bras étendus et tête renversée. Le résultat est souvent un coup sur la tête, mais les enfants se blessent rarement en tombant de la sorte. Fort heureusement, la crâne est encore malléable et peut servir de pare-choc; il protège suffisamment le cerveau pour presque toujours empêcher la commotion cérébrale. Il est cependant plus prudent de placer un tapis sous les meubles que l'enfant affectionne pour ces expériences afin d'adoucir ses chutes.

Si le bébé continue à rencontrer des difficultés quand il essaie de se rasseoir, essayez de lui montrer comment se tirer d'affaire. Tenez-le debout devant vos genoux, faites-le fléchir légèrement à la taille, et puis donnez-lui, tout doucement, une poussée en avant et vers le bas pour qu'il se retrouve assis. Si vous répétez ce geste plusieurs fois, il finira par comprendre le principe, même si son attitude — il ne cessera probablement pas de rire au cours des premières séances — vous fera croire qu'il n'apprendra rien du tout. Au bout de quelques jours vous aurez peut-être la chance de le surprendre tout occupé à pratiquer cette nouvelle technique. Dès que vous savez qu'il est capable de redescendre tout seul, n'encouragez pas ses pleurs quand il continue, la nuit, à demander de l'aide. Les premières fois, revisez la leçon que vous lui avez donnée dans la journée, mais laissez-le retrouver le sommeil tout seul. Il cessera sans doute, au bout de quelques jours seulement, de pleurer pour vous faire venir la nuit.

Une telle attitude vous paraît peut-être trop «disciplinaire», mais il ne faut pas lui permettre de continuer à pleurer la nuit. La tension et la fatigue qui en résulteraient n'aideraient personne et risqueraient même de compromettre vos rapports avec le bébé. Il a besoin d'apprendre à acquérir son indépendance par petites doses.

Mais sa vie n'est pas seulement composée d'activités frénétiques. Le bébé de huit mois peut s'occuper pendant des heures à des recherches plus tranquilles. Vous avez peut-être déjà remarqué, par exemple, combien les choses vues à l'envers fascinent l'enfant: si vous accrochez des images à l'envers au bout de son lit ou de la table qui sert à l'habiller, il les étudiera tranquillement pendant que vous le changez. Cet intérêt sera encore très présent quand il se mettra à marcher, ce qu'il fera souvent tête renversée. Il se peut que ce soit le souvenir de sa façon de regarder le monde, les mois précédants, quand il passait beaucoup de temps couché sur le dos, qui le pousse à agir ainsi. Vous remarquerez peut-être aussi que le bébé penche sa tête ou la secoue d'un côté et de l'autre en fixant des yeux un objet de l'autre côté de la pièce: il joue ainsi avec sa conscience toute nouvelle de ce que la plupart des choses gardent leur taille et leur forme, même s'ils changent de perspective.

Le bébé fait aussi des expériences avec ses mains. Regardez-le examiner les objets les plus banaux — auxquels vous êtes tellement habitué que vous ne les voyez pour ainsi dire plus: il prend l'objet, le regarde longuement, en touche les surfaces et les bords, le met à l'envers, sur les deux côtés, le tâte et le laisse tomber pour savoir vraiment de quoi il s'agit. Il se laissera fasciner par l'activité qui consiste à mettre des petits blocs ou des grosses perles de bois colorées dans un grand bocal ou bien à sortir les bobines de fil de la boîte à couture; il pourra s'y amuser pendant des heures, se servant également des deux mains. L'aptitude à pincer est tellement nouvelle que l'enfant s'exerce à tourner ses mains dans tous les sens, de la même façon qu'il retourne les objets pour les examiner. Il regarde très attentivement sa main en rapprochant inlassablement le pouce et l'index. Il fait exprès pour laisser échapper un bloc, le ramasse et l'échappe de nouveau pour sentir et regarder cette nouvelle coordination musculaire. Et l'émerveillement qu'il ressent devant cette dextérité nouvelle est amplement justifié. La séparation du pouce et de l'index du reste de la «patte» humaine est un événement de première importance. Elle confère à l'homme une dextérité manuelle qui va de la manipulation des objets les plus minuscules jusqu'à la compression ou la manipulation plus énergique des outils massifs. La majorité des bébés de huit mois déposent l'objet qu'ils ont à la main avant d'en prendre un autre. Cependant, le bébé qui est plus avancé pour son âge est peut-être déjà en mesure de manipuler deux objets à la fois, prenant un bloc dans la main gauche et un deuxième dans la main droite pour les frapper vigoureusement ensemble. S'il est très avancé, il essaie peut-être même de prendre un troisième objet avec sa bouche ou de mettre un de ceux qu'il tient déjà dans sa bouche avant de tendre la main vers un troisième.

Ces prouesses l'intéressent tellement qu'il peut marcher à quatre pattes tenant des objets d'une main et explorant de l'autre. Il se mettra peut-être aussi à vider les tiroirs et les armoires, à déchirer tout ce qu'il peut déchirer, y compris la revue que vous n'avez pas encore vue. Si votre bébé réussit à s'emparer d'un livre de grande valeur, ne le lui arrachez pas. Il peut s'y agripper tellement fort que vous le déchirerez. Même si cela n'arrivait pas, vous le laisseriez frustré et confus. Donnez-lui plutôt des revues à lui, avec lesquelles il peut jouer comme il l'entend. Protégez la bibliothèque contenant les livres précieux ou les objets d'art par une grille quand vous n'êtes pas là pour les surveiller. Il pourra ainsi continuer ses explorations manuelles et vous pourrez mieux garder votre calme — et vos objets précieux.

Le bébé est probablement capable d'ouvrir les tiroirs; et son sport préféré consiste peut-être à répandre leur contenu par terre ou à les vider pour s'y loger. Si les poignées de vos tiroirs sont en forme d'anse, insérez-y le manche d'un balai pour vous épargner l'incommodité et les dégâts que le bébé peut causer.

Si l'enfant est agile, il peut probablement vider le coffre à jouets de ses aînés et grimper dedans. Une telle pratique peut rapidement poser des problèmes. Le couvercle peut se refermer, l'enfermant ou écrasant ses doigts. Cet aîné n'acceptera peut-être pas cette intrusion. Il s'y opposera, sera intérieurement furieux, ou, s'il est très attaché au petit dernier, il essaiera peut-être d'apprendre à celui-ci qu'on peut s'amuser tout autant à replacer les choses qu'à les enlever. Tant que l'aîné y participe, ce jeu peut amuser le bébé. Mais vous rendriez service à votre aîné, et vous préviendriez peut-être une catastrophe, en munissant le coffre d'une serrure très simple qu'il sera capable d'ouvrir.

On ne saurait trop insister sur la nécessité de réévaluer constamment les dangers que représente la maison au cours de ces mois d'exploration. Enfermez les médicaments à clef, dans un endroit hors d'atteinte, et veillez à neutraliser le dan-

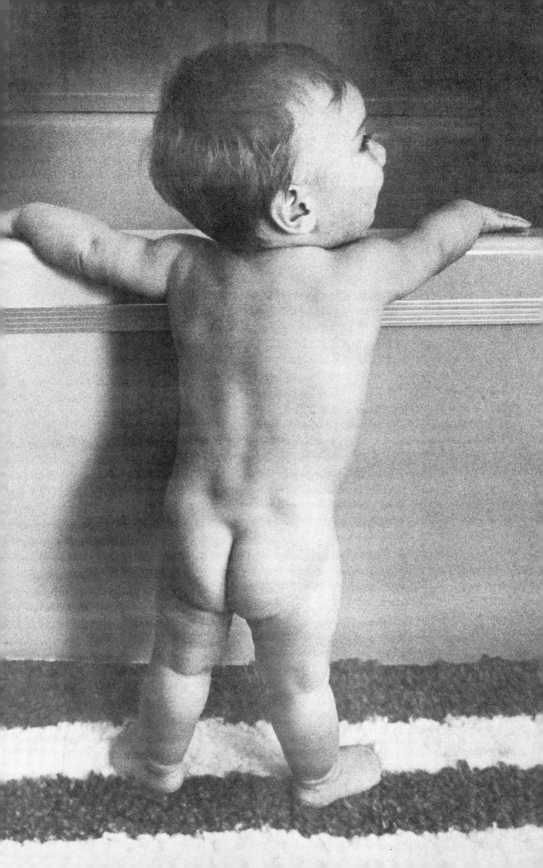

ger des sources de chaleur. Aucun livre ne peut énumérer à votre place toutes les choses dangereuses qui risquent d'attirer l'enfant. Vous seule êtes bien placée pour évaluer le style et les intérêts de votre bébé; vous devez trouver des solutions adaptées à votre maison. Peser les risques d'un côté et le besoin inné d'exploration du bébé de l'autre est assez difficile. Mais plus l'enfant peut explorer, plus il apprend rapidement. Si vous êtes obligée de suivre constamment le bébé pour l'empêcher de faire des «erreurs» ou pour prévenir des «bobos», il ne songera plus qu'à vous mettre à l'épreuve. Il sera plus intéressé à vous inclure dans ses jeux qu'à explorer et à apprendre par lui-même. De nouveau, vos sentiments jouent un rôle important. Certaines mères laissent leurs enfants tenter l'expérience avant de dire «non»; ainsi, c'est l'effort qua fait l'enfant qui lui aide à comprendre ce «non» aussi bien qu'à poursuivre ses explorations. Peut-être que c'est trop exiger d'un enfant que de lui demander de comprendre des mots comme «profond» ou «dur» ou «chaud» quand il n'a pu en faire l'expérience. Le bout incandescent d'une cigarette exerce peut-être une trop grande fascination sur le bébé pour qu'on puisse s'attendre à ce qu'il n'y touche pas avant qu'il n'ait connu la brûlure. Bien que cette méthode d'apprendre aux enfants à éviter tout ce qui brûle ne marche pas à tout coup, elle est cependant efficace. Le Dr Brazelton nous rapporte que dans les montagnes du sud du Mexique, la mère indienne n'arrête jamais son enfant quand celui-ci avance à quatre pattes vers le feu du village. Elle se dit plutôt: «Il apprendra». Ainsi, il doit l'apprendre et il l'apprend.

Il est difficile de contenir le bébé actif de cet âge. Par désespoir ou parce qu'elles doivent autrement négliger des travaux importants, la plupart des mères ont recours au parc. Cependant, bien souvent, ceux-ci n'offrent aucun défi à l'enfant. L'espace est trop restreinte pour lui permettre d'apprendre à marcher ou pour qu'il puisse exercer ses nouvelles aptitudes corporelles. Il vaut peut-être mieux se tourner vers les parcs démontables, de type clôture, qui multiplient jusqu'à quatre fois l'espace du parc traditionnel. On trouve sur le marché un parc extensible qui s'adapte à six modules interchangeables sur les quatre côtés. Ces unités peuvent recevoir également des bébés en visite et serviraient aux premières expériences du bébé avec les enfants de son âge.

La garde de nuit

L'enfant aura peut-être de la difficulté à trouver le sommeil ou à se calmer. Les siestes seront probablement de courte durée et vous serez peut-être obligée de faire sauter la sieste du matin si vous voulez que l'enfant dorme l'après-midi. Les bébés plus tranquilles et plus sensibles, bien que moins actifs physiquement, dépensent leur énergie à trier dans le kaléidoscope des stimulations qui les entoure. Leurs activités sensorielles et intellectuelles les fatiguent; le remue-ménage quotidien de la famille les fatigue également plus qu'il ne fatigue les bébés plus actifs. Mais le bébé actif peut se trouver dans un tel état d'excitation vers l'heure du coucher qu'il entraînera un frère ou une soeur aîné avec lui dans une véritable frénésie.

C'est vous qui devez décider de l'heure du coucher. Il faut se montrer ferme sur ce point, tout en comprenant bien que très peu d'enfants veulent s'endormir. Coucher de force les enfants trop excités peut même les soulager puisque cela leur permet d'abandonner la partie sans perdre la face. Il n'y a rien de plus triste que de voir les parents attendre que leur enfant épuisé *demande* d'aller se coucher. Neuf fois sur dix, l'enfant, même éreinté, ne le demande pas. Les enfants sont extrêmement sensibles à l'ambivalence ou à la fermeté de leurs parents.

Vous devez également faire preuve de fermeté si l'enfant se met à jouer à «appeler ses parents» une fois au lit. Si la mère ne fait pas preuve de fermeté, le bébé continuera probablement à appeler tant et aussi longtemps que quelqu'un répond à ses cris ou bien relancera sans cesse son animal en peluche par-dessus les barreaux pour exiger qu'on le lui redonne. Comme les mots en eux-mêmes n'ont pas beaucoup de signification à ce stade, essayez de faire comprendre d'un ton catégorique que ça suffit. Couchez-le sur le ventre pour lui montrer que le jeu ne vous amuse vraiment pas.

Si le bébé commence à avoir des «crises de réveil» chaque nuit, voici le «remède» proposé par les pédiatres: avant de vous coucher, réveillez le bébé, changez,le, dorlotez-le en lui parlant, et donnez-lui du lait s'il en veut. Ensuite, essayez de faire la sourde oreille s'il se réveille au cours de la nuit. Il continuera sans doute à se réveiller pendant quelques nuits, mais, si vous lui faites comprendre que c'est l'heure de dormir, une semaine plus tard une caresse et un changement de couche aux environs de vingt-deux heures suffiront probablement.

L'univers change rapidement

Comme il peut se déplacer de mieux en mieux, les horizons offerts à l'enfant de huit mois s'élargissent sans cesse. Vous remarquerez que votre enfant commence un peu à vous imiter; c'est signe qu'il prend conscience de son «humanité» et qu'il remarque les similitudes entre votre corps, vos mouvements et les siens. Quand vous mettez votre manteau, il se met à pleurer. Puisque dans le passé ce geste a été suivi par votre départ, il anticipe, très astucieusement, le même événement dans toute sa tristesse.

Il adore vous voir l'imiter à votre tour et cela intensifie la conscience de ses propres mouvements. Le miroir le fascine également, et pour les mêmes raisons. Il rit à son image souriante, la flatte, essaie de l'embrasser. Il appuie son front contre la glace pour voir si l'image est réelle. En regardant la réflexion de sa main, il la compare avec sa vraie main. Voir les mouvements du corps renforce ce genre de perception, et elle joue un rôle important dans l'apprentissage des aptitudes physiques.

Le jeu du miroir stimule par ailleurs la prise de conscience de l'existence des autres enfants. Les bébés ont tendance à regarder et à imiter de préférence les autres bébés plutôt que les adultes inconnus. Il se peut que l'enfant qui en observe un autre reconnaisse des indices le renvoyant à son propre répertoire. La prise de conscience de son identité est probablement tout aussi excitante pour votre bébé qu'un nouvel aperçu de votre propre personnalité l'est pour vous.

Par ailleurs, le bébé est maintenant en mesure d'identifier très distinctement le visage humain. Comme il est en même temps toujours à l'affût de nouvelles expériences, il fixera très attentivement toute représentation de modèles mentaux nouveaux, et plus particulièrement des visages inconnus. Une expérience dans laquelle des bébés de neuf à quinze mois étaient placés dans une pièce avec leurs parents et des étrangers, a démontré que les enfants manifestaient de la peur quand les parents quittaient la pièce pour les laisser en compagnie des inconnus. Ce genre d'affrontement indique que l'enfant commence à faire des suppositions et à *penser*.

La capacité de former des modèles mentaux est extrêmement importante. Telle qu'on a pu la mesurer au moyen des meilleurs tests dont nous disposons, elle s'est révélée un indice précis de l'intelligence ultérieure de l'enfant. Cette capacité dépend, du moins au début, de la mère. L'on a pu établir un rapport entre l'habitude que prend la mère à répondre rapidement et de façon appropriée aux signaux du bébé et la capacité de l'enfant à bâtir rapidement des modèles mentaux. A la base des rapports mère-enfant, nous trouvons une espèce d'échange profond les yeux dans les yeux, qui est aussi le principe par lequel s'instaure le modèle mental du visage humain. Le manque d'un tel échange explique peut-être le retard mental que l'on constate chez les enfants élevés en institution, et qui est particulièrement marqué dans leur incapacité d'établir et de maintenir des liens personnels étroits avec autrui, d'apprendre à partir de leurs erreurs et de contrôler leurs agissements en vue d'une compensation future.

Puisque le bébé se déplace beaucoup mieux qu'auparavant, il peut se séparer de vous beaucoup plus facilement. Il prend conscience de ce fait qui n'est pas sans lui faire peur. Il se protégera de ce «danger» en se retournant toujours plus vers vous, en se détournant des autres et en devenant particulièrement exigeant quand vous êtes là. Même le bébé qui jusqu'ici adorait se trouver en société fera preuve de cette dépendance nouvelle. Qu'il se différencie maintenant beaucoup plus des autres, et qu'il distingue davantage les membres de la famille des étrangers ne fait qu'accentuer cette épouvantable conscience. Tandis que les possibilités visuelles du bébé s'accroissent entre quatre et douze mois, son acceptation des étrangers décroît, passant de quatre sur cinq à un sur cinq environ. La peur des étrangers — ce qui inclut généralement tous ceux que ne font pas partie de la famille immédiate — atteindra son sommet dans les prochains mois.

Tout à coup, il faut que vous gardiez le bébé sur vos genoux lors des visites chez le pédiatre, même s'il le «connaît» depuis des mois. Il déteste aller en visite chez les autres et ne veut pas que vous le laissiez avec la gardienne qui s'en occupe pourtant depuis six mois. Ses sanglots laissent croire que vous lui brisez le coeur, même si la gardienne vous dit qu'il se met à jouer dès qu'il sent que vous êtes vraiment partie. Si votre «infidélité» vous déchire, dites-vous bien que votre départ n'affecte probablement pas l'enfant autant qu'il n'y paraît: les bébés sont parfois des comédiens hors pair.

Si votre bébé sent à l'avance que vous allez le laisser avec la gardienne, il peut même agencer toute une mise en scène — recracher son petit déjeuner plusieurs matins de suite par exemple — seulement pour l'effet que ç'aura sur vous. Plutôt que de le gronder, rassurez-le en le dorlotant un peu. Dites-lui qu'il vous manquera, qu'il aura quelqu'un avec qui jouer durant votre absence; que vous reviendrez et que vous vous amuserez ensemble. Même si les mots lui passent par-dessus la tête, le contact chaleureux et la voix familière le rassureront et l'apaiseront. Peu à peu, il acceptera peut-être votre départ en souriant et reprendra aussitôt ses activités.

Au cours de cette période, la visite de vos amis peut provoquer des étreintes désespérées, des hurlements, ou bien le refus plus calme de bouger ou de jouer avec ses jouets. Dès que «l'étranger» sera parti, la petite merveille se mettra à jouer et à vocaliser comme si de rien n'était.

Essayez, quand vous allez dans un endroit que l'enfant ne connaît pas, de l'y préparer. C'est souvent le caractère subit d'une nouvelle expérience qui lui fait le plus peur. La plupart des bébés ont besoin de temps pour s'habituer à des lieux, des personnes ou des routines inconnus, et vous pouvez l'aider en le rassurant. Si vous remarquez qu'un objet semble faire peur au bébé, aidez-le à l'associer à quelque chose d'agréable, ou bien regardez-le, touchez-le et manipulez-le avec l'enfant. Quand vous partez de chez vous pour vous rendre chez des amis, veillez à parler calmement et chaleureusement au bébé. En arrivant, dites-lui plusieurs fois par quelques mots très simples et tout en le serrant tout contre vous qu'il ne faut pas pleurer. Il faut aussi faire comprendre aux grands-parents ou à la tante qui l'adorent qu'il ne faut se précipiter sur le bébé ni même le regarder dès leur arrivée, mais le laisser s'approcher de lui-même. Regarder un bébé dans les yeux peut provoquer un hurlement d'autodéfense. Des changements graduels et partiels conviennent mieux au bébé tout comme une certaine préparation peut aider les amis et les parents à passer l'épreuve. Si avertis, ils seront moins consternés

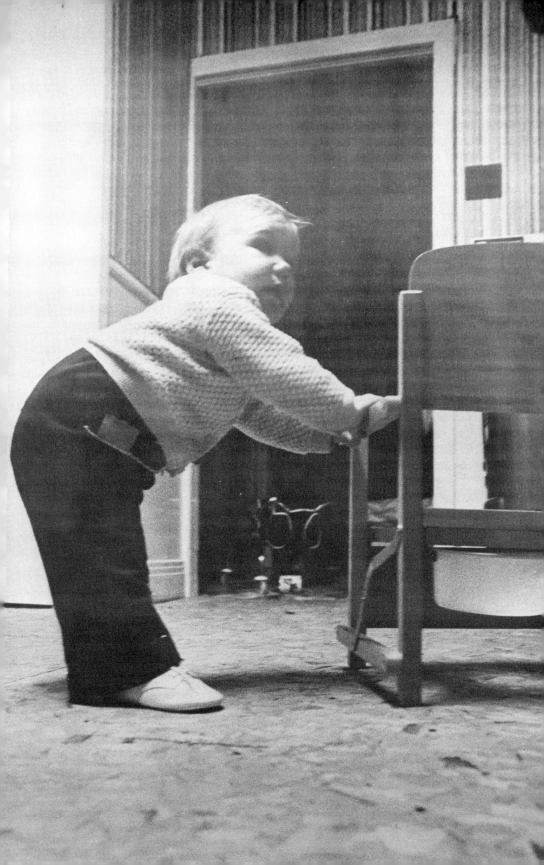

quand leur approche empressée déclenchera des larmes et des cris, et le bébé sera peut-être bientôt en mesure de se limiter à un sanglot occasionnel ou un silence de pierre. Seule la petite tape bien intentionnée sous le menton ou une étreinte trop affectueuse mineront sa résignation et déclencheront de nouveau de vrais sanglots. Cependant, à la fin du mois, il aura peut-être fait suffisamment de progrès pour rester assis sur les genoux d'un parent, calme si non expansif. Quand il réussit à garder son calme, vous pouvez le récompenser d'un compliment. Il a fait un grand pas en avant dans son évolution sociale.

A la maison, vous constaterez peut-être que le bébé semble angoissé dans certaines circonstances bien précises après la sieste, quand il n'est pas complètement réveillé, ou quand vous êtes plusieurs pièces plus loin dans la maison par exemple. Quand vous êtes près, il contourne un obstacle à quatre pattes, se retourne pour vérifier si vous êtes toujours là, vous regarde droit dans les yeux, et sourit. Hors de vue, il babille constamment. Si vous vous déplacez ou si vous cessez de répondre, il se dépêche de vous retrouver et demande à être dorloté un peu. Ce jeu devient sérieux tout à coup. Le sentiment de la séparation se manifeste car c'est une capacité encore fragile. Vous feriez bien d'encourager ces petites «expériences», car votre bébé y gagnera de l'assurance et pourra de mieux en mieux vaquer sans crainte à ses explorations.

Le bébé a également besoin de savoir que vous serez là quand il reviendra de ses excursions et, plus particulièrement, que vous serez là *pour lui*. Si vous prenez le bébé d'une amie dans vos bras, et que le vôtre essaie de le déloger pour prendre sa place, ne le taquinez pas. Vous pouvez lui épargner d'essayer de déloger frénétiquement son rival. Tant d'exigences de la part du bébé risque de vous énerver à la longue, surtout s'il s'agit d'un premier enfant ou si vos rapports sont encore quelque peu malaisés. Cette dépendance est fatiguante chez un premier enfant surtout, premièrement, parce que la mère est encore en train de s'adapter à son nouveau rôle, et ensuite parce qu'il n'y a pas d'autres enfants pour diluer en quelque sorte l'intensité des rapports mère-enfant. Il faut dire aussi, en ce cas, que la mère a moins d'occasions d'épancher ses sentiments ailleurs. On constate également que les mères ont plus ou moins de facilité à accepter ce comportement selon l'endroit où elles habitent. Dans les grandes villes, les mères, dit-on, acceptent moins bien ce comportement et ont tendance à pousser leur enfant vers une plus grande autonomie. Mais par ailleurs, un petit appartement ne peut qu'accentuer la proximité, et bien des jeunes mères dans une telle situation se retrouvent épuisées, à bout de nerfs, à la fin de la journée. Même si c'est votre cas, si vous désirez vraiment encourager l'enfant à acquérir une véritable autonomie, permettez-lui à ce stade de se coller à vous plutôt que de le repousser.

Les réactions que vous observez quand l'enfant est confronté avec des séparations et des dérangements relativement mineurs peuvent vous donner une idée de la façon dont il réagira à une séparation ou un dérangement plus important. Quand il faut hospitaliser les bébés de cet âge-là, ils s'agrippent à leurs parents et pleurent désespérément. De retour à la maison, il se peut qu'ils mangent peu et dorment mal, qu'ils vocalisent moins et qu'ils refusent de se laisser distraire, étant tout occupés à «guetter» ce qui les entoure.

Il ne faut pas séparer l'enfant de ses parents ou de son entourage habituel pendant la période qui précède la mise au point de la marche, à moins que ce soit absolument nécessaire. Il a en effet été prouvé que les signes de protestation, de désespoir et de détachement qui résultent de la séparation de l'enfant de plus de six mois d'avec sa mère sont dus à la perte des soins maternels dans une période de développement où l'enfant est extrêmement dépendant et tout aussi vulnérable. L'enfant de cet âge a tout autant besoin de la présence maternelle qu'il a besoin de nourriture.

Le traumatisme causé par la perte ou la séparation précoce de la mère peut par ailleurs donner lieu à des réactions semblables chez l'adulte. Ceux-ci ont alors tendance à se montrer extrêmement exigeants face aux autres, et, dans le cas où leurs exigences ne sont pas satisfaites, ils se montrent angoissés ou colériques.

Son style

Même si les exploits moteurs et la crainte des étrangers semblent être en vedette ce mois-ci, le bébé n'en continue pas moins d'apprendre énormément de choses importantes dans d'autres domaines. Après tout, l'exploration visuelle et motrice mène à une plus grande connaissance de l'environnement. Et elle établit le contexte de tout comportement ultérieur appris ou instinctif. Ainsi le bébé est à apprendre la notion de la quantité; il met un à un les objets dans une bouteille en jouant avec le concept $+1$. Il agite la bouteille dans laquelle il a placé un objet pour écouter le son ainsi obtenu. Ensuite, il agite la bouteille qui contient plusieurs objets, comme pour constater qu'il y a une différence entre les deux sons. Il peut prendre un objet dans chaque main, portant l'un et l'autre à sa bouche, les deux ensemble ensuite, comme s'il réalisait avec sa bouche la différence entre «chaque» et «ensemble». Confronté à des morceaux de pomme et des morceaux de banane, il prend ceux-ci dans une main, ceux-là dans l'autre, comme s'il essayait de comprendre la différence en désignant une main à chacun.

Le bébé est aussi en train d'élaborer certaines habiletés mentales complexes, de perfectionner ses techniques d'apprentissage et d'établir un style d'apprentissage qu'il gardera pendant des années. Il commence à faire des associations entre certaines choses indépendamment de sa participation à lui. Par exemple, s'il entend la porte s'ouvrir, il s'y rend à quatre pattes, parce qu'il a associé ce bruit aux arrivées et qu'il est de nature un être curieux. Il applique de plus en plus ses facultés mentales à la discrimination d'une grande variété d'activités et de besoins.

Dès le premier mois, le bébé pouvait distinguer votre voix et celle de son père. Maintenant, en acquérant la technique de la station debout, il apprend à faire la différence entre les meubles qui sont assez solides pour supporter son poids et ceux qui vont basculer en s'y appuyant. Au début, il peut s'accrocher à n'importe quoi: la petite table de poupée de sa soeur, des coussins ou des couvertures, et tomber à la renverse. Mais après ces premiers essais, il se choisit quelques meubles préférés, d'une solidité éprouvée, auxquels il retourne tous les jours pour se hisser debout.

Cette faculté de discrimination sera par ailleurs mise au service de ses talents de musicien. Au tout début il apprendra, accidentellement dans la plupart des cas, que s'il frappe le dessus d'un table de sa main ouverte, il produira un bruit mat et fort. Il essaiera alors cette technique sur toutes les tables à sa portée, ce qui lui apprend que certaines tables produisent

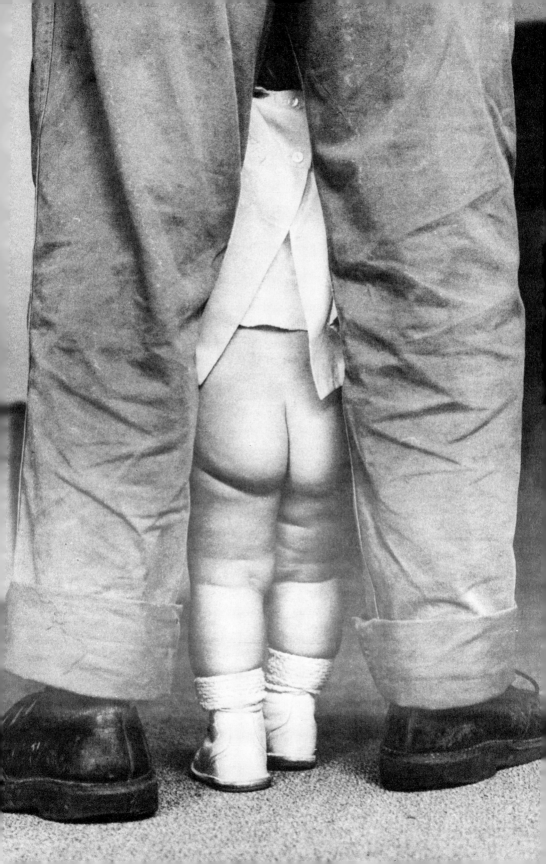

un bruit plus impressionnant que d'autres. Il apprend aussi que la table sur laquelle il y a de la vaisselle est de loin la plus sonore — dès que vous l'enlevez de sa chaise après le petit déjeuner, il se dirige à toute vitesse vers la table des grands. Si vous ne croyez pas qu'il a fait le lien entre la vaisselle sur la table et le bruit le plus intrigant, débarrassez la table un bon matin avant de le sortir de sa chaise, et observez bien l'expression de son visage quand il découvre la supercherie.

A ce stade, le bébé développe certaines habiletés mentales complexes, comprenant la faculté de se souvenir du déroulement temporel des événements, et la perception de la «gestalt». Ce dernier phénomène consiste en la perception mentale du «tout» primant sur les parties composantes d'une situation. Si, par exemple, votre bébé aime explorer les différentes pièces de la maison, vous remarquerez peut-être qu'une table placée dans un endroit inhabituel ou un objet nouveau posé à côté du divan attire immédiatement son attention. Le souvenir qu'il a de l'ensemble de la scène, la «gestalt», fixé dans son esprit la dernière fois qu'il a vu la pièce, lui laisse le loisir de repérer directement l'objet nouveau, qui détonne. Si vous avez des enfants qui étaient moins persistents ou qui étaient moins éveillés aux détails au même âge, celui-ci vous surprendra peut-être au début: le verre qu'un invité aura laissé sur la table la veille sera tombé sous sa main avant que vous ne le remarquiez.

L'enfant développe aussi la faculté de se souvenir de l'ordre temporel des choses. Il mettra peut-être fin à un repas particulièrement difficile en laissant tomber sa tasse. En la laissant échapper, il cligne des yeux en anticipant (et il en est ravi) le fracas. Il a pris conscience de l'intervalle entre le moment où il lâche la tasse et celui où elle entrera en contact avec le sol. Le soir, il ira à la porte pour accueillir son père avant même que celle-ci ne s'ouvre. C'est un premier exemple de la capacité du bébé à se rappeler un *événement* du passé. Son nouveau sens du déroulement temporel des choses lui permet de s'attendre à un événement important et régulier.

Nous utilisons tous la technique d'apprentissage qui consiste à manipuler ce que nous savons déjà, jusqu'à ce que ces connaissances s'agencent de façon nouvelle. Quand il grimpe, le bébé emploie déjà cette méthode. Les mammifères apprennent à grimper instinctivement et inconsciemment en combinant les réflexes adéquats. Bien que nos enfants héritent d'un certain besoin instinctif de grimper, ils *apprennent* pour ce faire des pratiques destinées en premier lieu à de toutes autres activités. Quand il veut grimper, le bébé emprunte inconsciemment des techniques déjà apprises lors d'autres activités et les combine éventuellement pour grimper sans heurt. Premièrement, il renonce à se tenir à deux mains pour pouvoir les alterner. Ensuite, il ajoute une flexion et un redressement du corps pour escalader. Et il apprend, avec une rapidité étonnante, à combiner les composantes de l'action dans son ensemble.

La façon dont les bébés combinent les habiletés de base déjà acquises pour acquérir de nouvelles habiletés mentales est tout aussi personnelle que leur façon de bouger. En plaçant des bébés de un à dix mois devant deux fenêtres dans lesquelles on faisait brièvement apparaître des visages et des balles, on a remarqué que certains s'intéressaient davantage aux visages et d'autres aux balles; d'autres encore manifestaient autant d'intérêt pour les uns que pour les autres. D'après les mères, et au moins dans certains cas, les bébés qui préféraient les balles étaient plus heureux lorsqu'ils jouaient avec des objets et des jouets, tandis que ceux qui préféraient les visages étaient plus heureux lorsqu'ils étaient engagés dans des activités sociales.

Certains bébés refusent de se laisser pousser à une performance pour laquelle ils ne sont pas mûrs. Cette obstination représente une certaine force chez l'enfant. Il y a des bébés qui agissent selon un plan d'ensemble pour atteindre leur but. Ils apprennent des manoeuvres une par une et les combinent ensuite consciemment pour atteindre le résultat voulu. Ces bébés-là ont en général tendance à réagir à une situation dans son ensemble. D'autres bébés essaient tour à tour toute une gamme d'habiletés jusqu'à ce qu'ils découvrent celle qui semble convenir dans une situation donnée. Ces deux types d'enfants peuvent s'exercer jusqu'à ce que la tâche qu'ils se sont assignés devienne facile; et cette persistence est essentielle à la capacité de travailler en vue d'atteindre un but précis. D'autres bébés préfèrent manipuler les gens qui les entourent plutôt que de travailler à leurs propres performances. L'enfant unique, couvé par ses parents, sait peut-être déjà jouer la détresse. Quand il sera un peu plus grand, il continuera à indiquer les objets du doigt plutôt que de les nommer, puisque Maman lui a toujours servi d'interprète. Si vous lui avez toujours servi d'interprète, il refusera peut-être indéfiniment d'aller les chercher lui-même. Dès que vous remarquez un indice de ce genre, essayez un peu d'inattention bien dosée. Dans la mesure du possible, essayez d'amener le bébé à renoncer à ce genre d'apprentissage, qui n'est sans doute pas encore bien ancré dans sa personnalité.

La formation constructive implique que la mère apprécie à leur juste valeur le style et le rythme de son bébé.

LE HUITIÈME MOIS

Développement moteur	Développement verbal	Développement mental	Développement social
Motricité brutale	**Développement actif**		**Développement personnel**
Pivote sur le ventre. Marche à quatre pattes. Avance d'abord en reculant. Parfois peut marcher à quatre pattes en transportant des objets dans une main. Peut également se propulser en avant: assis, en sautillant sur les fesses, debout, en plongeant en avant. Peut également se propulser en avant: assis, en sautillant sur les fesses, debout, en plongeant en avant et s'agrippant aux meubles.	Babille en variant les sons et les intonations, spontanément, seul ou pour s'amuser; surtout pour lui-même encore. Donne des intonations d'adulte à son babillement. Crie.	Réagit rapidement aux situations.

Examine les objets en tant que réalités extérieures tridimensionnelles. Observe sa main adopter des positions différentes, prendre des objets, et les échapper. Explore les notions du "dedans" et du "dehors" du «contenant» et du «contenu» en mettant de petits objets dans un bocal qu'il vide par la suite. | Sourit, caresse et essaie d'embrasser son image dans le miroir.

Réaction à l'environnement

Craint les étrangers. Manifeste un grand attachement pour la mère. Cherche toujours à s'approcher de celle-ci et la suivre. Craint de se séparer de la mère. |
Mains libres quand debout et appuyé. Se hisse debout à partir des meubles. A besoin d'aide pour se rasseoir.	Manifeste sa vocalisation en vocalisant.		S'éveille ou se calme quand la mère lui parle.
Peut se tenir debout en donnant la main.	Commence à mimer des mouvements des lèvres et de la mâchoire.	Cherche un objet derrière l'écran si on le cache devant lui. Conçoit uniquement un objet à l'endroit où il a d'abord paru.	Crie pour attirer l'attention.
Met un pied devant l'autre quand tenu debout.	Emploie des émissions de deux syllabes.		Repousse ce qu'il ne veut pas. Refuse les restrictions.
	Peut indiquer quelque chose en en imitant le son: woof-woof pour chien par exemple.	Anticipe des événements indépendants de son comportement. Commence à avoir de la mémoire; a la notion du temps et des objets dans l'espace (gestalt).	Sait peut-être comment manipuler ses parents quand il veut qu'ils lui donnent quelque chose.
Position assise	Peut prononcer papa et/ou mama pour dénommer précisément.		Tend invariablement les mains vers des objets hors de sa portée. Mord et mâchouille ses jouets. Intérêt soutenu au jeu.
S'assied seul sans chanceler pendant plusieurs minutes, une jambe allongée, l'autre repliée; s'assied et sautille sur les fesses.	**Passif**

Répond en général, en tournant la tête et le torse aux bruits familiers: son nom, le téléphone, l'aspirateur. | A en tête un modèle du visage humain; commence à s'intéresser aux variations du modèle. | |

			Développement culturel Habitudes de vie

S'assied de lui-même. Pousse avec les bras s'il est sur le côté. En position pour marcher à quatre pattes, fléchit une jambe contre le ventre, l'étend en le posant contre le sol, suit l'autre jambe.

Fine motricité

Le pouce, l'index et le majeur saisissent un bloc.

Peut pincer avec le pouce et l'index. Essaie de ramasser des poussières, râcle les surfaces.

Ramasse les ficelles.

Saisit particulièrement les choses avec les doigts.

Tient le hochet pendant trois minutes au moins. Tend trop les doigts pour prendre les objets. Doit encore totalement se concentrer.

Ecoute avec discrimination les mots familiers. Commence à reconnaître quelques mots.

Commence à imiter des gens et des comportements qui ne sont ni à portée de la vue, ni à portée de l'ouïe.

Conscient des rapports entre ses mouvements et son corps, et ceux d'autrui.

Subordonne les moyens au but. Résout quelques problèmes simples. Donne des coups de pied à un jouet suspendu pour pouvoir l'attraper.

Fait sciemment sonner une clochette.

Tire sur la ficelle pour faire venir le jouet qui y est attaché.

Tient et manie un objet, un bloc par exemple, et regarde un deuxième objet de type différent, une tasse par exemple. Peut tenter de s'emparer de trois blocs à la fois.

Commence à établir des différences entre "chaque" et "ensemble", entre "un" et "+1".

Commence à avoir un style d'apprentissage. Commence à employer des techniques d'apprentissage. Combine des bouts de comportements acquis, pour accomplir un acte nouveau.

Développement culturel
Habitudes de vie

Peut avoir de la difficulté à dormir.

Il ne faut pas considérer ce tableau comme un calendrier rigide. Les bébés sont imprévisibles. Beaucoup commencent à pratiquer une activité plus tôt ou plus tard que la date indiquée au tableau.

LE NEUVIÈME MOIS

DEBOUT, MAIS...

Le neuvième mois, comparé à la trépidante activité du huitième mois pendant lequel le bébé perfectionnait la marche à quatre pattes et apprenait à s'asseoir et à se tenir debout, est une période temporaire de ralentissement. L'enfant emploie cette période qui précède l'acquisition de la marche, à renforcer les habiletés déjà acquises, à exercer son jeune esprit, et à développer certaines aptitudes sociales. Il choisit un style définitif de marche à quatre pattes et peut se déplacer de plus en plus rapidement. Quand le téléphonne sonne, il y arrive avant vous, pour écouter patiemment cette voix perplexe dans l'écouteur jusqu'à ce que vous le lui enleviez. Il s'amuse également à décrocher l'écouteur en tout temps pour écouter les sons divertissants qu'il y entend.

Il finit de mettre au point sa façon de s'asseoir en se roulant sans heurt sur le côté, modifiant subitement son équilibre pour s'asseoir d'un seul mouvement continu. Beaucoup de bébés s'assoient aussi depuis la position pour marcher à quatre pattes, se rejetant en arrière sur le siège, et étendant les jambes devant eux. Il y a des bébés qui essaient ces deux façons de s'asseoir avant de choisir l'une ou l'autre.

La mémoire et les autres capacités mentales de l'enfant s'améliorent également au cours du neuvième mois. Les situations expérimentales ennuient les bébés à cet âge; en fait, ils détestent carrément être confrontés à la répétition d'une même stimulation. Plus jeunes, ils ne s'ennuient pas, puisque chaque stimulation qui se présente est perçue comme nouvelle. Le bébé de neuf mois se souvient du jeu dans lequel il s'était engagé la veille, avec ses aînés, et tente de les ramener au même jeu dès le matin. Qu'il se souvienne du cabinet du pédiatre, qu'il n'a pas vu depuis plusieurs mois, prouve qu'il est capable d'appliquer sa mémoire à une situation encore plus imposante. Et il est en mesure de percevoir très clairement certains objets comme étant indépendants de son «moi».

Si l'enfant est capable d'apporter un jouet quelque part où le déposer avant de retourner à plusieurs reprises en chercher d'autres pour jouer, c'est qu'il peut garder une série d'idées en tête. La capacité de se concentrer sur plusieurs idées en même temps est une capacité mentale primordiale.

Quand l'enfant peut construire une petite tour de deux ou trois blocs, il commence à apprendre beaucoup sur la quantité et sur la notion des choses appartenant à une série. Il acquiert en même temps de la persévérance. Sans la capacité de persister dans une activité jusqu'à la fin, les poussées d'inspiration artistique, aussi brillantes qu'elles soient, deviennent rarement des accomplissements appréciables par autrui. Signalons une autre acquisition merveilleuse: le bébé jouit maintenant d'un contrôle musculaire qui lui permet de saisir un bloc à deux doigts, de le transporter vers un deuxième pour le poser dessus, en l'alignant pour qu'il ne tombe pas.

Ne vous inquiétez pas si votre bébé ne se conforme pas aux descriptions ci-dessus. Beaucoup de bébés de cet âge, surtout ceux qui sont extrêmement actifs ou extrêmement tranquilles, se consacrent à des tâches tout à fait différentes. C'est parfait, car ce sont les activités qui conviennent à leur propre rythme de croissance. Les dissimilitudes entre les bébés sont maintenant plus prononcées qu'elles ne l'étaient au cours des six premiers mois, alors que le cerveau et le système nerveux du bébé changeaient énormément et que ses mouvements étaient contrôlés en grande partie par ses réflexes.

Le bébé tranquille passe peut-être une partie de la journée à explorer discrètement tous les aspects de la position assise. Il peut même se mettre peut-être à se propulser avant, assis de côté sur une jambe repliée, se tirant de ce côté avec le bras et poussant avec le pied opposé. Il renonce peut-être même à ramper sur le ventre pour adopter ce moyen de locomotion qui lui permet de se déplacer un peu plus rapidement. Dans sa poussette ou dans sa marchette, il se contente de rester assis, faisant subir des changements à son monde visuel, en se couvrant les yeux ou en penchant sa tête dans différents sens.

A l'autre extrême, de nombreux bébés arrivent à se tenir debout tout seuls, sans appui. Lâchant leurs points d'appui habituels, ils chancèlent témérairement sur un pied, puis sur l'autre. Il arrive souvent que le bébé soit de plus en plus intéressé à un progrès aussi important que celui-là. Dans ce cas, il tiendra à s'exercer constamment, ce qui veut dire, la plupart du temps, qu'il opposera la plus grande résistance à la limite qu'on voudra lui imposer. Vous serez peut-être obligée de renoncer à lui faire faire sa sieste ou de vous résigner à l'habiller et à le nourrir debout s'il insiste vraiment. Puisque le bébé, assis, à quatre pattes ou debout, peut maintenant se trouver n'importe où dans la maison, il faut vérifier régulière-

ment en l'appelant de l'endroit exact où il se cache. En moins d'une semaine, le bébé très actif peut apprendre à se soulever en poussant des deux mains quand il est sur le ventre, à ensuite placer l'un et l'autre pied par terre et à tendre les jambes et les bras pour se mettre debout *tout seul,* en soulevant le torse, la taille servant de pivot. Il peut aussi s'arrêter à mi-chemin pour se promener comme un grand faucheux, les fesses en l'air, perché sur ses jambes, bras raides.

S'il est extrêmement actif, le bébé voudra peut-être même faire quelques pas, sa main bien accrochée à la vôtre, ou plongera d'un mur à l'autre, d'un meuble à l'autre, tellement grande est sa hâte de se déplacer. Il pourra aussi vouloir appliquer la technique de la marche à quatre pattes dans l'escalier: vous devrez alors, ou bien lui apprendre à descendre les marches à reculons (s'il ne l'a pas découvert lui-même) ou lui interdire l'accès de l'escalier.

Un monde nouveau

La capacité à se tenir debout s'acquiert au prix d'une plus grande insécurité et d'une révision profonde de vieilles habiletés qui ont subitement de nouvelles dimensions et implications. Le bébé, en grimpant ou descendant des hauteurs de l'escalier ou d'une chaise, prend conscience de l'espace vertical. Il acquiert également un sens de l'espace à mesure qu'il se sert de façon toujours plus efficace de ses mains. Il se met à adapter ses mains à la forme de l'objet qu'il veut saisir; s'il s'agit d'un objet grand et rond, il y va des deux mains, comme s'il se savait incapable de le saisir d'une seule. Et il tourne sa main pour prendre un crayon dans le sens de la longueur.

Tout d'un coup, il a peur de descendre d'une chaise, dont il est déjà descendu de nombreuses fois, et il peut se mettre à craindre un objet aussi familier que l'aspirateur. Quand vous le mettez en marche, il peut se mettre à pleurer, tout à fait misérable, dans un coin. Puisqu'il est probablement tout aussi intrigué que terrifié, le laisser dans une autre pièce ne résout rien. Essayez plutôt de le tenir près de vous d'une main en passant l'aspirateur de l'autre, tout en le rassurant tranquillement avec quelques mots très simples. Quand l'aspirateur ne fonctionne pas, encouragez l'enfant à s'en approcher, à le toucher et à l'explorer. Peu à peu, il viendra à bout de sa peur et jouera tranquillement quand vous travaillerez. Il craindra peut-être la baignoire tout autant, et tout aussi subitement. Depuis des mois, il aime bien jouer dans l'eau, mais maintenant il pleurniche tout le temps qu'il est dans l'eau et s'accroche désespérément au bord de la baignoire. Vous pouvez essayer de le baigner dans sa petite baignoire de nouveauné, ou de prendre un bain avec lui, le serrant tout contre vous en le mettant dans l'eau. Peu à peu il retrouvera sa confianre et dans un mois à peu près il se sentira de nouveau prêt à prendre un bain comme avant.

Il pourra aussi avoir de la difficulté à s'entendre avec ses frères et soeurs. Au cours de cette période, même les bébés qui sont habitués au remue-ménage de leurs aînés sont plus susceptibles aux autres enfants. Le bébé ne peut tout simplement pas tolérer leurs bruits et leurs mouvements vigoureux et imprévisibles: vaincre ses peurs et ses sentiments d'insécurité nouveaux lui demande déjà un effort énorme.

Même si les frères et soeurs peuvent sembler une épreuve de plus dans cette période de réadaptation, le travail constant et l'intérêt que manifeste le bébé à venir à bout de tout ce qui se passe autour de lui, témoignent de l'importance d'un environnement stimulant. Le bébé qui a rarement l'occasion de voir d'autres enfants que son frère ou sa soeur est particulièrement sensible aux autres enfants à cet âge. Un enfant unique peut avoir si peu l'habitude de se trouver en compagnie d'enfants, qu'il peut rester à les regarder passivement jouer, sans essayer d'entrer en communication avec eux s'ils jouent près de lui; il sursaute s'ils crient ou ont des mouvements brusques, et se dérobe effrayé s'ils s'approchent de lui. A vrai dire, ce genre de bébé a besoin d'être confronté plus souvent avec d'autres enfants avant de pouvoir vaincre ses craintes. Le bébé manifeste plus d'intérêt à observer des enfants qu'à observer des adultes, et préfèrc les bébés aux enfants plus âgés. Si votre bébé n'a pas une grande expérience sociale, laissez-le s'habituer lentement à son monde. Deux ou trois enfants bruyants tout à coup dans sa propre maison, c'est peut-être trop de vie à ce stade.

L'aide de maman

Les mères manifestent des réactions différentes devant les craintes de leur enfant. Certaines réagissent trop et en viennent ainsi à le surprotéger. D'autres forcent trop la note et prennent en mauvaise part les attachements vieillots du bébé. Les mères de plus d'un enfant ont plus tendance à cette dernière réaction. Elles se rendent compte, tout à coup, que le bébé a besoin d'attention supplémentaire, mues par un sentiment de culpabilité au sujet d'une négligence imaginaire. Par exemple, si tous les bébés du voisinage boivent maintenant à la tasse, la mère désespère de la gaucherie de son enfant et décide de le couper à tout prix du biberon qui lui apporte encore beaucoup de satisfaction. Quelques-unes de ses voisines sont d'accord avec elle, mais le bébé, lui, résiste de toutes ses forces. Plus elle insiste, plus il s'obstine. Quand elle le «cajole» en ajoutant au lait du sirop, il consent à boire à la tasse, mais dès qu'elle lui donne du lait ordinaire, il résiste à nouveau. Le bébé peut aussi manifester ses sentiments par d'autres moyens. Par exemple, le lait dégouline infailliblement le long de son menton, tandis qu'il n'a aucun problème à boire du jus d'orange très proprement.

Essayez l'imitation pour apprendre au bébé à boire à la tasse. Donnez-lui une tasse quand vous en utilisez une. Donnez-lui ensuite un peu de lait pour qu'il puisse faire quelques expériences. Laissez-le jouer avec sa tasse dans la baignoire, où il ne peut pas faire de dégâts, même si cela veut dire qu'il prenne quelques gorgées d'eau du bain. Si l'utilisation de la tasse est présentée comme un jeu, le bébé apprendra à s'en servir sans même s'en rendre compte, et la transition du biberon à la tasse se fera plus facilement.

Le réconfort et le secours appropriés sont extrêmement importants à ce stade, mais ce n'est pas chose facile que d'y parvenir. Chaque incident exige une évaluation instantanée et une réponse immédiate. Vous parviendrez probablement mieux à réconforter le bébé avec un mot gentil et un geste affectueux si vous réagissez immédiatement à son appel; si vous tardez trop à y répondre, vous risquez de le retrouver complètement ébranlé au milieu de son triste sort.

Vous pouvez également aider le bébé si vous essayez de transformer sa peur en expérience positive. Le bébé peut être tellement pressé en se promenant à quatre pattes qu'il pourrait se devancer et se retrouver le nez à terre. Son air douloureux peut bien indiquer la surprise plutôt qu'une douleur réelle. Vous pouvez lui remonter le moral en l'étrei-

gnant un instant ou en lui donnant une tape affectueuse dans le dos, et en le remettant calmement sur pattes. De tels encouragements, brefs et gentils, servent mieux les intérêts de l'enfant que de longues effusions de sympathie. Fort de ces quelques accidents mineurs qui vous ont fait rire, le bébé peut s'étaler délibérément par terre en se tordant de rire — pour votre seul plaisir. S'il y réussit, le plaisir que vous y prenez encourage son sens de l'humour en herbe.

Montrer, façonner, guider

Puisque votre bébé vit de façon de plus en plus personnelle, votre aide et vos interventions doivent devenir de plus en plus spécialisées. Il semble que trop de parents ne comprennent pas assez l'importance des circonstances dans lesquelles sont offerts des soins comme la nourriture et l'affection, ces circonstances étant étroitement liées au comportement du bébé. Toute intervention maladroite qui viole le cycle effort-détente de l'enfant risque de le frustrer, de lui donner le sentiment de l'échec et de déclencher une crise de larmes. Des chercheurs de Harvard, pour illustrer ces faits, ont demandé à un groupe de mères d'aider leur enfant de six mois à aller chercher un jouet derrière un écran transparent. Comme le bébé de six mois ne résout pas spontanément un tel problème, la façon d'agir de la mère était des plus importantes. Kenneth Kaye, directeur de cette étude, décrit ainsi les trois techniques d'aide maternelle alors distinguées: «montrer, façonner, guider». La mère qui se sert de la première méthode montre au bébé comment s'y prendre pour aller chercher l'objet convoité. Kaye a constaté que les mères adoptent cette méthode quand elles croient, à tort ou à raison, que le bébé est en mesure d'organiser un acte de ce genre, alors qu'il n'a montré jusqu'ici que sa capacité à accomplir certaines parties de cet acte. «Guider» consiste littéralement à diriger ou à pousser la main du bébé. Les mères qui employaient cette méthode étaient convaincues que l'enfant savait déjà accomplir cette tâche sans peine. Enfin, «façonner», la méthode la plus sophistiquée, implique la division de l'acte en parties plus abordables — principe à la base de tout apprentissage programmé. Par exemple, la mère commençait par avancer le jouet au bord de l'écran afin que le bébé puisse tendre la main et le saisir sans avoir à aborder le problème de la transparence de l'écran, et celui, très compliqué pour un bébé de cet âge, de contourner un obstacle avec la main. Les mères avaient recours à cette technique quand elles sentaient que l'enfant n'était pas tout à fait à la hauteur de la tâche proposée. Mal appliquée, chacune de ces méthodes déclenchait la résistance du bébé, qui détournait les yeux et mettait fin à l'échange d'apprentissage entre lui et sa mère. Bien appliquée, chaque technique se couronnait par un succès. Pour réussir, la mère doit calculer ses interventions de telle sorte qu'elles s'insèrent dans les pauses naturelles de l'activité de l'enfant. Elle doit également savoir bien comprendre les indices que lui communique l'enfant. Il arrivait, pour ne donner qu'un exemple, que la mère juge l'enfant prêt à apprendre quand en fait il ne l'était pas; elle guidait alors le bébé quand elle aurait dû s'appliquer à façonner son comportement.

De façon générale, l'enseignement de la mère doit tenir compte du degré de développement du bébé, à savoir s'il est prêt à entreprendre tel ou tel apprentissage, et viser à encourager les propres réalisations de l'enfant sans les ignorer ni en faire une montagne. Le bébé ajoutera la maîtrise volontaire à son système de réflexes, au moment où la liberté et l'exploration pourront caractériser ses réalisations. Le bébé peut tout aussi bien refuser qu'accepter ce qu'il est sur le point d'assimiler. Mais quand il est en mesure de l'accepter, il connaît la joie extraordinaire d'apprendre — joie qui vous enchantera, par exemple, quand il marchera pour les premières fois. Ces sentiments suffisent à eux seuls à justifier toute la peine que l'on se donne pour adapter le style de l'apprentissage au bébé. Le comportement de l'enfant sera aussi plus stable, l'apprentissage plus facile et vous aurez en outre la satisfaction d'avoir réussi votre entreprise «pédagogique».

Par ses propres moyens

En dehors de vos interventions, le bébé fera par lui-même des efforts pour faire face aux situations. Il joue peut-être à revivre quelques-unes de ses nouvelles peurs, expériences ou buts. En l'observant, vous aurez sans doute l'occasion d'être témoin de ces petits bouts de répétition et de mise en scène si précieux. Le bébé essaie peut-être, pour vaincre sa peur des hauteurs par exemple, de se mettre souvent debout pour se laisser tomber délibérément sur les genoux ou sur les

fesses. Il peut monter quelques marches de l'escalier et laisser son nounours préféré dégringoler jusqu'en bas, pour ensuite descendre à reculons et prendre son «ami» dans ses
bras et le consoler. Cela constitue un des premiers signes de
la pensée symbolique. Le bébé a clairement enregistré une
situation dans son esprit, et suffisamment pour pouvoir «l'appliquer» à autre chose. Après un traumatisme comme l'hospitalisation ou même une visite chez le dentiste, par exemple,
l'enfant plus âgé essaie d'aplanir les cicatrices psychologiques de l'expérience en actant et en répétant des petits bouts
de cette expérience. Si vous sentez que votre enfant en a besoin, vous pouvez même instaurer un «jeu de situation» visant un incident pénible ou une peur ancienne.

Cette période finit ainsi par passer à l'aide de ses propres
moyens. Tandis que ses peurs amènent l'enfant à s'accrocher
plus fortement à sa mère, elles sont aussi le signe avant-cou-
reur d'une poussée d'indépendance et de croissance. L'enfant
est en train de se consolider des «antennes» sensibles et de
se ramasser un fonds de sécurité dans le monde physique —
et à votre endroit — avant de tenter de nouveaux exploits.

Vous n'avez pas vraiment besoin des conseils de vos amis
pour savoir comment vous y prendre avec votre bébé. Vous
vous connaissez et vous connaissez le bébé mieux que quiconque. Il arrive que des gens, même munis des meilleures
intentions du monde, se trompent du tout au tout. Ce ne sont
pas les soins vus de la galerie qui présentent à l'enfant la stimulation qui lui convient le mieux. Il semble que nous faisons
tous la même erreur, en nous obstinant à croire que la meilleure mère est celle dont l'enfant progresse le plus rapidement. Il est à espérer que la nouvelle génération de jeunes
parents saura mieux comprendre qu'il est plus sage de travailler en vue de donner à l'enfant des bases solides, à chaque étape de développement, que de le faire avancer le plus
vite possible; et que, somme toute, il vaut mieux suivre ses
propres intuitions que de se soucier de l'opinion d'autrui.

Une personne à part entière

Au moment où le bébé apprend à se tenir debout et à
marcher, c'est souvent une deuxième période de rivalité qui
recommence pour les aînés, puisque le bébé peut maintenant se
trouver en travers de leur chemin et même devenir une me-

nace personnelle. Vous ne pouvez pas davantage mettre toute votre confiance dans les sentiments de l'enfant de deux ou trois ans que vous ne le pouviez auparavant, surtout puisque son propre développement l'a peut-être mené au point où il peut inventer les méthodes de torture les plus sophistiquées.

La rivalité entre un bébé et un enfant de deux ou trois ans peut se manifester ouvertement ou exister à l'état latent. Vous vous rendrez peut-être compte tout à coup que votre petit bonhomme de trois ans gave le bébé de plats composés de restes, d'aspirines et de nourriture pour chat qu'il n'oserait goûter lui-même. Ces repas clandestins représentent un mélange d'émotions inconscientes et d'intentions délibérées. Sans s'en rendre compte, l'aîné désire peut-être nuire au cadet ou lui faire mal.

L'aîné interviendra peut-être directement pour contrer ce qui lui semble menaçant. Tandis que le bébé s'empresse d'aller accueillir son père à la fin de la journée, l'aîné fonce à toute vitesse et crie suffisamment fort pour que son père n'entende pas le cadet; ou bien, sachant combien la position du bébé est précaire quand il se tient debout, il le frôle en passant en courant à côté de lui, tourne autour et fonce sur lui tandis que celui-ci s'applique à maintenir son équilibre. Le bébé tombe, ou bien, s'il a eu la sagesse de se placer à côté d'un meuble solide, s'y accroche. L'enfant jaloux peut également encombrer le plancher tout autour du bébé, crier ou claquer les portes, de préférence au nez du cadet.

Cette influence troublante retarde le moment où bien des deuxièmes ou troisièmes de famille devraient se tenir debout ou marcher. Fort heureusement cependant, l'environnement n'est pas le seul facteur qui influe sur l'apprentissage du bébé, qui possède de puissantes motivations innées.

En même temps qu'il s'exerce à parfaire ses habiletés physiques, le bébé apprend à se protéger et à protéger ce qui lui appartient — contre le maraudeur. Il se met à ramasser ses jouets autour de lui et à les surveiller quand son frère est de mauvaise humeur. Le soir, quand son aîné le dépasse à toute vitesse pour aller accueillir son père, lui donnant une bonne poussée au passage, il s'écrase sur le ventre, tête baissée, mains par-dessus. Il devient sensible à la colère de l'aîné et apprend à la distinguer de la colère des autres moins dangereuse pour lui. Il sait quand et pendant combien de temps il faut jouer dans un coin tranquille et protégé, ou près d'un autre membre de la famille. Il devient en même temps sensible au contrôle exercé par le reste de la famille dans le but d'atténuer les dangers.

Même si les tensions et les moins belles émotions de votre enfant peuvent être difficiles à supporter, le «combat» a en lui-même une certaine valeur. En fait, les enfants s'amusent pendant une bonne partie de leurs disputes et de leurs bagarres. A quelle autre époque de la vie auront-ils l'occasion de donner libre cours de façon aussi directe à leur colère? Plus important encore, les enfants, tout comme les adultes, ont parfois besoin d'exprimer les aspects les moins beaux de leurs rapports afin de libérer les émotions plus positives qu'ils nourrissent l'un pour l'autre.

Le bébé apprend plus de ses frères et soeurs que l'art de se défendre ou d'évaluer les motivations et les humeurs d'autrui. Il apprend à coopérer et à vivre avec d'autres. Le jeu, comme le sport le sera plus tard, est une excellente échappatoire pour l'agressivité et la concurrence dans les rapports humains, aussi bien qu'un moyen d'apprendre à travailler en équipe. Par exemple, le désir du bébé de jouer avec ses aînés donne lieu à une partie de ballon. Même si le cadet est incapable de lancer le ballon à ses compagnons, il parvient à l'attraper d'une main, puis de deux mains, et le pousse en l'échappant comme s'il avait compris le principe du jeu. Il ne vise pas particulièrement bien, mais comme l'aîné semble s'amuser à lui lancer le ballon, il est suffisamment motivé pour aller le lui chercher. L'aîné peut également s'amuser à lancer des choses que le bébé va chercher — même s'il lui faut arracher l'objet aux mains du cadet pour le lancer. La mère doit encourager plutôt qu'interrompre de tels échanges entre ses enfants, car ils sont tout ce qu'il y a de plus sain. Si vous vous empressez de défendre le droit du bébé à l'objet, non seulement l'enfant de deux ans s'en sentira coupable, mais vous gâcherez une expérience valable en la plaçant dans une autre perspective pour les deux enfants. Tel quel, le jeu satisfait le besoin d'agir du bébé et réconcilie quelque peu l'aîné avec le cadet.

Mais les bébés apprennent encore davantage de leurs frères et soeurs. Faire semblant de prendre le thé encourage l'adresse du bébé à manipuler une tasse, tandis qu'il la tend prudemment pour recevoir son «thé». Il apprend à apprécier la valeur sociale des repas. Si vous donnez un peu de lait aux enfants lors de ce jeu, le bébé apprendra peut-être même à boire à la tasse en jouant.

Si une soeur aînée y consent, le bébé peut regarder des livres d'images ou des revues avec elle. Celle-ci essaie peut-être de raconter une histoire au cadet, qui s'applique plutôt à arracher les pages en essayant de les tourner. Mais tandis qu'elle murmure de grandes phrases en vous imitant, elle fait «meu» quand il y a une vache, «miaou» quand il y a un chat et appelle chaque chose par son nom. En plus de rapprocher les enfants, ce genre d'activités leur permet d'exercer chacun leur langage.

Malgré les moments difficiles, les rapports entre frères et soeurs sont trop précieux pour être sacrifiés à votre réticence à les laisser résoudre leurs problèmes entre eux . Malheureusement, beaucoup de parents croient que l'aîné ne doit plus avoir de «rechute» après avoir réussi à vaincre une fois ses émotions négatives. Cette réaction a pour effet de forcer l'enfant à dissimuler son hostilité, ce qui le rend misérable et renforce peut-être sa détermination à nuire au cadet. De plus, une telle attitude de la part des parents est injuste, puisque, sans parler des enfants, les sentiments concurrentiels ou égoïstes ne sont jamais complètement maîtrisés chez les adultes.

Par ailleurs, même à neuf mois, le bébé n'est pas aussi impuissant qu'il peut le paraître. Dès 1930, John Watson, un des premiers psychologues de la croissance à s'intéresser aux bébés, étudiait la façon dont les enfants jouaient avec leurs contemporains à différents niveaux de croissance au cours de la première année. Avant quatre ou cinq mois, a conclu Watson, les bébés ne cherchent guère à établir de contact avec d'autres bébés, bien qu'ils commencent déjà à former des liens sociaux avec les adultes. Aux environs de cinq mois, le bébé adresse un sourire à un autre bébé ou se met à pleurer si on fait attention à un autre bébé. Ce ne sont cependant que des gestes de courtoisie, encore loin du véritable échange social. Watson a placé des bébés de plus de six mois dans des parcs en leur donnant des jouets — des cubes creux, des tambours et des baguettes, des balles — qu'on leur montra à envoyer et à recevoir.

De six à huit mois, les bébés s'intéressaient plus à tout ce qui les entouraient qu'aux jouets ou qu'à leurs compagnons de jeu. Quand un bébé essayait de se montrer sociable, l'autre se contentait souvent de l'ignorer. Quand il y avait des contacts aimables, ils étaient maladroits, presque timides, et se limitaient à quelques regards et sourires, et à un toucher réciproque. Les enfants jouaient peu, et quand ils jouaient, c'était de courte durée et souvent la manipulation simultanée d'un même objet par deux bébés à la fois. Les bagarres étaient impersonnelles, des efforts aveugles de s'emparer des jouets plus qu'autre chose. Par contre, les bébés âgés de neuf à treize mois étaient immédiatement intéressés par les jouets, mais ne se montraient guère sociables. Comme les compagnons de jeu représentaient le plus souvent un obstacle quand ils voulaient s'emparer d'un jouet, la bagarre personnalisée était à son maximum pendant cette période.

Mais pendant que les disputes deviennent plus intenses, vos enfants découvrent un plus grand plaisir à se retrouver ensemble. Bien que l'aîné puisse se montrer ouvertement un adversaire et un concurrent en constatant que le bébé se protège et défend ses jouets, il commence à le respecter en tant qu'individu, car ils commencent à jouer comme deux égaux.

LE NEUVIÈME MOIS

Développement moteur	Développement verbal	Développement mental	Développement social
Motricité brutale	**Développement actif**	Peur des hauteurs. Conscient de l'espace vertical.	**Développement personnel**
Marche à quatre pattes en transportant des objets d'une main. Peut se retourner. Commence peut-être à monter l'escalier à quatre pattes. Marche peut-être à quatre pattes, membres raides et étendus.	Des patterns d'intonation deviennent distincts.	Reconnaît la dimension des objets. Approche le petit objet avec le doigt et le pouce, le grand avec les deux mains.	Reconnaît sa mère et lui-même dans le miroir. Perçoit sa mère et probablement son père comme des personnes distinctes.
	Signale ses regains de vigueur et ses émotions dans la vocalisation.		
Se tient un instant debout en se tenant d'une main. Se tient peut-être debout tout seul brièvement. Se his- se peut-être debout sans tirer sur un meuble. Peut se rasseoir. Peut se déplacer de côté, face à un meuble.	Imite la toux, les claquements de langue, siffle.	Fait varier la mension des objets en se couvrant partiellement les yeux ou en regardant à l'envers.	**Réaction à l'environnement**
	Utilise les mots de façon significative; dit *papa* et/ou *mama* comme des noms spécifiques.	Met ses doigts dans des trous.	Anticipe sa mère à l'heure du repas.
			Se donne en spectacle pour sa famille. Répète son numéro si on l'applaudit.
	Peut répéter souvent une syllabe en particulier ou une séquence plus longue.	Découvre un jouet s'il a vu quelqu'un le cacher.	
		S'ennuie à la répétition d'une même stimulation.	Peut apprendre à se protéger et à protéger ses "biens", se battre pour un jouet qu'on dispute.
Position assise		Peut se souvenir d'un jeu auquel il a joué la veille.	Est parfois plus sensible aux autres enfants; pleure quand ils pleurent.
S'assied très bien dans une chaise. S'assied solidement et indéfiniment tout seul.	**Passif**	Anticipe une récompense quand il réussit à faire quelque chose ou quand il exécute des ordres. Anticipe le retour d'une personne ou d'un objet qu'il a perdu, visuellement ou	Commence à évaluer les humeurs et les motivations d'autrui.
	Ecoute les conversations, les tons chantonnants. Peut comprendre et répondre à un ou deux mots autres que son nom, *non-non* par exemple.		Provoque le jeu. Peut «jouer» ses nouvelles craintes.
Assis, pivote à un angle de 90 degrés.	Peut exécuter des ordres très sim-		

S'assied facilement. Peut apprendre à s'asseoir quand il est debout.

Fine motricité

Réussit à prendre des poussières ou des lacets entre le pouce et l'index.

Serre les mains ou frappe les objets l'un contre l'autre au centre du corps.

L'index commence à "mener", pointe, essaie d'entrer dans les trous, les crochets, pour tirer.

Peut construire une tour avec deux blocs.

Il ne faut pas considérer ce tableau comme un calendrier rigide. Les bébés sont imprévisibles. Beaucoup commencent à pratiquer une activité plus tôt ou plus tard que la date indiquée au tableau.

ples. Sa capacité à comprendre lui fait grand plaisir; quand on lui dit "Va chercher mes pantoufles", par exemple.

par un geste de la main.

Observe attentivement le griffonnage.

Peut garder une série d'idées en tête.

Prend et manie deux objets, un dans chaque main. Frappe ou pousse les objets l'un contre l'autre.

Laisse tomber un des deux blocs qu'il tient pour en prendre un troisième. Peut se mettre un objet dans la bouche pour en prendre un troisième.

Représente et met en scène des expériences difficiles. Fait preuve de pensée symbolique.

Peut refuser de se laisser distraire. Peut commencer à faire preuve de persévérance.

S'intéresse aux jeux d'autrui. Joue à taper dans les mains, à "grand comme ça" à "bonjour" et à la balle. Choisit délibérément un jouet.

Développement culturel
Habitudes de vie

Peut manger un biscuit tout seul. Tient le biberon. Prend bien l'anse de la tasse.

Manie la tasse, boit à la tasse.

Peut avoir peur du bain.

LE
DIXIÈME
MOIS

L'IMAGINATION

Au cours des quelques mois à venir, le bébé s'appliquera à mettre son monde en mouvement. A moins qu'il ne soit très actif, le ralentissement de l'apprentissage moteur se poursuivra ce mois-ci, mais ce ralentissement est trompeur: en fait, le bébé rassemble ses forces en vue de franchir le grand pas de la marche. Il dépensera une partie de ses énergies à améliorer des habilités déjà acquises, mais il en consacrera de plus en plus au développement personnel et social.

Il est maintenant assez habile pour se donner tout un repas en se servant de ses doigts (à condition que la forme de la nourriture s'y prête). Il tient absolument à se nourrir lui-même, même s'il vous permet encore de lui donner les aliments plus liquides à la cuiller. S'il a des frères et soeurs, il essaie de se tenir à leur niveau et de manger avec eux — la même nourriture, s'il vous plaît, en petits morceaux.

Il perfectionne les techniques de s'asseoir, de marcher à quatre pattes et de se mettre debout. Il se met peut-être même debout à partir de la position de la marche à quatre pattes: il raidit ses jambes et ses bras et se donne une poussée sur les mains pour se soulever le torse. Quand il est debout face à un divan, il fait peut-être ses premières armes en faisant quelques pas de côté. Hésitant au début, il commence à «glisser» ainsi avec de plus en plus de facilité et arrive enfin à prendre de la vitesse, déplaçant un pied, puis l'autre, se contentant de frôler le divan des mains. Quand il apprendra à marcher, il ne sera plus capable de se déplacer ainsi de côté. Il ne faut pas oublier d'autre part que l'expérience de la marche latérale se fait plus tard pour bien des bébés et surtout les gros bébés. Certains ne s'occupent jamais de la station debout ou de la glissade face au divan, semblant attendre le moment où ils pourront se mettre debout pour marcher vraiment.

Le bébé ose de nouveau descendre d'une chaise, mais il surveille attentivement la distance qui le sépare du sol. A cet âge, les bébés ne font pas encore entièrement confiance aux indices visuels. Le Dr Brazelton nous dit: «Ceux qui veulent descendre d'une table qu'ils ne connaissent pas bien laissent d'abord pendre leurs jambes par-dessus bord pour tâter l'espace; ils ne lâchent pas la table avant de toucher le sol.» S'ils ne trouvent pas le sol, ils se dépêchent de remonter. Le vrai «fonceur» ne sera peut-être pas aussi prudent, mais les hauteurs commandent de respecter les enfants de caractère moins téméraire.

Le bébé travaille probablement beaucoup au perfectionnement de nouvelles habiletés manuelles, s'appliquant, pour n'en donner qu'un exemple, à porter deux petits objets dans une main pour aller les déposer dans leur contenant à l'autre bout de la pièce. Vous remarquerez peut-être aussi qu'il commence à répartir de façon précise le travail entre la main droite et la main gauche. S'il est «droitier», il porte les objets dans la main gauche et les manie de la main droite. Quand il est assis, il suce son pouce gauche mais veille à ce que la main droite reste disponible pour le jeu et l'exploration. Réduire ainsi les fonctions de la main gauche à celles de contenant et de porteur renforce la dextérité et la primauté de la main droite. C'est ici que commence la différenciation des côtés actif et passif du corps. Par ailleurs, le bébé est peut-être prêt à apprendre les subtilités de ce jeu qui consiste à pousser un objet sur le côté plutôt que de le pousser en avant ou en arrière comme d'habitude. Essayez de le faire jouer avec un petit carrousel. Non seulement devra-t-il apprendre à pousser d'une autre façon, mais il devra également découvrir quand et comment il faut le lâcher.

Sevrage tardif et rattrapage

En contraste avec la grande majorité, le bébé très calme fera peut-être un grand pas en avant dans le domaine des activités motrices au cours du mois. S'il s'agit d'un bébé encore au sein, cette poussée d'activité hâtera peut-être le sevrage. Les progrès physiques coïncident avec le refus du sein dans bien des cas. Maintenant le bébé pourra probablement se sevrer lui-même beaucoup plus facilement que vous n'auriez pu le faire. Un beau jour, après avoir bu une bonne quantité de lait à la tasse, il détourne tout simplement la tête en repoussant le sein de sa main. C'est un indice incontestable, mais il n'y a vraiment aucune raison pour que vous vous sentiez rejetée, fâchée ou coupable la première fois que le bébé refuse le sein. Il vous montre peut-être ailleurs, par des signes à peine perceptibles, que l'intimité de l'allaitement lui manque.

Ne vous tracassez pas non plus à vous demander si vous n'avez pas restreint le développement du bébé en continuant

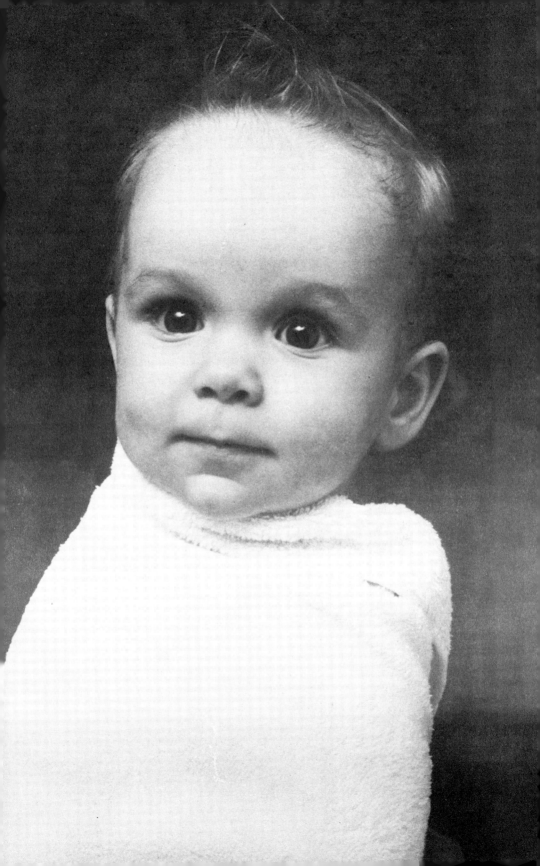

à l'allaiter aussi longtemps. Même si beaucoup de bébés peuvent donner l'impression d'être entourés d'un véritable cocon de douceur quand ils sont au sein, cette période permet cependant à l'enfant d'accumuler de l'énergie et une expérience qui sont bien plus importantes que tout «retard» qui en résulte. Le développement du système nerveux n'arrête pas à l'intérieur du cocon, mais se poursuit jusqu'aux niveaux de maturité essentiels à l'apparition des événements majeurs du développement. Par exemple, à trois mois, le bébé n'a tout simplement pas atteint le niveau minimum de maturité ou de contrôle musculaire nécessaire pour tenir une bille entre le pouce et l'index. Dès que l'enfant parvient au niveau approprié pour un progrès donné, s'asseoir seul par exemple, il accomplit l'acte en question avec très peu de pratique. Ainsi, les enfants qui ont été hospitalisés, tout à fait immobilisés dans un plâtre, et qui n'ont jamais marché, sont capables de marcher quelques jours après qu'on leur ait enlevé le plâtre, s'ils ont atteint le niveau de maturation approprié.

Votre bébé saura très vite s'asseoir, se mettre debout et marcher à quatre pattes. Il peut maintenant se tenir assis le dos bien droit, et pivoter à un angle de 90 degrés s'il veut prendre ou regarder un objet derrière son dos. Il privilégie de plus en plus la marche à quatre pattes et la station debout, délaissant son pouce et la position assise, comme s'il découvrait une liberté toute neuve. Certains bébés tranquilles ont besoin de plus d'encouragement; si le vôtre ne se met jamais debout, vous pouvez l'inciter à le faire en refusant, avec beaucoup de fermeté, de lui donner le jouet préféré que vous tenez à la main, même s'il le montre du doigt et l'appelle. La frustration ou la motivation le pousseront peut-être à avancer jusqu'à vous, ou à tendre ses mains vers les vôtres pour se hisser sur ses jambes, même s'il pleurniche encore pour descendre. Comme ses premières réussites forcées l'encourageront malgré tout, il commencera probablement à marcher à quatre pattes aussi. Une fois parti, vous remarquerez peut-être qu'il se dirige vers un coin où se rouler en boule ou vers une chaise sous laquelle se réfugier. Arrivé à destination, il se retourne pour bien regarder la pièce dont il vient de se rendre maître. Puisqu'il n'est pas encore capable de marcher à quatre pattes à reculons, vous devrez parfois lui venir en aide s'il se coince entre deux meubles, ou entre le mur et le divan. Malgré ces inconvénients et son style des plus laborieux, voir se déplacer votre bébé peut vous sembler ce qui vous arrive de plus satisfaisant depuis bien longtemps. Même s'il se met debout en s'appuyant sur un meuble et marche à quatre pattes à dix mois, quand le bébé «moyen» le fait deux mois plus tôt et le bébé précoce trois mois plus tôt, dites-vous bien qu'il a mis moitié moins de temps que les autres à combiner trois actes majeurs: s'asseoir, marcher à quatre pattes et se mettre debout. Il suit un calendrier de développement bien fiable et personnel.

A l'autre extrême, le bébé actif peut rester constamment debout et protester énergiquement quand on essaie de le faire redescendre. Le bébé très actif a peut-être même commencé l'apprentissage de la marche. Vous constaterez lors de votre prochaine visite chez le pédiatre que se mettre debout lui a fait perdre environ un pouce [2,5 cm] de sa grandeur. Les vertèbres ont pris leur place définitive. Les adultes mêmes mesurent un pouce de moins qu'ils ne mesureraient s'ils étaient constamment couchés — prix dérisoire quand on considère tout ce qu'on gagne à être debout.

Les poussées d'activité physique sont souvent accompagnées d'une plus grande tension chez l'enfant. Il peut alors éprouver de la difficulté à dormir. Cependant, plus qu'auparavant, ses difficultés deviendront celles de toute la famille, car sa plus grande force physique lui permet de se bercer sur les genoux et les mains pour faire bouger son lit, ce qui fait suffisamment de vacarme pour éveiller tout le monde. Aider le bébé à résoudre ce problème, c'est aider tous les membres de la famille. Essayez de trouver quelques minutes en soirée pour le bercer, lui chanter doucement quelque chose et tenez-le près de vous pour le nourrir jusqu'à ce que vous sentiez qu'il commence à lâcher prise. Il prolongera peut-être ainsi son sommeil.

Le sens de l'identité

Bon nombre de bébés consacrent les deux ou trois mois à venir à l'interaction de leur personnalité naissante en famille. Votre bébé manifestera beaucoup d'humeurs et d'émotions très réelles; il a une plus grande conscience de lui-même en tant que personne, tout en ayant conscience de l'approbation et de la réprobation sociales.

Comme vous le savez déjà, les pleurs constituaient la première et la plus évidente des réponses émotionnelles du bébé. Le bébé apprenait à pleurer, en partie afin de vous appeler quand il avait besoin d'aide, mais également pour pouvoir se soulager d'un trop plein de tension — comme savent tous ceux qui prônent qu'«une bonne crise de larmes arrange bien des choses». Si le bébé pleure encore pour les mêmes raisons, il le fait beaucoup moins souvent. Il pleure en fait beaucoup plus souvent maintenant pour d'autres raisons: il a peur des étrangers, des endroits ou des activités inconnus, ou bien il est triste parce qu'il est loin de sa mère ou de sa famille. Même l'émotion d'une séparation, comme celle qu'il ressent après s'être fait gronder par exemple, peut lui donner un air tout triste et blessé. L'enfant peut maintenant rester assis à rêver les yeux ouverts, s'il a beaucoup de choses à contempler. Il peut également se fâcher, surtout quand on le frustre d'une activité qu'il juge importante. Tout comme leurs aînés, les enfants ont plus tendance à se mettre en colère quand ils sont fatigués, quand ils ont faim, ou quand ils ne peuvent pas sentir ce qu'il y a dans leur assiette. Tout comme leurs aînés, ils sont plus heureux quand ils sont dispos et bien reposés, en bonne santé, et bien nourris. Le rire et la joie du bébé ravissent toute la famille. Quand son père rentre du travail, l'enfant manifeste un véritable plaisir à le retrouver; il se pourlèche les babines de satisfaction après un bon repas. Il commence peut-être à apprécier la musique: quand il entend un air familier, il se berce, se met à applaudir et à fredonner.

Le bébé a probablement atteint le stade où il peut projeter sa tendresse sur ses animaux en peluche et autres jouets. Cette capacité d'aimer et de prodiguer des soins quasi maternels, vous fait honneur, car elle ne s'acquiert que quand la mère prodigue elle-même des soins affectueux, dans une ambiance de bonheur.

Par ailleurs, le bébé devient sensible à l'approbation sociale. Cette conscience nouvelle provient en partie de ce que l'enfant se rend compte que son père et sa mère sont vraiment des êtres humains, distincts de lui-même. Il commence à pouvoir déduire, d'après le comportement de sa mère, quels sont les buts qu'elle se propose de lui faire atteindre, ainsi que les moyens qu'elle adoptera pour y parvenir. Il peut ainsi essayer de s'y conformer pour se mériter l'approbation de sa mère, ou encore essayer de modifier les désirs de sa mère par de subtiles persuasions ou des refus invétérés.

La plupart des bébés de cet âge refusent de faire l'étalage de leur habileté récemment acquise ailleurs que chez eux. Selon son caractère, le bébé peut adorer se donner en spectacle ou bien se sentir intimidé par les membres de la famille. Ses frères et soeurs profitent peut-être de ses talents de comédien pour en faire leur porte-parole. Après avoir appris un mot ou un geste nouveau, le bébé peut passer des journées à le répéter, et répond par ce mot ou ce geste-là à toutes les questions qu'on peut lui poser. Bientôt, le mot n'a plus de signification: il devient une espèce de compagnon de jeu, un son pour briser le silence, ou un moyen d'attirer votre attention. Et le bébé s'en sert aussi longtemps que vous y réagissez. Dès qu'il sent que vous commencez à vous en lasser, le bébé abandonne ce qui reste du mot original et en apprend un autre. De cette façon, il apprend à «être triste», à «embrasser» en se blotissant contre vous, et à vous dire bonjour d'une façon ou d'une autre, faisant aller sa petite main quand vous quittez la pièce ou la maison, et riant en tapant dans ses mains quand vous revenez.

Votre bébé vous soupçonne peut-être, par ailleurs, de vouloir le taquiner ou vous moquer de lui. Il aura peut-être éventuellement suffisamment confiance pour donner un petit spectacle devant vous, mais ces tentatives sont bien fragiles. Si vous riez, attirez son regard, l'imitez quand il émet de drôles de croassements qui se rapprochent parfois de la chansonnette, ou si vous essayez de lui faire montrer ses talents devant autrui, il met fin au spectacle.

Le bébé commence aussi à dire «Non», et accompagne parfois ses refus d'un «non» de la tête. N'en déduisez pas aussitôt qu'il est «difficile». Même s'il peut vous opposer un refus à l'occasion, il ne comprend probablement que très vaguement le mot «non». De plus, la tête bouge plus naturellement d'un côté à l'autre que de l'avant vers l'arrière; et le bébé bouge sa tête de cette façon depuis la première semaine de sa vie, alors qu'il suivait du regard des objets en mouvement. Il est donc porté à apprendre le geste du «non» plus rapidement que le signe de tête affirmatif.

Le bébé est en train de développer au cours de cette période de maturation émotive le sens de sa propre identité et

de l'identité des choses qui lui appartiennent. Il se désinté-
resse peut-être maintenant des jouets de sa soeur pour passer
plus de temps avec ses propres jouets. Il est peut-être même
en mesure de trouver ses propres jouets dans le désordre
général de la chambre des petits.

Les premières réactions de l'enfant à son endroit ont probablement été les perceptions qu'il a eues de son propre
corps il y a longtemps déjà. L'enfant entendait ses propres
pleurs, sentait bouger son corps, voyait et manipulait ses
doigts et ses orteils. Plus tard, il apprend à reconnaître sa
propre voix ou son toucher ou son visage, différents des
autres. Il faut peut-être attendre que l'enfant ait deux ans
pour qu'il puisse avoir une idée de la totale unité de soi. Mais
à l'âge qui nous concerne ici, quand on demande à l'enfant
«Où sont tes ....?», il peut indiquer du doigt ses dents, ses
yeux, ses cheveux, ses orteils. Vous pouvez y préparer l'enfant en nommant et en indiquant du doigt les différentes parties d'une poupée préférée. Ensuite, tandis que vous nommez
les parties de la poupée, l'enfant apprend à les indiquer du
doigt. Après avoir répété ce jeu plusieurs fois, vous pouvez
demander à l'enfant où sont ses yeux. Il sera peut-être déjà
capable de les indiquer. La capacité d'extrapoler la poupée
à son propre corps marque un grand pas en avant dans le
développement de l'enfant. Cette extrapolation implique que
le bébé reconnaît que la poupée est un objet inanimé situé
devant lui — donc, distinct de lui-même —, mais dont certains
détails portent une ressemblance évidente avec son propre
corps. Il se peut aussi que si vous lui demandez d'indiquer vos
yeux ou votre nez, il vous montre en regardant le trait en question, qu'il cimprend ce que vous lui demandez, mais en s'en détournant d'un air peiné. Ne soyez pas trop déçue de son refus:
ce comportement peut indiquer qu'il a compris combien vous
êtes différente de sa poupée et de lui-même. Par ailleurs,
certains bébés aiment mieux commencer ce jeu en indiquant
les traits de la mère ou d'un autre membre de la famille.

Une certaine évolution de l'identité sexuelle peut également se manifester ce mois-ci. Evidemment, on a déjà pu
constater des différences majeures entre filles et garçons
depuis longtemps. Les filles ont en général un comportement
beaucoup plus stable que les garçons, et peuvent aussi mieux
se concentrer la plupart du temps. Elles se développent plus

tôt et s'intéressent davantage à tout ce qui est nouveau. De plus, elles «parlent» plus que les garçons. Dans les situations expérimentales, les petites filles, dont certaines n'avaient que six mois, préféraient les visages d'hommes aux visages de femmes, tandis que leurs collègues masculins regardent davantage les images de femmes. Maintenant, les différences sont encore plus évidentes.

L'identité sexuelle commence probablement par une simple imitation, mais les parents l'encouragent tellement l'un et l'autre, qu'il contribuent à la renforcer. Les parents répondent de façon très différente à leurs garçons et à leurs filles. Père et mère emploient tous les deux beaucoup plus de mots tendres en s'adressant à leurs filles. Quand, dans une situation expérimentale, les chercheurs demandaient aux parents de «faire sourire et parler leur enfant», les pères et mères faisaient beaucoup plus d'efforts quand il s'agissait d'une fille. Puisque les filles et les garçons, bébés, ne diffèrent pas dans leur capacité fondamentale à sourire ou à vocaliser, la différence des comportements parentaux ne peut être imputée à des pouvoirs innées chez l'enfant.

L'imagination naissante

A partir de maintenant, l'imitation va jouer un rôle important dans l'apprentissage de l'enfant. C'est d'ailleurs une façon merveilleuse d'apprendre. Même le bébé qui n'a jamais appris quoi que ce soit en observant les autres, commence à le faire maintenant. Même si la faculté de l'imagination est encore fragile, vous pourrez la mettre à profit au cours de la *deuxième* année quand il s'agit du brossage de dents, de l'entraînement à la propreté et de la toilette quotidienne. Ne vous laissez surtout pas séduire tout de suite par le potentiel pédagogique de cette faculté, au point de pousser l'enfant maintenant. Les mères qui ont poussé leurs enfants à ce stade ont découvert que l'enfant cessait toute imitation.

En général, le bébé ne montre pas le moindre scrupule à imiter spontanément votre comportement. Il essaie de vous donner des bouts de nourriture de la même façon que vous lui en donnez. Si vous les acceptez, il en est ravi: il rit aux larmes à vous voir vous pourlècher les babines et étudie très attentivement la façon dont vous mâchez et avalez. Il porte le gant de toilette à son visage après vous avoir vu vous laver et éclate de rire si vous imitez ses mouvements. Quand vous le retirer de la baignoire, si vous le gratifiez d'un «brrr» et faites semblant de frissonner, il se met à rire et essaie de faire la même chose. Ce faisant, il apprend des choses au sujet du froid — la sensation d'avoir froid et la façon dont les gens y réagissent, physiquement et verbalement.

Et, croyez-le ou non, il va commencer à relever également quelques-uns de vos traits les moins exemplaires. Si vous êtes d'une propreté exagérée, il commence peut-être déjà à balayer sa table avec une serviette, imitant en cela vos gestes de nettoyage. Il ne renverse guère de nourriture en apportant la cuiller à sa bouche, et si par hasard cela lui arrive, il essuie sa bouche ou la table avec beaucoup de zèle. Ce n'est pas toujours une bonne chose. Les bébés de cet âge sont normalement assez salissants et une trop grande propreté n'est pas naturelle. Certaines filles, plus que les garçons, manifestent ce trait de propreté, mais sans pour autant en comprendre la notion comme les adultes la comprennent. Si l'enfant comprend que son manque de propreté vous dérange vraiment, il peut en déduire qu'il lui faut devenir d'une propreté aseptisante, ce qui peut, le conduire à son tour à un comportement compulsif; et il sera malheureux dès qu'il sera le moindrement sale. Cet enfant aura peut-être peur d'explorer librement le monde comme un bébé normal pour faire la connaissance de ce qui l'entoure.

Les bébés imitent également les autres bébés. Chez le pédiatre, par exemple, cette habitude peut donner lieu à des pleurs ou choeurs, ou à des rires contagieux. Si vous rendez visite à des amis qui ont eux aussi un bébé, le vôtre pourra se montrer absorbé par une activité même s'il ne participe pas au jeu de l'autre. Quand vous rentrez chez vous, le bébé imitera les jeux de l'autre comme s'il avait tout appris. Le bébé de dix mois, s'il est un peu avancé pour son âge, est capable d'enlever les anneaux du cône multicolore avec lequel il n'a jamais joué auparavant, et de les replacer correctement comme il l'a vu faire par un autre bébé. Les jumeaux sont particulièrement doués pour l'imitation. Dans un couple de jumeaux, il y en a souvent un qui agit et un qui observe. «L'observateur» acquiert d'un seul coup la maîtrise d'un geste que son jumeau a passé plusieurs jours à maîtriser.

La mémoire représentative, c'est-à-dire la faculté de se souvenir de comportements et d'objets vus mais qui ne sont plus devant les yeux, est à la base de l'imitation et d'un autre phénomène lié à l'imitation que les psychologues appellent «la permanence des objets». Le bébé se souvient des événements pendant des périodes de temps de plus en plus longues. Il commence tout juste à savoir que le temps est un médium dans lequel il peut situer sa personne et les objets les uns par rapport aux autres.

L'amélioration du souvenir de ce qu'il ne voit pas va de pair avec la compréhension des distances et des profondeurs, et l'aide donc à imiter les comportements et à comprendre la nature des objets. Assis, le bébé peut maintenant tendre la main en arrière pour prendre un jouet, sans se retourner pour regarder celui-ci: il a appris que l'objet, même s'il ne le voit pas, ne disparaît pas nécessairement, et il a découvert comment juger la distance qui le sépare de l'objet convoité, même si ses yeux sont détournés ou fermés. L'espace plus éloigné n'est plus une seule surface plane, non plus. L'oeil et le cerveau de l'enfant peuvent le capter comme une série de régions de différentes profondeurs.

L'enfant perçoit maintenant de nombreux objets comme des entités distinctes et indépendantes qu'il peut imiter et introduire dans ses jeux. Il peut également les associer dans l'espace et le temps ou les arranger dans des séquences de cause à effet. Il veillera aussi à les étudier, et à évaluer leurs qualités sous tous les angles. Donnez à l'enfant un objet auquel vous ne tenez pas et observez-le. Il essaiera sans doute d'agir de plusieurs façons différentes sur l'objet afin de découvrir comment ses actions l'affectent. Ne se contentant plus d'étudier le geste de lâcher l'objet, il surveille maintenant le mouvement de celui-ci quand il atterrit avec fracas sur le sol. S'il s'agit d'une tasse, Maman se dépêche de voir aux dégâts. Entre-temps, le bébé les étudie attentivement et essaie de ramasser les morceaux si vous le lui permettez. Il arrive souvent que parmi les souvenirs les plus reculés de l'adulte, on trouve une scène dans laquelle l'enfant laisse tomber un oeuf qui fait «floc» sur le tapis oriental de grand'maman. Suit l'hystérie générale chez les femmes de la famille, quand l'enfant voulait simplement savoir ce qui arriverait à l'oeuf en tombant.

Le bébé étudie soigneusement les déplacements: il fait rouler une balle du divan au fauteuil, du fauteuil au divan; répète inlassablement le geste d'empiler des anneaux de plastique sur un cône; parvient à s'emparer du coffret à bijoux de sa mère, enlève les bracelets, les bagues et les boucles d'oreille pour les remettre de son mieux par la suite; fait tourner et renverse son biberon, et le place bien debout à côté de son assiette. Il essaie de s'approprier les traits des objets inconnus plutôt que de les traiter comme s'ils avaient les mêmes propriétés que les objets semblables qu'il connaît déjà bien.

Il cache délibérément le livre de son frère sous un tapis, pour le retrouver ensuite; il enlève tout obstacle qui obstrue le chemin vers un jouet en vue ou même s'il ne le voit pas. Il commence à comprendre que s'il ne voit pas son petit camion, cela ne veut pas nécessairement dire que le camion n'existe plus. Il découvre également que le camion-sur-le-divan et le camion-sous-le-divan sont une seule et même chose, où qu'elle soit.

Votre bébé peut maintenant anticiper le retour d'une personne ou d'un objet qu'il a laissé aller, physiquement ou visuellement. Vous le saurez en constatant qu'il peut vous quitter et vous retrouver à volonté, qu'il vous permet de le quitter et qu'il anticipe votre retour. Si vous lui demandez maintenant de chercher un jouet que vous avez caché, il pourra probablement le retrouver, à condition qu'il vous ait vue le cacher et que vous n'attendiez pas trop longtemps avant de lui demander de le chercher. S'il échappe un jouet derrière un fauteuil, par accident, il ira peut-être jusqu'à essayer de déplacer celui-ci, car il sait que son jouet se trouve *là*. La faculté de se souvenir, de chercher, et le refus de se laisser divertir par d'autres découvertes, sont un premier pas vers la concentration plus prolongée de l'adulte, un pas en dehors de la facilité de distraction qui caractérise la petite enfance. On a pu constater dans une situation expérimentale que les tout jeunes bébés n'essaient pas de chercher un objet qu'ils voient disparaître derrière un écran. Les bébés un peu plus âgés suivent des yeux le tracé que l'objet a suivi avant de disparaître. Seuls les bébés âgés de neuf ou dix mois ou plus cherchent l'objet au-delà de l'endroit où il a disparu.

Les réalisations du bébé dans ce domaine sont encore tout jeunes. Si, par exemple, sa balle roule sous un fauteuil, il pousse le fauteuil jusqu'à ce qu'il puisse attraper la balle. Si celle-ci roule sous le divan, celui-ci étant trop lourd pour qu'il puisse le déplacer, il abandonne sa tentative après quelques poussées, mais retourne au fauteuil où il a déjà réussi! Un peu plus tard, il saura ne chercher qu'à l'endroit où il a vu l'objet en dernier lieu.

S'il n'avait pas quelque conscience de la «permanence des objets», le bébé enverrait moins volontiers une balle vers son frère, celui-ci étant tenu de la lui renvoyer. En jouant, le bébé *prévoit* le retour de la balle qu'il a envoyée, et si son frère ne coopère pas, il est vraiment déçu.

Mais il y a plus merveilleux encore: la capacité du bébé à distinguer les gens et les choses de leur entourage immédiat ne cesse de s'améliorer, et il commence à sentir qu'il est lui-même une personne, un objet parmi d'autres. Son corps entier, aussi bien que les différentes parties de son corps, telles les pieds et les mains, existent dans l'espace. Il possède lui-même une certaine texture, une certaine résistance, un certain style de locomotion, et il existe par rapport aux autres gens et objets qui peuplent son univers.

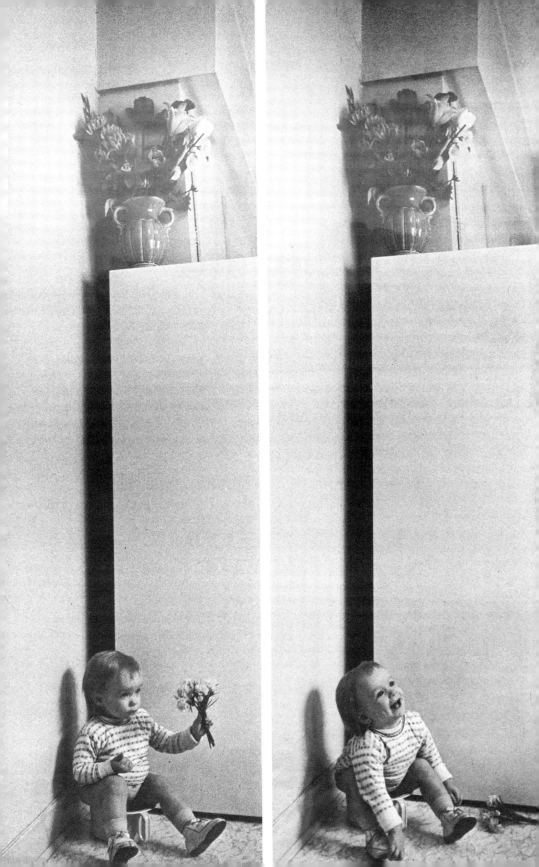

LE DIXIÈME MOIS

Développement moteur

Motricité brutale

Marche à quatre pattes, membres raides.

Se tient debout avec un appui minimum. Peut se lever seul en redressant ses membres et en poussant contre les paumes.
Marche de côté face aux meubles.
Marche si on lui tient les deux mains.
Grimpe sur les chaises et en descend.

Position assise

Peut s'asseoir quand il est debout. Peut se coucher sur le ventre quand il est assis.

Fine motricité

Transporte deux petits objets à la fois dans une main.
Balance un objet au bout d'une ficelle.

Peut différencier l'emploi des deux mains; tient les objets dans une main, manoeuvre avec l'autre.

Lâche maladroitement l'objet qu'il serre dans ses mains.

Certain contrôle musculaire du rectum (limité).

Développement verbal

Développement actif

Apprend des mots et les gestes appropriés; par exemple dit *non* et secoue la tête. Peut répéter inlassablement un mot, en en faisant une réponse à toutes les questions.
Peut dire un ou deux mots en plus de *papa* et *maman*.

Passif

Ecoute attentivement les mots familiers.

Comprend et obéit à certains mots et demandes, comme "donne-le-moi".

Il ne faut pas considérer ce tableau comme un calendrier rigide. Les bébés sont imprévisibles. Beaucoup commencent à pratiquer une activité plus tôt ou plus tard que la date indiquée au tableau.

298

Développement mental | ## Développement social

Développement mental	Développement social

Développement personnel

Tend le bras derrière lui pour prendre un jouet qu'il ne voit pas.
Classe l'espace éloigné en régions de profondeur variable.

Voit les objets individuels comme distincts des autres. Continue à apprendre beaucoup sur les propriétés des objets; froisse du papier, secoue les boîtes, écoute le tic-tac d'une montre.

Pointe, pique, touche et appuie de l'index tendu.
Cherche le contenu des boîtes. Saisit les petits objets à l'intérieur d'un contenant. Regarde un grain s'il tombe du contenant.

Cherche un objet caché s'il a vu quelqu'un le cacher. Soulève une boîte ou une tasse renversée pour chercher un jouet. Cherche brièvement l'objet à un deuxième endroit; s'il ne le trouve pas, il retourne à la cachette originelle. Cherche au même endroit l'objet qu'il a vu caché à différents endroits.

Imite de plus en plus les comportements: se frotte avec du savon, donne à manger aux autres.

Commence à sentir qu'il est un objet parmi d'autres.
Commence à préférer une main et un côté du corps à l'autre.
Indique du doigt les différentes parties du corps.

Essaie des gestes nouveaux pour atteindre un même but. Modifie les gestes déjà acquis au moyen d'essais, apprend par ses erreurs.
Rappareille deux blocs.

Développement personnel

Manifeste ses humeurs, affiche des airs tristes, blessés, heureux, mal à l'aise, fachés et exprime des préférences. Aime la musique.

Identifie les différentes parties du corps.
Imite les gestes, les expressions faciales, les bruits.
Début d'identification sexuelle: les garçons s'identifient aux mâles, les filles aux femelles.
Conscience accrue de soi, de l'approbation et de la désapprobation sociales. Conscience de l'interaction.

Réaction à l'environnement

Plus susceptible en présence d'autres enfants; pleure si un autre enfant reçoit de l'attention.

Peur d'accomplir des gestes habituels; peut régresser à un stade antérieur.

Enlève son chapeau pour s'amuser.
Préfère un ou plusieurs jouets; affectueux envers un animal en peluche ou une poupée.

Développement culturel
Habitudes de vie

Aide à tenir la tasse pour boire.
Prend des repas entiers sans aide.

Peut avoir de la difficulté à dormir.

Aide sa mère à l'habiller.

LE
ONZIÈME
MOIS

UNE
PERSONNE
À PART
ENTIÈRE

Il y a de fortes chances que votre bébé parvienne à se tenir debout sans appui ce mois-ci. Il contrôle de plus en plus son corps à la verticale, à mesure qu'il s'habitue à se tenir sur les deux pieds. Il est en train de devenir un petit bonhomme bien adroit. Tout comme le mois précédent cependant, ce mois-ci est en grande partie consacré à l'amélioration des «rapports sociaux», et ce, même si l'enfant semble encore dépendre tout à fait de vous. Le bébé explore et utilise toutes les possibilités de l'imitation, qui est la technique d'apprentissage qui le conduit à la découverte des autres tels qu'ils sont. Il a une conscience de plus en plus aiguë de l'approbation et de la désapprobation. Puisque l'enfant accepte difficilement tout refus ou toute limite qu'on lui impose, même quand c'est «dans son intérêt», cette période est parfois pénible; et le fait que l'enfant soit très absorbé dans ses préparatifs de marche accentue encore les problèmes.

Se tenir debout peut revêtir une importance telle que l'enfant refuse tout simplement de s'étendre. Il se tient debout à côté des meubles, debout au milieu de la pièce, debout dans sa chaise haute et dans la baignoire et reste debout quand vous changez ses vêtements. Il s'endort debout dans son lit. Il se tient debout quand le pédiatre lui fait passer un examen médical. Et, bien debout sur ses deux jambes, il vous «aide» à l'habiller. Prenant appui sur vos épaules, il soulève un pied, puis l'autre, pour que vous puissiez lui enfiler sa salopette. Il lève docilement les bras pour que vous puissiez retirer sa camisole. Ce n'est pas seulement de la gentillesse — il ferait n'importe quoi, purvu que cela lui permette de rester debout.

Dans sa poussette, l'enfant devient un danger public. Sur le chemin du supermarché, il se met debout et se penche pour attraper les passants ou ramasser des objets au sol. Au magasin, toujours debout, il se penche pour tendre la main vers une grande boîte de sauce tomate ou une grappe de raisins appétissants. Si vous ne le survellez pas constamment, il va sûrement finir par tomber. Si vous décidez de l'attacher à la poussette au moyen d'un harnais, veillez à en trouver un qui lui laissera assez de jeu pour qu'il puisse se mettre debout et se pencher, tout en l'empêchant de tomber. Mais le harnais ne résout pas tous les problèmes: à moins que la poussette ne soit de construction très solide, le bébé pourra quand même l'entraîner avec lui au sol.

Toutes les expériences que fait le bébé dans la position debout peuvent le conduire à l'acquisition d'autres habiletés. S'il tombe en avant, la force des choses lui apprend un nouveau style de marche à quatre pattes. Les jambes et les bras bien raides, le derrière ballant d'un côté à l'autre, il traverse la pièce sur ses «échasses». La prochaine étape consistera à monter les escaliers, bien qu'il risque de trouver la descente beaucoup plus difficile que la montée. Vous surprendrez peut-être votre enfant au milieu de l'escalier, prêt à se tourner et à se lancer dans le vide, ou bien perché en équilibre tout en haut, sur le point de dégringoler. Une barrière mettra fin, pour l'instant tout au moins, aux explorations de ce genre, mais dites-vous bien qu'un beau jour l'enfant découvrira la barrière ouverte et se risquera aussitôt dans l'escalier. S'il y a du tapis dans l'escalier, il adoucira quelque peu les chutes, mais, à long terme, la meilleure solution est sans doute d'essayer d'apprendre à l'enfant à monter et à descendre les marches. Au début, il s'obstinera peut-être à ne vouloir aller que dans un sens, et il ne pourra ou ne voudra pas descendre à reculons, mais éventuellement, si vous êtes assez persévérante, il comprendra le principe.

Le bébé se met peut-être à ajouter d'autres manoeuvres à la station debout, s'accroupissant ou se penchant par exemple. Il se penche délibérément pour ramasser un jouet qu'il a laissé tomber, comme il le faisait quand il était assis. Ou bien, il s'accroupit de nouveau et ramasse un jouet de l'autre main. Il joue avec la sensation d'effectuer le même geste d'un côté et de l'autre du corps. Il se penche ensuite pour ramasser le jouet avec *n'importe laquelle* des deux mains, tout en s'accrochant fermement au fauteuil de la main restée libre. De telles variations indiquent l'intérêt accru que l'enfant porte aux profondeurs et aux distances, et sa curiosité à savoir quels effets les différentes actions — échapper par exemple — auront sur l'objet. Est-ce que celui-ci va se fendre, se fracasser, rebondir, ou cliqueter en touchant le sol? Elles démontrent également que l'enfant exerce un meilleur contrôle de son corps contre la force de gravitation, et qu'il peut maintenant utiliser simultanément ses deux mains pour des activités différentes (tenir un jouet dans une main en se hissant de l'autre).

Le bébé peut manipuler les objets très adroitement à ce stade. Si vous remplissez sa cuiller, il est capable de la porter

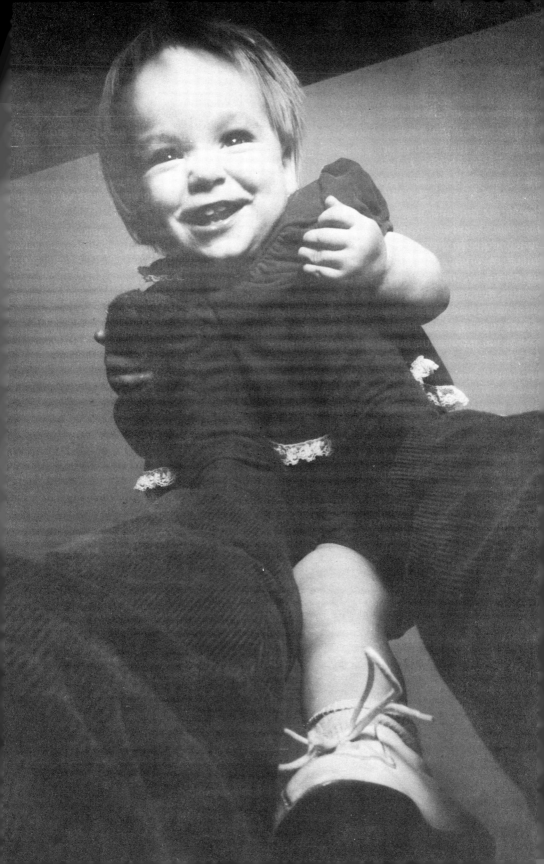

à sa bouche d'une seule main. Il peut tenir sa tasse correctement à deux mains. Prendre des morceaux de nourriture d'une main et manier la cuiller de l'autre lui pose encore des problèmes, car c'est un procédé complexe. Si l'enfant est capable d'enlever ses chaussettes et sa chemise, de sortir les lacets des oeillets et de défaire ses lacets, il se débrouille très bien pour son âge.

Si votre bébé semble vraiment vouloir marcher, vous songez peut-être à lui acheter une marchette. Mais avant de le faire, essayez d'imaginer l'effet qu'elle aura sur lui, surtout s'il est vif et nerveux. Certains bébés ont une réaction quasi hystérique quand ils maîtrisent trop tôt une habileté donnée, et en viennent à trop compter sur tout ce qui les aide pour ce faire. Le Dr Brazelton a décrit un petit garçon qui, dès qu'on le plaçait dans une marchette, devenait un vrai petit sauvage, «perdant contact avec tout ce qui l'entourait, se propulsant en avant, à droite, à gauche, fonçant dans les meubles, sautant les seuils pour aller d'une pièce à l'autre. Il était impossible de l'atteindre, et il était incapable d'arrêter de bouger. Quand finalement on le sortit de la marchette, il se mit à hurler désespérément, comme si on lui avait enlevé quelque chose d'une importance vitale». Quand l'enfant est prêt à marcher, il consacre toute son énergie accumulée à l'apprentissage de la marche. Si on lui enlève la nécessité d'apprendre par lui-même en lui fournissant des «béquilles», il peut cesser de fournir un effort, et le trop-plein d'énergie qui en résulte peut le laisser tendu et malheureux.

Le bébé est plus heureux quand il peut expérimenter les choses par lui-même. Quelques-uns arrivent même à trouver un support tout seuls, en transformant une petite chaise en «marchette», par exemple. Le bébé s'appuie contre une petite chaise, et, contre toute attente, elle se déplace. Puisque le bébé est maintenant à même de faire le lien entre la cause et l'effet, il se rend compte que c'est lui qui a fait bouger la chaise. Il la pousse de nouveau, et elle glisse un peu plus loin. Si le bébé a choisi votre précieux fauteuil Louis XV pour faire ses expériences, renversez une chaise de moindre valeur pour qu'il puisse s'en servir. Il passera peut-être une bonne partie de la journée à la pousser, suivant à pas chancelants. Non seulement cela l'amuse, mais c'est une technique d'apprentissage très efficace. Le bébé acquiert la notion de la marche en sentant et en regardant son poids aller d'un pied à l'autre quand il soulève la jambe.

Il ne faut pas oublier que chaque bébé est un individu particulier: tous les bébés de onze mois n'accomplissent pas les mêmes miracles. Il y en a beaucoup qui ne se tiennent pas encore debout sans appui, tandis que d'autres savent déjà marcher. Le bébé très avancé peut préférer la marche debout à la marche à quatre pattes, contrairement au bébé tranquille qui commence tout juste à se tenir debout en s'appuyant contre un meuble. Il peut permettre à ses parents de le mettre debout, mais il préfère de loin se hisser laborieusement lui-même jusqu'à cette position. Au contraire des «élèves» plus actifs, il apprend lentement, mais ce qu'il apprend représente souvent une acquisition plus sûre que chez les bébés actifs. Il ne lui arrive jamais de tomber à la renverse quand il est debout, et, quand il en comprend la technique, il s'assied graduellement. Par la suite, il est moins inquiet quand il joue debout sur ses deux jambes. Si cette description-ci ressemble à celle de votre bébé, ne vous préoccupez pas de ce que certains bébés dans le voisinage semblent beaucoup plus adroits que le vôtre. Les progrès de votre bébé se situent dans la moyenne, et il n'a pas de retard pour son âge. D'après les normes de développement basées sur l'étude de milliers d'enfants aux Etats-Unis, l'âge moyen de l'acquisition de la marche est entre douze et quatorze mois.

De plus, beaucoup d'enfants ont un corps «mollement articulé». Les articulations sont souples et trop extensibles; elles ont tendance à se plier au-delà d'une extension normale et ne semblent guère se fixer dans quelque position que ce soit. De telles articulations rendent les déplacements plus difficiles, même quand le bébé veut bouger à tout prix. Les muscles du bébé doivent en ce cas se développer plus que la normale afin que l'articulation soit assez ferme pour lui permettre de se tenir debout et marcher. Un tel enfant doit donc s'exercer plus longtemps afin d'acquérir le supplément de force musculaire nécessaire. Il se peut que le caractère tranquille qui va souvent de pair avec ce type corporel retarde effectivement la poussée interne vers l'activité physique jusqu'à ce que le corps soit en mesure d'y faire face.

Beaucoup de mères s'inquiètent parce que leurs enfants, quand ils commencent à se tenir debout, semblent avoir les pieds «roulés en dedans» ou en pronation. L'enfant, les jambes écartées, maintient son équilibre en s'appuyant sur le bord interne du pied et des chevilles, plutôt que de distribuer le poids sur toute la semelle. Quand il saura mieux s'équilibrer, il n'aura plus besoin de cet appui. Le pied deviendra plus fort, la cambrure s'accentuera, et l'enfant commencera à marcher en tournant les pieds en dedans.

Certains enfants, cependant, tournent les pieds en dedans à un tel point qu'ils peuvent trébucher sur leurs propres pieds. Il faut alors s'abstenir de les chausser ou bien leur donner des chaussures très flexibles qui permettent aux orteils de bien s'agripper au sol. Si le bébé continue à avoir de la difficulté, demandez conseil au pédiatre avant que l'enfant n'ait le temps de prendre une attitude défaitiste face à la marche. De toute façon, le pédiatre devrait examiner les pieds et les jambes de l'enfant quand celui-ci marche depuis un mois environ.

Les chaussures ont une importance capitale à ce stade. Le Dr Brazelton dit que «les chaussures brillantes à semelle dure, que bien des grand-mères et ceux de la vieille école croient nécessaires pour «supporter le pied», glissent». Il faut que les chaussures soient parfaitement adaptées au pied de l'enfant. C'est dire qu'il ne faut jamais acheter des chaussures trop grandes sous prétexte de laisser une «marge de croissance». Les souliers trop grands favorisent les chutes et modifient la façon de marcher — l'enfant lance ses pieds vers l'intérieur ou vers l'extérieur pour éviter que les orteils ne glissent dans l'espace supplémentaire au bout du soulier.

L'imitation toujours

L'imitation qu'on a pu constater au dixième mois devient encore plus marquée au cours du onzième. La capacité de se souvenir d'un comportement donné afin de pouvoir le reproduire, est à la base de l'art d'imiter ses semblables. Le bébé doit également être en mesure d'associer le comportement et les qualités aux gens et aux choses. Si le bébé lève un doigt vers le ciel quand vous prononcez le mot «avion», ou essaie de miauler quand vous lui montrez un chat, c'est preuve qu'il commence à associer certaines qualités avec les objets concernés.

Il joue également avec les différences. En laissant tomber des objets l'un après l'autre dans une tasse, il semble écouter la différence entre le bruit sourd d'un bloc et le tintement d'un objet métallique. S'il essaie de faire la même chose avec un verre, il remarquera que le bloc et l'objet métallique sonnent différemment contre cette nouvelle matière. Quand il veut retirer les objets du verre, il essaie d'abord de les prendre à travers les parois du verre. Il insère ensuite sa main dans l'ouverture. Bien qu'il ait déjà versé des objets à partir d'une tasse, il doit tout réapprendre avec le contenant de verre, car les indices visuels qu'offrent les côtés transparents le jettent dans une grande confusion malgré les formes et le comportement habituels. Consterné au début à cause de la différence de la situation dans son ensemble, le bébé la divise éventuellement en ses parties composantes, et apprend à associer les deux sortes de contenant malgré leurs différences apparentes. Plus tard, il généralisera pour appliquer ce qu'il sait du verre à d'autres objets en verre.

Quant au miroir, la situation est un peu plus complexe. Bien que le bébé ait appris à distinguer la réflexion de ses parents et sa propre réflexion de la réalité, il tend peut-être encore la main vers la réflexion d'un jouet préféré. Il comprendra peut-être son erreur quand sa main frappera le miroir.

Malgré quelques petits défauts techniques, l'imitation est de plus en plus délibérée, de plus en plus sophistiquée et de plus en plus utile. Le bébé peut finement renverser les situations pour adopter le comportement qu'il a observé chez les autres. Il cache peut-être le jouet de son frère, par exemple, pour rire à coeur joie quand celui-ci le découvre. Puisque c'est l'aîné qui lui a appris ce jeu, en cachant ses jouets et riant quand il les trouvait, il ne comprend pas trop pourquoi l'autre ne le trouve plus tellement drôle.

C'est également par imitation que le bébé apprend à parler et à s'habiller. A force de vous regarder l'habiller, il sait un peu comment s'y prendre pour enfiler sa chemise, enlève celle-ci quand vous le lui demandez, met son pied dans son soulier, et commence à savoir quel bras ou quelle jambe étendre. Il essaie d'enlever ses chaussettes en attrapant le bout pour tirer — mais la plupart du temps il le tire vers l'arrière et ne réussi que si la chaussette est pratiquement enlevée au début.

Le bébé, pour apprendre à parler, copie non seulement le débit et les intonations de ses parents, mais parvient également à produire des expressions faciales qui sont une mimique très drôle et relativement exacte de celles de ses parents. Il essaie d'imiter par ailleurs les sons du langage. A ce stade, il est clair que l'enfant connaît bien certains mots, puisqu'il «parle» davantage quand il les entend, mais la capacité de les reproduire n'est pas encore au même niveau que la capacité de les comprendre. Il marmonne peut-être quelques séquences de sons qui se rapprochent de *mama, papa* ou *non-non*, mais la plupart des sons qu'il émet sont encore verbalement incompréhensibles.

Durant toute la période qui précède immédiatement l'apprentissage de la marche, qui en est une d'une liberté aussi excitante qu'apeurante, le bébé est extrêmement dépendant de sa mère. Il s'identifie très étroitement avec votre comportement et essaie de vous imiter dans tout ce que vous faites. Il sera peut-être constamment à vos côtés, vous suivant tout au long de la journée. Si vous vous couvrez la tête d'un fichu pour travailler, il trouve un vieux fichu à mettre ou bien se couvre la tête d'un torchon. Il essuie la table en même temps que vous, tourne maladroitement une cuiller quand vous faites un gâteau, s'accroche à l'aspirateur quand vous essayez de faire le ménage. Il «va chercher» des objets et il est ravi quand il revient avec ce que vous avez demandé. Il se tient peut-être même debout entre vos jambes, s'appuyant sur elles quand vous vous arrêtez, de sorte que vous devez constamment l'enjamber — il vous arrivera peut-être même d'y trébucher.

Il vous regarde vous balancer dans une berceuse, puis y grimpe lui-même, vous pousse pour vous en sortir et s'y bercer. Il ferme ses yeux et fredonne, tout comme Maman le fait quand elle est bien. Vous avez probablement déjà bercé le bébé quand il était plus jeune, mais c'est maintenant une expérience nouvelle puisqu'il peut se bercer lui-même.

L'indépendance croissante du bébé par rapport à ses frères et soeurs, et l'attraction du père viennent faire contrepoids à la dépendance qu'il manifeste envers sa mère. Le bébé se met à imiter ses aînés dans la façon dont ils manient leurs jouets, frappe le sol avec un petit marteau et pique le papier du bout du crayon quand les aînés colorient. Si son

frère essaie de guider sa main pour lui montrer comment faire, il la retire et refuse absolument la leçon — ce qui n'empêche pas qu'à la tentative suivante ses mouvements se rapprochent un peu plus de ceux que son frère a essayé de lui apprendre.

Presque tous les bébés de cet âge sont très attachés à leur père et anticipent son retour à la maison en fin de journée. Ils se comportent comme si le père se conduisait d'une façon différente à leur égard, ce qui est tout à fait juste. Les pères sourient moins et parlent moins que les mères, mais ils s'attachent davantage à amener l'enfant à l'engagement actif dans l'environnement physique. Le petit garçon, surtout, adore se «tirailler» avec son père. Aller à cheval sur le pied de papa, se faire lancer en l'air, tourner, sautiller sur son dos ou se promener partout sur Papa à quatre pattes l'amusent énormément. Plus le jeu est violent, plus il l'aime; il vous le fait bien comprendre en protestant très énergiquement dès que Papa décide enfin qu'il veut manger ou lire son journal. Certaines mères interprètent ce comportement comme un signe de la lassitude du bébé à se trouver isolé en compagnie féminine toute la journée et comme un désir de nouveauté. Bien que cela soit vrai en partie pour tous les bébés, le père donne de plus au petit garçon une sorte de prolongement de son développement actif, plus l'occasion de s'identifier à un autre mâle. Tout comme la petite fille commence à prendre conscience de sa féminité, le petit garçon commence à prendre conscience de son identité masculine.

Non, non, et non!

Le bébé de cet âge tient beaucoup à tout découvrir sur sa propre personne. En se mettant debout et se penchant, il ne pratique pas uniquement des habiletés physiques. Il compare aussi la sensation de faire quelque chose de l'un et l'autre côté du corps pour voir si on peut accomplir une même chose de différentes façons.

La capacité de comprendre la signification du «Non» fait également partie de l'identité du bébé. Tout comme il le fait pour la station debout, il doit s'exercer nuit et jour au «Non». Il secoue la tête et dit non à tout — même quand il veut dire oui. Il aime beaucoup le mouvement de la tête et calcule son «Non» pour qu'il coïncide avec le balancement de sa tête.

Il en est ravi au point de pouvoir passer tout le temps du repas à faire non de la tête et à refuser de manger. Il refuse de coopérer lors du bain — et attraper son visage pour le laver tandis qu'il balance sa tête d'un côté à l'autre peut devenir un vrai tour de force. Quand vous le changez de couches, il n'arrête pas de secouer la tête et se tortille de tout le corps dans un «non» global.

En même temps que le bébé apprend à dire «Non», il commence à comprendre les implications du «Non» d'autrui. Il discerne de plus en plus la différence entre «sage» et «pas sage». Quand il se comporte «bien», il cherche constamment votre approbation: par exemple, après avoir réussi à mettre sa chaussette ou à construire une tour avec deux blocs, il crie «garde», et son sourire dénote clairement qu'il s'attend à en être félicité. Après avoir consciencieusement avalé une partie de son repas, il tend fièrement son assiette. Quand il a bu tout le lait de son biberon, il le tend en le secouant pour montrer qu'il est bien vide. Quand il a fini dans le noir son biberon du soir, il veut que vous allumiez la lumière pour admirer la transparence du biberon avant de dormir.

En même temps, il prend conscience des implications d'un comportement «fautif». Il apprend à ouvrir le téléviseur. Quand celui-ci s'ouvre à plein volume, il prend peur; il se dépêche d'aller se cacher dans une autre pièce en attendant que quelqu'un d'autre vienne diminuer le volume. Il apprend très vite que ce vacarme subit fera venir quelqu'un. Il faut lui rappeler constamment de ne pas toucher l'appareil. Sur le point de tirer la chasse d'eau, il jette rapidement un coup d'oeil autour de lui, et puis la tire quand même. Quand son père vient voir ce qu'il fabrique dans la salle de bains, il se cache à moitié derrière la porte, complètement décontenancé.

Quand il va faire un mauvais coup, il vous regarde comme pour dire «Ne me suivez pas» avant d'aller au coffre à jouets de son frère (terrain strictement interdit), jette un coup d'oeil par-dessus son épaule, soulève le couvercle, prend un jouet, et puis laisse sans le vouloir tomber lourdement le couvercle. Il cache le jouet sous son bras, et puis trouve un endroit sûr pour s'amuser avec son butin. Si vous le surprenez dans son jeu, il écarquille les yeux et vous sourit bêtement.

Le bébé sait clairement ce qu'il fait. Il comprend la signification du «Non» et certaines implications de son comportement. Déjà à sept mois, le bébé pouvait sembler gêné quand on le surprenait à faire quelque chose qu'il ne devait pas faire. Maintenant, il est encore plus conscient des relations de cause à effet. Quand il répète votre juron préféré, il est comme suspendu dans l'attente de votre réaction, parce qu'il est conscient du fait que ce mot-là tient une place spéciale dans *votre* vocabulaire. Vous découvrirez peut-être également que la qualité de l'ouïe de l'enfant varie selon ses motivations et l'intérêt qu'il porte à faire ce que vous lui demandez. Il peut entendre très mal quand il s'agit de quelque chose qu'il ne veut pas entendre, tandis qu'il a l'oreille très sensible quand il s'agit d'écouter le tic-tac de la montre de Papa ou de vous entendre chuchoter tout bas à l'autre bout de la pièce «Qui veut un biscuit?»

L'enfant devient aussi de plus en plus adroit et mobile. Puisqu'il est capable de s'éloigner très rapidement dans un monde qui comporte quand même certains dangers, vous devez imposer des limites à ses «voyages». Fort heureusement, l'obéissance et l'attachement à certaines personnes se développent à peu près en même temps que ses capacités de locomotion et sa compréhension des phrases simples. Le bébé de cet âge est en mesure de comprendre son propre «Non» et les ordres très élémentaires qu'il se donne, suffisamment en tout cas pour comprendre et se conformer au «Non» et aux interdictions (si elles ne sont pas compliquées) de sa mère. Il peut aussi comprendre certaines exigences plus complexes, non pas nécessairement parce qu'il comprend les mots employés, mais surtout parce que vous lui communiquez la signification de la phrase au moyen de l'expression du visage, de l'intonation et des gestes qui accompagnent les mots. Certains bébés peuvent également obéir à des consignes bien établies en freinant leur approche de quelque chose qui a déjà été interdit, tandis qu'ils marmonnent «Non-non» ou se secouent énergiquement la tête comme pour se convaincre du bien-fondé d'un tel comportement. Dans les situations expérimentales, l'on a pu associer l'exercice précoce d'un tel contrôle de soi avec l'intelligence.

A peu près à la même époque, le bébé essaie de mettre votre «Non» à l'épreuve. Quand vous êtes près de lui, il vous taquine peut-être inlassablement, tirant sur votre jupe ou vos souliers, cognant contre le livre que vous essayez de lire. Si vous faites comme si de rien n'était, il fait exprès pour se mettre dans des situations où il a besoin de votre aide, ou se dirige vers un «Non», tel la prise de courant, la cuisinière, ou le téléviseur. Si vous ne vous objectez pas immédiatement, il peut ralentir et se retourner vers vous. Dès qu'il constate que vous le regardez, il sourit et se dirige à toute vitesse vers l'objet interdit. En général, ce n'est pas l'objet lui-même qui l'intéresse — il y retourne rarement si vous ne le regardez pas. Les enfants jouent souvent à ce jeu même quand ils ont compris les raisons de l'interdiction et s'y sont résignés.

Ses mises à l'épreuve peuvent parfois vous incommoder plus que ça. La nuit, une fois qu'il est couché, il peut se mettre à vous appeler, et le fera autant de fois que cela vous fera venir. Il faut que les parents fassent preuve de fermeté dans un tel cas, ou bien l'enfant deviendra de plus en plus exigeant, et l'ambiance familiale deviendra tendue au point d'éclater. Bien qu'un tel comportement n'apparaît en général que plus tard, quelques bébés de onze mois peuvent commencer à faire un usage très conscient des «crises» à mesure qu'ils se rendent compte qu'ils peuvent exercer un contrôle sur les gens. Quand votre bébé veut un biscuit qu'il ne reçoit pas, ou encore un jouet (interdit) de son frère, il se jette peut-être à votre grand étonnement de façon très dramatique sur le sol pour donner des coups de pied en hurlant. Surprise et accablée par ce tempérament colérique nouveau, vous êtes peut-être portée à céder au début plutôt que de le regarder hurler. *Mais il suffit d'une fois.* Si vous lui donnez ce genre d'encouragements, le bébé répètera son numéro chaque fois qu'on le contrariera. Les bébés sont très intelligents quand il s'agit de découvrir le comportement qui «marche» le mieux avec telle ou telle personne. Si son spectacle n'émeut guère sa gardienne, il le réservera uniquement pour vous.

Plutôt que de punir le bébé, ce qui le laisserait troublé, essayez de le laisser tomber et hurler par terre sans réagir. Au début, il redoublera probablement ses efforts, mais si vous persévérez assez longtemps, il finira sans doute par se calmer — en vous jetant peut-être un coup d'oeil étonné — et reprendra son jeu. La fin tranquille d'un tel incident est le signe que le bébé n'est pas vraiment en difficulté. L'enfant en proie à une vraie crise de colère ne peut pas y mettre fin avec autant de facilité.

On réprime toujours la «mauvaise conduite» de l'enfant de la même façon, même quand les réprimandes viennent d'autres membres de la famille. Puisque vous n'êtes pas toujours assez rapide pour devancer le bébé, un enfant plus âgé apprendra peut-être à lui faire comprendre les «non». Si sa soeur aînée se fâche quand le bébé renverse la table de poupée dressée pour le thé, cela suffira peut-être pour que le bébé ne répète pas son geste. Parfois, tourner le dos aux mauvais tours de l'enfant peut s'avérer aussi efficace que la colère. Et la distraction peut résoudre bien des problèmes. Quand, par exemple, l'aîné éloigne le bébé de son coffre à jouets en le tirant par les chevilles, il ne fait que déclencher un nouveau jeu. Il le tire, et le bébé attend qu'on le relâche de l'autre côté de la pièce, puis retourne aussi vite qu'il le peut au point de départ — après tout, c'est amusant jusque là. Mais si son frère dit «Non» et attire l'attention du bébé sur un autre jouet, le tour est joué: l'aîné l'appelle d'une autre pièce, ou tire un jouet devant son cadet, qui le suit — ensuite il se dépêche d'aller fermer le coffre à jouets. L'enfant de trois ans a vite appris ce que les mères mettent souvent plusieurs mois à découvrir. Si on détourne le bébé de son but sans attirer son attention ailleurs, on ne fait que le défier de répéter, de plus en plus vigoureusement, son premier geste.

Il faut parfois adresser un «Non» très ferme à l'enfant. Celui-ci peut sursauter, se tourner vers vous comme pour voir si c'est sérieux, plisser son visage comme s'il allait pleurer pour ensuite se tourner et s'occuper à autre chose. Même si bien des bébés semblent savoir quand s'arrêter, la plupart peuvent se laisser emporter et pousser trop loin ces mises à l'épreuve. Il est ridicule de permettre au bébé d'utiliser une chose aussi dangereuse que la cuisinière pour vous taquiner ou attirer votre attention.

La mère qui a déjà une certaine expérience parviendra sans doute à s'adapter à un rôle disciplinaire sans s'inquiéter outre mesure de blesser le bébé par sa fermeté. Mais les parents confrontés à un premier enfant peuvent se sentir coupables si le bébé affiche un air blessé quand ils ont fait preuve de fermeté, ce qui n'enlève rien à l'importance d'une telle prise de position.

Le meilleur moyen d'assurer l'acquisition de l'obéissance volontaire, ne consiste pas à entreprendre un programme d'entraînement impressionnant, ni une grande discipline, ni une autre tentative de modifier le cheminement normal du développement de l'enfant. Il consiste plutôt à assurer la continuité des rapports sains et harmonieux entre la mère et l'enfant. Vous pouvez abuser de l'affection que le bébé vous voue pour mettre fin à ses explorations — qui lui sont nécessaires —, ou bien vous pouvez en user de façon positive, en lui laissant la liberté de grandir et d'apprendre, posant des limites uniquement en cas de danger, ou quand les intérêts des autres membres de la famille l'exigent.

Le Dr Mary D. Ainsworth de John Hopkins University a pu constater, lors d'un projet de recherche fascinant, que la discipline de la mère — c'est-à-dire la fréquence des ordres donnés et des interventions physiques — n'amenait pas le bébé à une plus grande obéissance. Au contraire, plus elle laissait le bébé se promener librement, plus celui-ci avait tendance à exercer des contrôles sur son propre comportement. Le Dr Ainsworth a découvert que certaines qualités maternelles — réceptivité envers l'enfant, la pleine acceptation de celui-ci, et une volonté de coopérer avec lui — étaient étroitement liées à l'obéissance du bébé. Comme elle dit: «La mère sensible est pleinement consciente des signes et signaux de communication de l'enfant, qu'elle interprète bien et auxquels elle répond rapidement et de façon appropriée. De plus, elle peut considérer les choses du point de vue du bébé. La mère insensible fonctionne presque exclusivement en accord avec ses propres désirs, humeurs et activités. Elle est portée à intervenir en réponse à ses propres signaux et se rapporte très rarement à ceux du bébé.»

«La mère qui accepte vraiment son enfant accepte à peu près tous les aspects du comportement du bébé, y compris des éléments que d'autres mères trouvent blessants ou de mauvais goût, et elle assume également la responsabilité des soins du bébé sans se révolter contre la restriction temporaire de ses activités normales. La mère «repoussante» peu nourrir des sentiments positifs à l'égard du bébé, mais elle est souvent accablée par les ressentiments et la colère qu'elle peut exprimer ouvertement ou manifester plus subtilement dans son comportement envers l'enfant et les remarques qu'elle fait à son sujet. La mère coopérative évite d'imposer sa volonté au bébé et adapte l'environnement et son horaire afin de réduire au minimum la nécessité de contrôler ou d'interrompre les activités du bébé. Quand elle intervient, elle fait preuve de beaucoup d'habileté en établissant une «ambiance» qui favorise l'acceptation de sa volonté ou son contrôle en tant que quelque chose d'agréable à l'enfant. La mère importune dont les activités et les désirs peuvent avoir une validité en soi semble présumer qu'elle a le droit absolu de faire ce qu'elle veut de son enfant, lui impose sa volonté, le modèle d'après ses propres critères, et l'interrompt arbitrairement sans égard pour les désirs, les humeurs ou les activités du bébé.»

Les mères qui, d'après ces critères, étaient sensibles, acceptaient le bébé et coopéraient avec lui, avaient des enfants qui se conformaient naturellement à leurs consignes. Comme le fait remarquer le Dr Ainsworth, «Le premier, et le plus important pas vers la socialisation de l'être humain est la volonté du bébé à faire ce qu'on lui demande de faire. Le développement d'une disposition initiale et générale à l'obligeance peut donc s'avérer déterminant dans le développement du bébé et son apprentissage social ultérieur.»

LE ONZIÈME MOIS

Développement moteur

Motricité brutale

Se tient debout sans aide.
Se lève en étendant les membres pour donner une poussée contre les paumes, en soulevant le torse. Peut se lever aussi en fléchissant les genoux, poussant à partir d'une position accroupie.
Peut se tenir debout seul et faire des signes de main.
Peut s'appuyer contre un support et se pencher.
Debout, peut faire pivoter le corps à un angle de 90 degrés.
Marche quand on lui tient une ou deux mains.
Monte l'escalier.

Position assise

S'accroupit et se penche.

Fine motricité

Tient un crayon, fait des marques.
Tient la poignée d'une cloche.

Peut porter la cuiller à sa bouche.

Peut se servir des mains dans une séquence, c'est-à-dire pour se nourrir par exemple, ou simultanément, c'est-à-dire s'accroupir et prendre un objet dans une main, en s'accrochant à un appui de l'autre.

Peut enlever ses chaussures, défaire les lacets des souliers.

Développement verbal

Développement actif

Son langage est encore en grande partie du baragouin; quelques sons intelligibles.

Imite les inflexions, les rythmes du parler, les attitudes faciales, plus précisément que les sons du langage eux-mêmes.

Prononce deux ou trois mots en plus de *mama* et *papa*.
Marmonne un ou des mots pendant de longues périodes de temps.

Peut employer des phrases baragouinées dans lesquelles il noie parfois quelques mots significatifs.
Peut exprimer des pensées par un seul mot.

Passif

Commence à différencier les mots.

Reconnaît les mots en tant que symboles d'objets; le mot "avion" lui fait montrer le ciel, le mot "chien" le fait grogner ou aboyer.

Il ne faut pas considérer ce tableau comme un calendrier rigide. Les bébés sont imprévisibles. Beaucoup commencent à exercer une activité plus tôt ou plus tard que la date indiquée au tableau.

Développement mental

Développement social

Développement personnel

Pointe du doigt un objet dans un verre.
Essaie parfois de le saisir à travers les parois du verre.
Explore les rapports contenant-contenu.
Met ses doigts dans des trous conçus pour recevoir des formes.
Soulève le couvercle des boîtes. Déballe un cube. Touche le battant d'une cloche. Met de petits objets (petits blocs ou bobines de fil) dans une boîte ou une tasse, et les enlève.

L'imitation augmente. Imite le griffonnage, le geste de faire sonner une cloche.

Conscient de ses propres actions et de quelques-unes de leurs conséquences. Compare un même geste tel qu'accompli de la gauche ou de la droite. Peut utiliser les deux mains en même temps pour des fonctions différentes.

Fait des expériences concernant les moyens d'atteindre un but: transforme une chaise en marchette.
Fait le lien entre les objets et leurs propriétés: miaule pour indiquer le chat, lève un doigt vers le ciel quand il voit un oiseau.

Peut enlever et remettre les anneaux d'une tour conique. Peut arranger correctement une série de boîtes cigognes. Tourne les pages d'un livre, mais pas nécessairement une page à la fois.

S'intéresse aux images dans les livres.

Tend la main vers les images dans le miroir, quand il s'agit d'objets.

S'affirme parmi ses frères et soeurs.

Réaction à l'environnement

La dépendance sur la mère s'accentue.
Peut déduire certains buts de sa mère d'après son comportement et perçoit les moyens par lesquels elle essaie de les lui faire atteindre. Commence à essayer de les modifier au moyen de protestation ou de persuasion.

Obéit à des ordres. Peut inhiber son propre comportement.
Cherche l'approbation.

Essaie d'éviter la désapprobation.

Ne coopère pas toujours. Rejette tout enseignement coercitif; résiste quand on veut lui enlever un jouet; tend le jouet mais ne lâche pas prise; aime imiter pour ensuite faire les choses par lui-même; proteste énergiquement contre toute interruption du jeu.

Etablit la signification du "non".

Se sent coupable s'il a fait un mauvais coup.

Peut taquiner et éprouver les limites de la patience de ses parents.

Imite les mouvements des adultes, les mouvements et le jeu d'autres enfants.

Joue parallèlement, mais non pas avec un autre enfant.

LE DOUZIÈME MOIS

ON ALLONGE LE PAS

Bien des bébés sont prêts à marcher dès le douzième mois. Et cette activité fascinante crée une diversion qui détourne l'enfant de certaines choses que les mères, comme la plupart des adultes, considèrent comme essentielles: manger et dormir. Mais il y a des conséquences plus graves encore. Le bébé peut atteindre les gens et les choses, explorer l'espace et les objets avec une efficacité qu'il n'atteignait même pas à quatre pattes. Il dépend moins maintenant du contrôle des adultes. Pourtant il craint encore cette indépendance, et se met de nouveau à avoir peur des étrangers, peur d'être séparé de vous. De plus, il vous faut travailler de concert avec le bébé pour maintenir l'équilibre, la liberté et la retenue.

La marche vient couronner les progrès excitants de cette longue année «motrice». Le réflexe de la marche qu'on a pu constater à la naissance, plus marqué encore vers la fin du premier mois, lui permettait peut-être de faire jusqu'à quinze pas de suite quand vous le teniez sous les aisselles. Ce réflexe a disparu par la suite, pour réapparaître au début de la deuxième moitié de l'année, quand le bébé frappait volontairement le sol d'un pied ou de l'autre, ou «pompait» de tout son corps quand vous le teniez debout. Puis, il «marchait» délibérément sur place et faisait éventuellement quelques pas si vous lui teniez les mains. (Beaucoup de bébés en sont encore à cette étape-là au douzième mois, ou commencent tout juste à se lever tout seuls).

Très souvent, le bébé fait ses premiers pas par accident. En le faisant marcher, il se peut que vous lâchiez ses mains et qu'il fasse un pas sans aide avant de se rendre compte que vous ne le tenez plus. Frustré par votre abandon, il se laisse ensuite tomber par terre. Il arrive aussi que le bébé fasse ses premiers pas en s'exerçant à manoeuvrer en position debout. Comme quand il s'occupait à perfectionner son habileté à s'asseoir, il pivote à la taille pour aller chercher un jouet derrière lui ou pour vous faire un signe de main. Au début, il s'accroche à un appui pour garder l'équilibre. Bientôt, il s'essaie sans appui, et ensuite il apprend à maintenir l'équilibre en tournant et en étendant ses bras. Cette étape franchie, il commence à tourner tout son corps, section par section — le haut du corps d'abord, le bas ensuite, faisant une sorte de plongeon en maintenant l'équilibre avec ses bras.

Croyez-le ou non, ce sont là les premiers pas que le bébé fait tout seul.

Très rapidement, le bébé met à profit la technique d'équilibre qu'il a apprise en se retournant. Il déploie ses bras et se met à décrire des cercles très serrés pour se donner une espèce de propulsion rotative. Tendant chaque muscle du corps, il s'aventure enfin, à faire quelques pas pour aller d'un parent à l'autre. Les yeux rivés à son but, le visage sérieux, il avance d'un pas chancelant, sur ses orteils, pour ensuite s'effondrer en émettant des cris de joie dans la direction des bras tendus de son père ou de sa mère.

En moins d'une semaine, il parvient à traverser toute une pièce sur les deux jambes. Les bras levés, les genoux raides, il avance jambes écartées, penchant son corps de côté à chaque pas. Tel un vieux marin, il marche lourdement, perdant parfois pied sur le plancher de bois ou sur une descente de lit. Mais ces chutes ne le découragent aucunement: il se resaisit, se relève et, à moins qu'il ne trébuche de nouveau au même endroit, repart avec enthousiasme.

Il apprend à ralentir, à rétablir son équilibre et à tourner, et s'amuse bientôt à manoeuvrer autour des coins et des meubles. Il apprend aussi, mais en dernier lieu, à s'arrêter. Le faire au milieu de la pièce est un vrai tour de force. Avant d'y parvenir, il ne s'arrête qu'en tombant ou en attrapant ce qui passe à côté de lui, que ce soit des gens ou des meubles. Quand il est enfin capable de s'arrêter sans aide, il s'y exerce sans relâche.

En une semaine environ, il se transforme; au début une personne qui semble vouloir mais qui n'ose pas, il est sept jours plus tard quelqu'un qui ne peut pas en avoir assez. Les compliments et l'enthousiasme des parents peuvent augmenter considérablement le nombre de pas qu'il fait avant de tomber. Mais que vous soyez là ou non, il chancelle, tombe, arrête, mais repart toujours en avant, heure après heure. Vous serez peut-être fascinée par le dévouement inlassable, presque fébrile du bébé. L'exubérance et la satisfaction que l'expression du bébé manifeste clairement, indiquent qu'il se rend compte qu'il a atteint un but majeur. Les bébés sont possédés à ce point par les prouesses de la marche, qu'ils peuvent passer en marchant par-dessus bord d'une table dont ils descen-

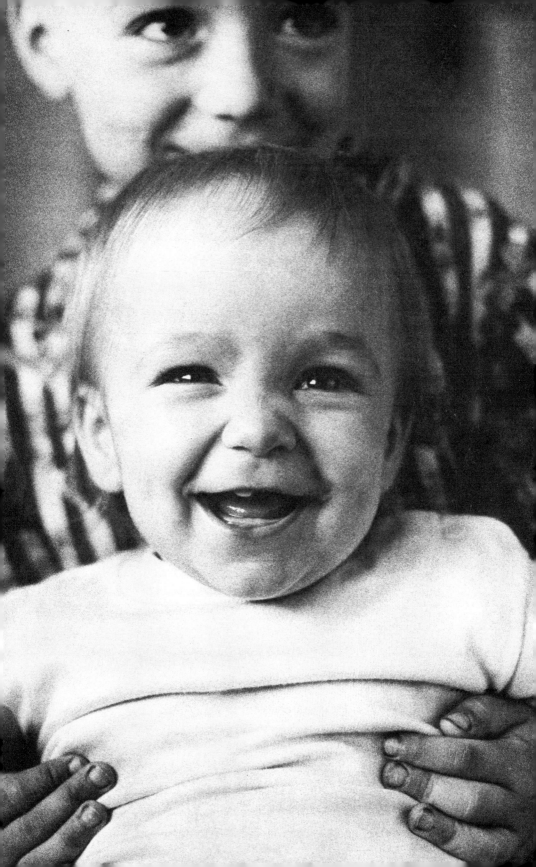

daient à quatre pattes avec les plus grandes précautions quelques mois auparavant.

La détermination qui caractérise les premières expériences de la marche nous donne un aperçu rare de la force innée qui pousse les jeunes animaux d'un niveau de développement au niveau supérieur et vers la conquête de leur environnement. Les sentiments de l'enfant attestent également de la joie et de la fierté d'accomplir quelque chose par lui-même.

La marche restera pendant longtemps encore un acquis difficile à manier. Il ne faut en aucun cas le voir comme une chose à offrir en spectacle aux autres, surtout à ceux que le bébé perçoit comme étrangers, dans un endroit inconnu. L'enfant doit encore se concentrer totalement sur ce qu'il fait en marchant. La marche à quatre pattes demeure l'approche «sérieuse» de l'environnement, celle dont il se sert quand il veut vraiment se déplacer rapidement ou quand il veut explorer librement un paysage nouveau. Tout comme on pouvait juger aux environs de six mois de son habileté à s'asseoir d'après la hauteur de ses bras, on peut maintenant mesurer ses prouesses pédestres d'après la hauteur à laquelle il doit tendre les bras. A mesure que son sens d'équilibre se stabilise, il baisse graduellement les bras. C'est un pas en avant de première importance, qui dénote que le bébé a appris à trouver un équilibre interne en contrôlant les muscles du torse. Il lui permet en outre de maîtriser d'autres manoeuvres, à se servir de ses mains tout en marchant par exemple. Au début, ces gestes s'accomplissent au rythme des jambes, puisque l'enfant peut ainsi mieux les intégrer à l'action corporelle dans son ensemble. En partie pour cela, mais aussi parce qu'il a une grande valeur sociale, l'«au-revoir» de la main, accompagné du mot en question est un des premiers gestes à s'ajouter à la marche.

Les bébés qui marchent déjà depuis un mois ou deux en sont déjà aux manoeuvres plus complexes. Le bébé peut tenir ses jouets en équilibre au bout des bras en marchant par exemple. Comme l'enfant plus âgé qui se tient en équilibre sur une clôture, il tient ses mains bien hautes. Il peut aussi marcher à reculons, tirant un jouet dans son sillage pour pouvoir le regarder en tirant (même s'il accroche dans les meubles en passant). Il est plus facile pour le bébé de reculer qu'on pourrait le penser. Après tout, quand il a commencé à se traîner par terre et à marcher à quatre pattes, il reculait avant de pouvoir avancer.

Pour la plupart des bébés, marcher est une tâche assez rigide. Ils ne sont pas encore suffisamment à l'aise pour transférer des parties de l'acte global à d'autres habiletés physiques. Il lui faudra des semaines, par exemple, pour apprendre à pousser une petite auto ou une bicyclette à quatre roues en se servant alternativement des deux jambes. Il avancera petit à petit, tenant à emboîter le pas avec son frère ou sa soeur sur un tricycle. Il commence en poussant des deux pieds, poussera parfois d'un seul côté, puis reprendra sa poussée laborieuse à deux pieds. Faire alterner les pieds pour pousser est juste assez différent de les faire alterner dans la marche pour créer des problèmes. Le bébé doit maintenir son équilibre en restant assis, et doit pousser vers l'arrière contre le sol, aussi bien que vers le bas. Accordant sa pleine importance à la rigidité qui caractérise l'apprentissage de beaucoup d'habiletés chez l'enfant, le Dr Myrtle McGraw, ancienne directrice du département de Psychologie du développement à Briarcliff, qui est à l'avant-garde de la recherche sur l'enfance depuis bientôt 40 ans, est même parvenue à apprendre le patin à roulettes aux bébés. Elle commence leur entraînement une fois que les enfants ont appris à s'équilibrer en position debout, mais avant qu'ils n'adoptent une façon spécifique de déplacer le poids du corps en avant.

En même temps que la marche apparaît, l'enfant commence à faire des mouvements de natation dans la baignoire. Tout comme la marche, la natation passe par trois phases: le nouveau-né possède le réflexe de nager et peut avancer assez bien dans l'eau. Ensuite, à partir du troisième mois, l'enfant a de la difficulté dans l'eau. Mais maintenant, si on soutient doucement le bébé sous la poitrine, le corps se met à onduler, les bras se mettent à décrire des cercles et les pieds battent alternativement. Nous héritons les mouvements de natation de nos ancêtres amphibies. Les tout jeunes enfants sont fascinés par l'eau et adorent nager. Il faut exercer une surveillance constante quand on est près de l'eau, car le bébé n'hésitera pas à plonger en eau profonde. La peur de l'eau et la crainte de submerger sa tête apparaissent au cours de la deuxième année, quand l'enfant prend conscience de ce que l'eau peut faire. Il est très facile d'apprendre à nager à l'enfant avant que ces peurs-là n'apparaissent, mais, si l'on ne continue pas à faire nager régulièrement l'enfant à partir de maintenant, les mouvements de natation disparaîtront avec l'expansion croissante du discernement et des expériences sensorielles de l'enfant.

L'homme à tout faire

La marche, le plus évident, le plus dramatique des accomplissements physiques, tend à rejeter dans l'ombre les autres progrès étonnants que fait l'enfant à la même époque. Vous avez peut-être remarqué, à votre grand amusement ou désespoir, que le bébé devient de plus en plus adroit, même s'il est encore incapable de bien manier beaucoup d'objets. Quand vous lui tendez un bol, par exemple, il s'empresse de le prendre — mais en plaçant ses doigts à l'extérieur, le pouce à l'intérieur, le pourtour dans la paume. (Il gardera cette habitude jusqu'à l'âge de dix-huit mois environ).

Le bébé a quand même fait beaucoup de chemin, grâce au fait, entre autres choses, que les os de la main et du poignet se sont affermis. Il peut manipuler les objets plus facilement que lorsqu'il était tout jeune, quand ses os n'étaient que cartillage mou. A six mois, il saisissait avec beaucoup d'efforts un objet en guidant sa main avec ses yeux: maintenant, il tend la main vers les objets en regardant ailleurs. Laissant derrière lui les gestes grossiers de sa main en «griffe», il parvient à manier les petits objets avec beaucoup de précision en se servant du pouce et de l'index. S'éloignant également de l'engagement corporel total qui caractérisait le moindre geste, il raffine et limite ses efforts, qui n'impliquent plus que les muscles du bras et de la main. En contraste avec le geste de tendre les deux mains vers les objets qui lui étaient habituels à six mois, il tend maintenant une main préférée dans son champ de vision.

La plupart des bébés de cet âge utilisent la main droite pour l'exploration, et la gauche comme contenant ou véhicule. Aux environs de quatre mois et demi, les bébés se servent souvent d'une ou l'autre main indifféremment. Maintenant, environ soixante-dix pour cent des enfants prennent l'objet qu'on leur donne de la main droite. On constate un favoritisme de ce genre quand ils sucent leurs doigts ou leur pouce, quand ils se nourrissent et quand ils cherchent à atteindre quelque chose. En situation expérimentale, les enfants de cet âge démontrent leur dextérité de fin d'année en soulevant et en retenant une porte coulissante transparente d'une main pour tendre l'autre vers un jouet. Un bébé plus précoce peut appuyer son menton sur la main gauche, se tenant sur le coude gauche, et pousser ses jouets avec la main droite.

Certains bébés sont déjà capables de tenir plus de deux jouets à la fois. Vous vous rappelez peut-être qu'aux environs de sept mois le bébé laissait tomber le jouet qu'il avait à la main s'il voulait en prendre un autre — à condition que vous lui offriez le deuxième avant que le premier ne soit déjà dans sa bouche. Au environs de dix mois, il commençait probablement à prendre le deuxième jouet dans sa main libre sans laisser échapper le premier. Si vous lui offrez un troisième jouet, il mettra peut-être un de ceux qu'il détient déjà dans le pli du coude opposé pour prendre le troisième jouet dans sa main libre. Pour autant que le bras tient bon, il continue à accepter les jouets offerts. Il devient un manipulateur d'outils assez habile, à l'image des autres humains et à l'opposé de la plupart des autres animaux. En se servant de ses bras et de ses mains pour tenir et déplacer les objets, le bébé convertit les éléments de son monde en moyens d'atteindre les buts qu'il choisit — dans ce cas, prendre des jouets sans que ce soit sa mère qui fasse le travail à sa place. La nouvelle confiance qu'il place dans ses mains va lui donner de plus en plus de liberté pour accomplir des choses par de nouvelles méthodes et pour son plaisir.

Jouissant de tant d'habiletés, quelques bébés actifs sont capables de se déshabiller complètement à douze mois, qu'on le veuille ou non. Votre bébé défait peut-être ses lacets, enlève ses chaussures et ses chaussettes, ou bien va jusqu'au bout enlevant aussi sa salopette, sa chemise et ses couches avant de sortir dans la cour. Vous pouvez prévenir cette «catastrophe» mineure en lui mettant sa salopette à l'envers, les boutons dans le dos. Un beau matin vous découvrirez sans doute votre bébé tout nu dans son lit, ses vêtements dans un tas par terre. Peut-être parce que votre première réaction lui a fait plaisir, il pourra s'obstiner à enlever tout ce qu'il pourra chaque fois qu'on le couchera. Il va sans dire que s'il décide d'aller à la selle pendant ce temps-là, son lit ne sera pas beau à voir. Vous pouvez faire échec à cette habitude en l'habillant de vêtements de nuit qui s'attachent fermement dans le dos.

Manger? Il n'en est pas question!

Vous savez probablement déjà que chaque étape importante, comme l'apprentissage de la marche, a de nombreuses ramifications. L'ardeur et le dévouement obstiné que le bébé apporte à l'apprentissage de la marche empiètent sur ses repas et son sommeil. Conscient que la marche constitue un autre moyen de se séparer de vous, l'enfant traverse une période craintive.

Tant d'activité ralentit la prise de poids, même si l'enfant mange bien et avec appétit. Dans la plupart des cas, la courbe de la prise de poids ralentit la première fois aux environs de sept mois, quand le bébé commence à marcher à quatre pattes et s'intéresse moins à la nourriture. Le bébé brûle encore plus de calories maintenant dans son incessante activité. C'est peut-être aussi que son corps ne peut pas utiliser toute la nourriture absorbée, comme les aliments que l'enfant mange avec ses doigts ne sont pas aussi bien mastiqués ni digérés que les aliments en purée. Mais le bébé peut quand même absorber tout ce qu'il lui faut en ne mangeant que ce qu'il peut prendre avec ses doigts. Le ralentissement de la prise de poids est une bonne chose, en dépit de la croyance autrefois populaire que le bébé en bonne santé est toujours tout rond. A ce stade-ci, le bébé doit développer des tissus musculaires, et non pas de la graisse.

L'indépendance que la marche peut donner à l'enfant, risque de compliquer davantage les repas et d'agacer bien des mères. En fait, la nourriture deviendra peut-être une arme dont se servira le bébé pour s'opposer à la mère, au même titre que le «non» ou les crises de colère. Ce n'est qu'un aspect de la différenciation et de l'affirmation de soi sur l'environnement. Oubliez donc les rêves de trois repas bien équilibrés par jour. Ne vous étonnez pas si l'enfant mange bien lors d'un repas, plus ou moins bien lors d'un autre et pas du tout au troisième. Il a peut-être des préférences et des dégoûts bien définis, il refuse peut-être de goûter tout ce qui est nouveau, ne mange peut-être que trois ou quatre aliments préférés et insiste peut-être pour se nourrir lui-même. Tout cela peut vous désoler au plus haut point, mais tout ce que

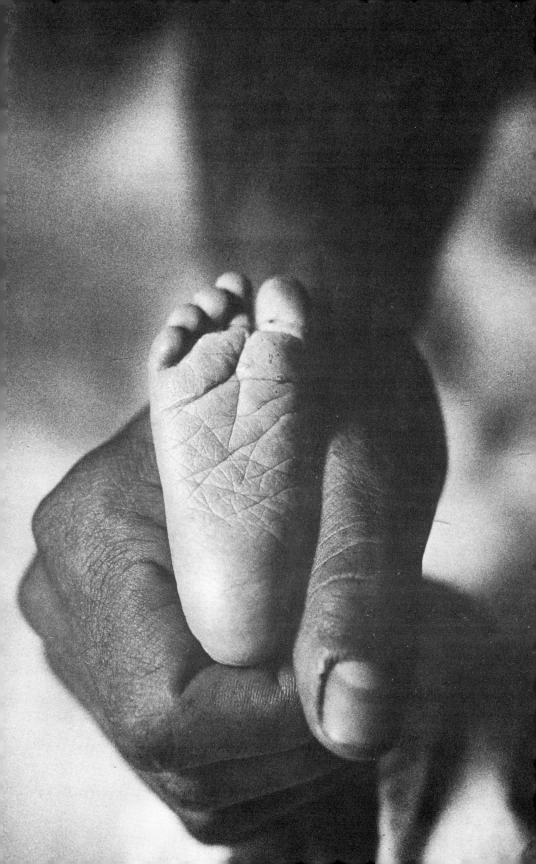

vous pouvez entreprendre en vue de convertir l'enfant à un régime plus équilibré risque de faire plus de tort que de bien. Un bon repas et quatre aliments «acceptables» est la moyenne qui prévaut à cet âge-là. Les bébés qui partagent l'idée maternelle du «bon» régime sont extrêmement rares. Vous feriez mieux de vous en tenir au strict nécessaire.

Si vous vous inquiétez quand même de ce que les caprices de l'enfant diminuent l'absorpition d'aliments essentiels, certains pédiatres suggèrent de ne pas le faire boire uniquement à la tasse. Si le bébé boit encore au biberon, du moins est-on assuré qu'il boit une chopine de lait par jour. S'il s'adapte plus ou moins bien à la tasse, on peut avoir avantage à garder les deux méthodes pendant un certain temps encore. Afin de lui donner sa ration quotidienne de protéines et une partie du fer essentiel, essayez d'ajouter un oeuf au biberon quand il refuse de manger de la viande. Si l'enfant mange moins au repas parce qu'il sait que celui-ci sera suivi d'un biberon, ne lui donnez que deux biberons de huit onces chacun [24 cl], et donnez-les lui assez longtemps après les repas pour que l'enfant les dissocie. Si vous savez que les besoins du bébé sont satisfaits, vous serez moins tendue et vous aurez moins tendance à forcer l'appétit de l'enfant. Si vous n'exercez pas de pression, il a toutes les chances d'être à trois ans un enfant qui mange bien.

En fait, vous ne devriez même plus participer à ses repas. Beaucoup de bébés d'un an perçoivent toute participation maternelle comme un moyen de pression, et elle déclenche dans ce cas une réaction négative qui voue le repas à l'échec. Vous pouvez essayer de ne servir que des aliments que le bébé peut manger avec ses doigts et laisser l'enfant faire son propre choix. Dans une expérience devenue célèbre, on mit des enfants d'un an devant un buffet composé d'aliments nourrissants, et on les laissa choisir librement, sans aucune influence adulte. Pendant un mois, les enfants choisissaient selon leurs besoins et mangeaient suivant un régime qui, pour être de leur propre choix, n'en était pas moins équilibré.

Il faut dire par ailleurs que certains bébés désirent encore l'échange intime avec leur mère qui caractérisait auparavant les repas. Nourrissez votre bébé aussi longtemps qu'il voudra que vous le nourrissiez. Même les bébés qui sont parfaitement capables de tenir le biberon ou de boire seul à la tasse refusent parfois de le faire. Il se peut que votre bébé accepte volontiers de jouer avec des ustensiles aux repas et de boire à la tasse quand vous le tenez, mais qu'il secoue énergiquement la tête et refuse de coopérer quand vous essayez de mettre ses mains sur la tasse — comme s'il croyait que c'est à vous de le nourrir et qu'il ne devait pas faire le travail à votre place. Il peut sentir qu'il aura à rester seul avec son biberon, sa cuiller ou la tasse dès qu'il saura les tenir et la manipuler, et il préfère encore vous garder tout près.

Le sommeil, qu'est-ce que c'est?

La marche, et les découvertes qu'elle implique, peuvent amener une plus grande résistance à l'heure du coucher. Quand il doit dormir, le bébé ne parvient pas à se calmer et son sommeil est léger. Chez beaucoup de bébés, les périodes de grands progrès physiques sont accompagnées d'activités, telles se bercer sur les genoux et les mains, se rouler, se cogner la tête ou sucer son pouce. Les aventures de la journée laissent l'enfant avec un surplus d'énergie qu'il doit absolument dépenser, que ce soit en dormant ou quand il s'éveille à moitié. En se berçant sur les genoux et les mains, le bébé aura vite fait d'apprendre qu'il peut ainsi propulser son lit jusque de l'autre côté de la pièce, avec force grincements. Avant qu'il ne s'habitue au vacarme, il vaut mieux graisser et resserrer les vis du lit.

A moins que ces activités de défoulement ne gênent vraiment les autres membres de la famille, il ne faut pas les empêcher. Vous pouvez empêcher le bruit de porter trop loin en plaçant un tapis ou des caoutchoucs sous les montants. Attacher l'enfant avec un harnais ou le restreindre par d'autres moyens contrarient le besoin naturel de l'enfant de bouger et peuvent l'inviter à cogner de la tête contre le lit avec plus de violence. La meilleure façon d'aider l'enfant est de le prendre dans vos bras en soirée, le bercer et chantonner en lui donnant son biberon. Même si cela peut vous enlever jusqu'à trente minutes de votre soirée, cela vaut le coup quand vous sentez que son petit corps tendu commence à se relâcher. Non seulement apportez-vous une aide immédiate au bébé, mais vous établissez pour l'avenir une habitude de grande valeur que le bébé assumera peut-être lui-même savoir, se détendre après une activité intense est essentiel pour bien des adultes surmenés par le travail.

Le bébé aura peut-être également de la difficulté à faire la sieste. En général, une fois que l'enfant sait marcher, il est prêt à ne faire qu'une sieste par jour qui s'intègre bien à l'horaire quotidien de la famille. Chaque enfant a son cycle propre dans ce domaine. Certains bébés, aussi bizarre que cela puisse paraître, sont prêts à faire la sieste le matin, peu de temps après leur nuit de sommeil. La sieste du matin a cependant le désavantage de laisser l'enfant grognon l'après-midi, et trop fatigué pour manger le soir. Si votre bébé est de ceux qui préfèrent la sieste le matin, essayez de la retarder jusqu'à onze heures environ, en lui donnant un repas léger avant de le coucher. Donnez-lui à manger de nouveau quand il se réveille, vers une heure: il pourra ainsi patienter jusqu'au souper si celui-ci est servi de bonne heure. Quand il semble en mesure de tenir le coup, donnez-lui à manger plus tard, pour en arriver à le nourrir à midi et à lui faire faire une sieste au début de l'après-midi. En amenant ainsi l'enfant à adapter tout doucement son horaire à l'horaire familial, vous gagnerez un répit en soirée dont vous avez grand besoin.

Peureux de nouveau

En même temps que les capacités de locomotion augmentent rapidement, le bébé traverse une troisième phase de dépendance maternelle et craint les gens ou les situations nouvelles. La première «crise» de dépendance a lieu, en général, à quatre ou cinq mois, avec la poussée de développement visuel et la deuxième, aux environs de huit mois, quand le bébé commence à se déplacer. Maintenant libéré de la frustration qui caractérisait la période précédant l'acquisition de la marche, l'enfant ressent quelques-unes des conséquences de la mobilité. Tout comme il insistait pour que vous le tiriez par les mains quand il apprenait à se lever, il se met maintenant à insister pour que vous le tiriez par la main quand il marche, et il n'ira, sur les deux jambes, que vers les gens en qui il a vraiment confiance. Il se méfie, avec raison d'ailleurs, de son imprévisible soeur, trop facilement distraite par le jouet qui l'occupe pour l'attraper s'il tombe. Le bébé s'aggrippera probablement souvent à vous, se dépêchera de vous suivre si vous quittez la pièce, vous suppliera de le prendre dans vos bras, pleurnichera en soirée pour que vous le dorlotiez, pleurera pour des riens et se blottira dans vos bras quand vous recevez.

Beaucoup d'enfants de douze mois se montrent très sociables envers les étrangers quand ils sont chez eux. Votre bébé manifeste peut-être sa sociabilité en étreignant les bébés qui vous rendent visite, en les retenant au sol s'ils tentent de se lever, en leur montrant ses jouets, et peut-être même en permettant aux visiteurs de jouer avec quelques-uns de ses jouets. Mais au parc, dans la cour ou chez autrui, il se colle peut-être contre vous en refusant de jouer avec d'autres enfants.

Vu cette dépendance intense, l'enfant souffrant tout particulièrement de tout ce qui pourrait le séparer de vous, qu'il s'agisse d'un déménagement, d'une hospitalisation ou des vacances dont vous rêvez depuis des mois. Si vous êtes obligée de quitter votre bébé pour une raison quelconque, veillez à le laisser aux soins d'une gardienne qu'il connaît bien — une grand-mère par exemple —, qui le comprend et qui est prête à faire quelques concessions afin de respecter les habitudes de l'enfant. Si vous avez d'autres enfants, confiez-le à la même personne que le cadet, pour que celui-ci soit en leur compagnie. Leur présence pourra beaucoup le réconforter. Si vous avez la possibilité de faire garder le bébé chez vous, où il pourra continuer à vivre selon sa routine habituelle, le bébé souffrira un peu moins de cette perte et il sera plus en mesure de faire face à la situation. La tâche de la gardienne en sera facilitée également.

Il se peut bien que le bébé régresse à un stade de comportement antérieure en votre absence. C'est un phénomène courant chez les bébés quand ils doivent se prêter à une adaptation d'ordre émotif. Il cessera peut-être de marcher, son évolution générale peut ralentir ou bien il se conduira peut-être presque «trop bien». Même s'il semble s'être bien adapté à ses grands-parents ou à une gardienne prévenante, il faut vous attendre à une réaction immédiatement après votre retour ou peu de temps après. Le bébé sera peut-être extrêmement sérieux ou très agressif. Une fois que vous êtes là, il se sent en sécurité et peut se mettre à bourrer sa gardienne de coups de pied — il n'osait exprimer les sentiments négatifs qu'il pouvait nourrir à son égard tant qu'il ne pouvait se fier qu'à elle. Il peut vous suivre partout, se coller à vous; il peut se montrer plus grognon et soucieux de pouvoir vous localiser à tout instant; sa peur des étrangers peut être encore plus intense que celle des autres enfants de son âge, qui sont déjà craintifs et sensibles, ou bien il peut avoir besoin de se venger, car il a vécu votre absence comme un abandon. Si vous êtes en mesure de supporter cette «vengeance», le bébé gagnera sans doute à exprimer sa colère. Encore soucieux de toujours savoir où vous vous trouvez, le bébé recommencera éventuellement à marcher, mais il faudra un certain temps avant qu'il ne retrouve sa gaieté habituelle.

La réprobation de certains membres de la famille, ou des amis, empêche beaucoup de mères de répondre comme elles le feraient instinctivement quand leur enfant les supplie de leur accorder une ration supplémentaire d'encouragement et de contact physique. Dites-vous bien que les gens peuvent agir pour toutes sortes de motivations. Le meilleur ami de votre mari vous accuse peut-être de gâter le bébé, quand en fait vous ne le gâtez pas. Il envie peut-être inconsciemment la capacité du bébé à régresser à un état de dépendance antérieure que lui, en tant qu'adulte, ne peut pas assumer. La soeur célibataire souhaiterait peut-être que le bébé se tourne plus vers elle. D'autres membres de la famille peuvent mal accepter que le bébé monopolise ainsi votre attention. Les frères et soeurs du bébé envient certainement sa facilité à obtenir ce qu'ils sont maintenant trop «grands» pour demander. Rappelez-vous aussi que c'est *votre* bébé, à vous et à votre mari. Vous le comprenez mieux que quiconque et vous connaissez mieux que quiconque vos propres sentiments: vous êtes le meilleur juge des besoins réels de l'enfant. Même si vous vous demandez de temps en temps si vous n'êtes pas en train de le gâter, vous savez, en dedans de vous-même, s'il a ou non besoin d'attention particulière. Tous les bébés du monde, ou peu s'en faut, passent par cette phase de dépendance accrue. Ils en sortent dès qu'ils sont habitués à leur nouvelle capacité à se séparer de la mère, c'est-à-dire au moment où ils sont capables d'incorporer cette dernière capacité à leur style de réponse. Dès que le bébé aura appris à agir de son propre chef pour pallier à votre absence, il sera moins angoissé. Avec un peu d'encouragement et de compréhension, le bébé

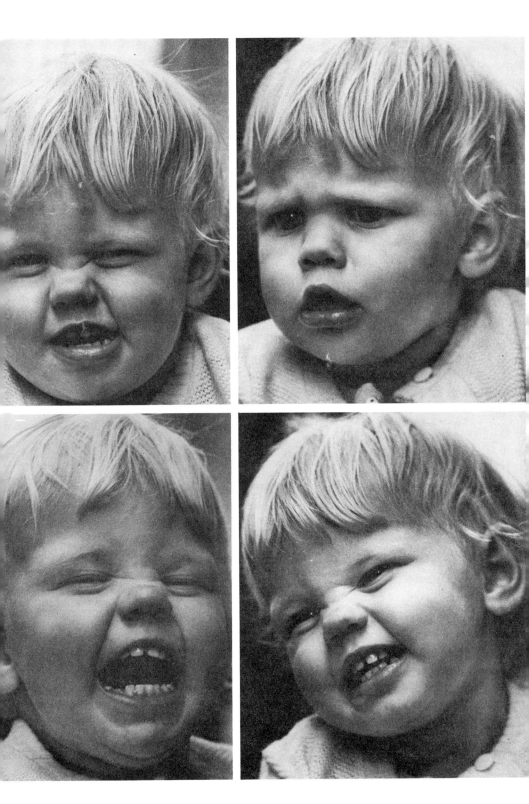

peut consolider ses ressources émotives et passer à une plus grande autonomie.

Une dernière remarque à ce sujet: les bébés qui ne sont pas attachés à leur mère sont rarement dépendants d'elle. Si votre bébé a confiance en vous et vous aime, c'est un compliment qu'il vous fait, à vous et à votre façon de prodiguer les soins maternels.

Les bébés dont les mères sont sensibles à leurs besoins et soucieux de leur personnalité propre, ont des rapports tactiles, agréables et rassurants avec elles. De plus, ils semblent devancer les autres bébés dans le domaine intellectuel. Ils peuvent mieux conceptualiser les objets inanimés et les gens en tant que permanences — il s'agit d'une habileté mentale vitale — de forme et qualité invariables, même quand ils ne peuvent ni les voir ni les toucher.

Les limites personnelles et autres

L'appréhension de l'enfant ne concerne que les gens et les endroits inconnus et ne limite en rien ses explorations chez lui. Sa nouvelle liberté physique et sociale vous oblige à faire une sorte de compromis entre trop de contrainte, qui a vite fait d'opprimer l'enfant, et trop de liberté, qui peut vite incommoder le reste de la famille ou mettre le bébé en danger. C'est un fait indiscutable que les autres enfants ont besoin de pouvoir s'amuser ou travailler sans que le bébé soit constamment présent, et même Maman a besoin de répit à l'occasion.

Tout le domaine des restrictions physiques ou sociales est un terrain difficile pour l'enfant comme pour les parents. La discipline est d'autant plus difficile maintenant que le bébé ressent le besoin de mettre sa nouvelle conscience de «soi» en pratique et parce qu'il *est,* en fait, plus privilégié. Ses «premières» quotidiennes et le moindre de ses accomplissements donnent régulièrement lieu à des proclamations pleines de fierté.

Les parents ont souvent beaucoup de mal à trouver une approche franche quand il s'agit de la colère ou de la discipline, surtout s'ils ont des souvenirs troublants de leur propre jeunesse. La plupart des réponses adultes, et la colère en particulier, ne sont d'aucun recours quand l'enfant est en proie à une crise de colère. Si l'enfant est souvent puni pour ses

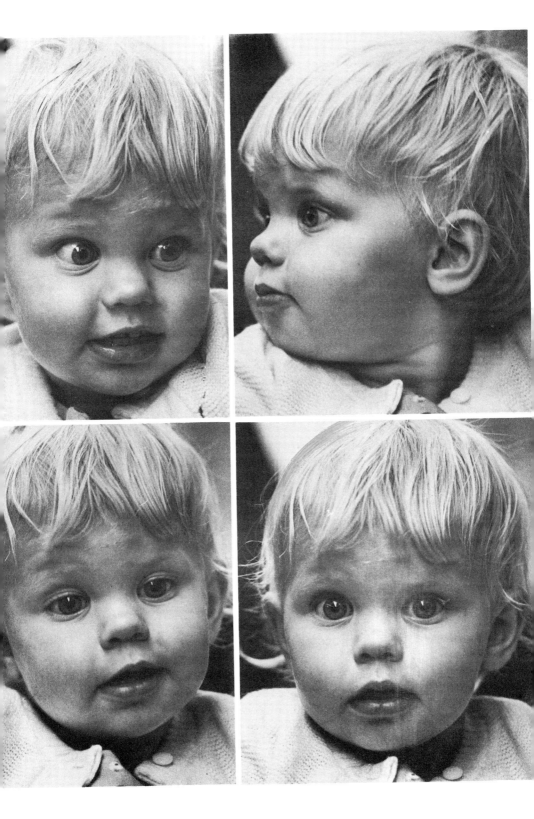

erreurs, il peut rester en proie à un sentiment d'impuissance qui l'empêchera d'apprendre.

Cependant, en d'autres circonstances, la colère n'est pas une mauvaise chose. La mère, peut avoir peur de ses propres sentiments de colère, mais les punitions ne devraient jamais être calculées froidement — elles n'auraient alors aucune signification pour le bébé. De plus, l'incapacité de la mère à répondre honnêtement au bébé ne fera probablement qu'encourager la résistance de l'enfant aux ordres raisonnables, puisqu'il ne peut comprendre clairement ce à quoi sa mère s'attend de sa part. Le bébé peut comprendre une colère franche et spontanée, si vous la faites suivre par une séance plus calme, dans laquelle vous prenez l'enfant dans vos bras pour lui expliquer que vous êtes désolée de vous être fâchée, mais que votre colère vous semblait justifiée: l'enfant la comprend bien mieux qu'il ne peut comprendre la colère bouillonnante que l'on essaie de dissimuler sous une patience glaciale. Après tout, peu d'entre nous peuvent oublier la peur et l'angoisse qu'enfants, ils ont connues quand l'air se glaçait de l'hostilité maternelle refoulée.

Quand un enfant a souvent — même deux fois par semaine est «souvent» — des crises de colère, c'est peut-être signe qu'il y a un problème. Ou bien il se bute constamment à des interdictions, ou bien il sait qu'il peut manipuler ses parents à sa guise. Ou encore, la situation peut sembler ne concerner que le bébé lui-même. Dans ce cas, c'est souvent les efforts que fait l'enfant pour distinguer les «oui» des «non», les «il faut» des «il ne faut pas», les «dehors» des «dedans», les «bas», des «haut» qui créent de véritables tourbillons en lui-même. De telles décisions sont tellement difficiles pour beaucoup de bébés, surtout quand ils sont fatigués, que le moindre reproche ou refus peut déclencher un ouragan de hurlements, de coups de pied et de coups de tête contre les murs. Il est extrêmement difficile d'atteindre l'enfant en proie à une telle crise.

Ces crises rappellent peut-être nos propres souvenirs pénibles d'ambivalence ou d'impuissance à prendre des décisions importantes. Crier, griffer ou fesser l'enfant ne sont que des façons égoïstes de nous débarrasser de notre confusion et de nos tensions. Ils n'aident en rien l'enfant. Il vaut mieux, et de loin, attendre que l'hystérie du bébé diminue pour ensuite

le réconforter avec compréhension et avec amour. En attendant, vous pouvez vous livrer à une sorte d'introspection pour
essayer de voir ce qui a pu déclencher la crise et si elle aurait
pu être évitée. De telles réponses sont bien plus valables que
de céder aux exigences du bébé parce que vous craignez ses
colères. Bien que les résultats ne soient pas toujours évidents
au début, votre fermeté aidera le bébé à découvrir des contrôles personnels et à trancher éventuellement l'indécision
qui le met actuellement hors de lui. Le développement de ces
limites personnelles est un moment critique pour le bébé,
et de plus en plus à mesure qu'il apprend à naviguer dans
l'univers interne de la pensée et des sentiments, tout comme
la reconnaissance des limites physiques est essentielle pour
naviguer dans le monde de l'espace et des objets.

LE DOUZIÈME MOIS

Développement moteur	Développement verbal	Développement mental	Développement social
Motricité brutale Se lève debout en fléchissant les genoux, poussant à partir de la position accroupie. Debout, peut faire pivoter son corps à un angle de 90 degrés. Marche, mais préfère encore la marche à quatre pattes. Peut enrichir la marche d'autres manoeuvres: arrêter, faire des signes de main, reculer, transporter des jouets. Monte et descend l'escalier. Peut se mettre à grimper pour sortir du lit ou du parc. Fait des mouvements de natation dans la baignoire. **Position assise** Se baisse, avec grâce, jusqu'à la position assise.	**Développement actif** Contrôle les intonations. Produit en plus grand nombre des sons propres à la langue des parents. Conscient de la fonction expressive du langage (répète un juron et attend votre réaction). S'exerce à prononcer les mots qu'il connaît. En plus de *maman* et *papa;* dit de deux à huit mots: *non, bébé, jour,* ainsi que certains mots imitant les sons de certains objets: *wouf-wouf.* Babille de courtes "phrases". **Passif** Les mots commencent à servir à la discrimination des classes d'objets: *"ion* représente à la fois l'avion et le cerf-volant, c'est-à-dire, les objets qui volent.	Tend avec précision la main vers un objet dont son regard est détourné. Perçoit les objets comme des objets détachés et individuels, qu'il peut imiter, intégrer à ses jeux, et associer dans le temps et l'espace. Étudie le déplacement des objets, les fait tourner, les renverse, les empile, les met dans des contenants et les en sort (met trois blocs ou plus dans une tasse, enlève ses blocs d'une boîte). Déballe les jouets. Peut trouver un jouet caché sous une boîte, un oreiller, une tasse. Cherche l'objet même s'il n'a pas vu quelqu'un le cacher. Se souvient seulement du dernier endroit où il a vu l'objet. Peut le chercher à plus d'un endroit. Se souvient des événements de plus en plus longtemps.	**Développement personnel** Exprime de nombreuses émotions et les reconnaît chez autrui. Se distingue des autres. **Réaction à l'environnement** Craint les étrangers et les lieux inconnus. Forte réaction à toute séparation de la mère. Développe un sens de l'humour. Affectueux envers les gens et envers les objets, tels les jouets et les vêtements. Le négativisme s'accentue. Refuse parfois de manger; refuse tout nouvel aliment; refuse de se laisser nourrir par la mère; résiste à l'heure de la sieste; peut même avoir des crises de colère. S'engage avec compréhension dans des jeux. Peut donner des jouets

Fine motricité

Apposition du pouce complète.
Soulève les couvercles des contenants.

Préférence marquée pour une main.
Tient les objets dans une main, manoeuvre avec l'autre.

Peu pointer de l'index. Pousse peut-être des objets.

Peut se déshabiller.

Imite, de façon plus délibérée et avec plus de précision ses modèles.
Imite le comportement d'un modèle absent.

Se voit en tant que personne distincte des autres objets.
Tend et emploie une main préférée. Une main remplit les fonctions de contenant, l'autre explore.

Peut trouver, en cherchant activement, au moyen d'essais et d'erreurs, d'autres moyens qui lui sont vraiment nouveaux de résoudre des problèmes.

Différencie les personnalités; confiance discriminatoire.

Après démonstration, peut construire une tour de deux ou trois blocs.
Groupe quelques objets selon leur forme et leur couleur.
Met un des deux objets qu'il tient à la bouche, ou sous l'aisselle, pour en prendre un troisième.

Peut réviser mentalement des actions ou des événements avant de les accomplir.

---

quand on le lui demande.
Manifeste une préférence marquée pour certaines personnes.

Développement culturel
Habitudes de vie

Insiste en général pour se nourrir lui-même.

Trois repas par jour. Tient la tasse pour boire. Manie la cuiller. Joue avec une soucoupe.

Peut avoir de la difficulté à dormir. Fait une sieste l'après-midi.

Coopère quand on l'habille.

Il ne faut pas considérer ce tableau comme un calendrier rigide. Les bébés sont imprévisibles. Beaucoup commencent à pratiquer une activité plus tôt ou plus tard que la date indiquée au tableau.

CONCLUSION

L'année a été longue et excitante, n'est-ce pas? Quand vous et votre bébé avez entrepris votre vie commune, il y a douze mois, vous étiez de parfaits étrangers l'un pour l'autre. Lui, de son côté, vous paraissait très faible, complètement impuissant. Tout ce qu'il pouvait faire était de rester couché. Si vous essayiez de l'asseoir, sa tête énorme (avec ses points mous «dangereux») tombait dans tous les sens — à tel point que vous craigniez parfois qu'elle ne se détache du cou. Si vous le touchiez à certains endroits, votre contact déclenchait des réflexes témoignant de toutes les étapes de l'évolution humaine. Les petits cris qu'émettait le nouveau-né ne ressemblaient à aucun langage humain. Le bébé avait même une apparence plutôt comique. Sa peau était ridée comme celle d'un vieillard, il était plutôt bleu et comme imbibé d'eau. Cependant, l'infirmière vous disait que c'était là *votre* bébé et le pédiatre n'arrêtait pas de vous assurer que tous ses tics bizarres, tous ses spasmes, étaient des phénomènes parfaitement normaux et qu'ils n'avaient rien à voir avec des «mauvais» gènes transmis par la tante de votre mère ou l'anesthésie que vous aviez subie.

Une fois que vous étiez sortie vainqueur de la première et terrifiante lutte pour convaincre le nouveau-né à prendre la tétine pour «manger», il commençait à tant exiger de vous que vous vous sentiez prête à pleurer de fatigue — ce qui arrivait même parfois. Il buvait et buvait et buvait. Si vous aviez quelques minutes de retard, ses cris perçants et incessants semblaient vous fendre le crâne. Et le pire était peut-être que la faim, votre première «explication» à tout, n'était pas toujours ce qui le poussait à se conduire ainsi. Vous revisiez, avec la rapidité née du désespoir, jusqu'aux moindres détails, afin de découvrir le vrai problème: de plus, vous les compariez avec les affirmations de votre mère et d'autres. Il vous a fallu des semaines pour vous rendre compte que vous aviez découvert vos propres solutions, que le bébé pleurait parfois parce que sa frustration à ne pas pouvoir atteindre le monde qui planait au-dessus de son corps couché et malhabile et y participer était toute aussi grande que la vôtre.

Tout ce que vous connaissiez vraiment du bébé était au début la prise forte et rassurante, avec laquelle son poing minuscule attrapait votre doigt; les efforts vaillants et saccadés de sa tête branlante à se tourner vers vous; et le regard fixe, momentanément intense, des yeux encore meurtris par l'accouchement. Et encore, comment connaître de façon sûre quoi que ce soit à l'hôpital, quand on vous laissait l'enfant pendant quelques minutes seulement après chaque tétée? Mais malgré tout, le bébé semblait recevoir quelques échos d'un environnement qui différait du tout au tout du monde utérin dans lequel il avait été au chaud et en sécurité. Ce sont ces facteurs-là (et non pas le «coup de foudre» d'amour maternel que prêchaient les livres sur l'enfance) qui vous guidaient, ainsi que votre intuition que d'une façon inconnue votre attitude comptait pour lui, et qu'il fallait que vous l'aidiez, vu que personne d'autre ne s'en préoccupait autant que vous.

Et le voici, tout juste un an plus tard. Il peut s'asseoir n'importe où, il peut se lever, se pencher, grimper et, probablement marcher. Bientôt, il va se mettre à courir. Il peut tendre la main vers les objets, les saisir de sa main préférée et chercher l'objet qu'il a perdu. Il peut prononcer quelques mots, et il vous comprend! Il vous sourit, renverse la tête en arrière pour rire avec vous, vous étreint, se fâche contre vous et pleure si vous le quittez. C'est une créature tellement affectueuse, qu'il étend même son affection à un frère ou une soeur, à ses grands-parents, même s'il est assez froid avec les étrangers. Fini le chaos des repas de trois heures du matin et des larmes dont on ne connaît pas la cause: il mange et dort à peu près aux mêmes heures que les autres membres de la famille. De plus, il aime cela. Il aime beaucoup certaines saveurs, certaines odeurs, et en déteste d'autres. Il veut tout écouter, tout regarder, tout manipuler. Il peut à la fois se concentrer sur la construction d'une tour de blocs et écouter par anticipation les bruits parvenant de la porte d'entrée qui signalent le retour de son père. Il peut sciemment vider les armoires de la cuisine de toutes leurs casseroles, tout simplement pour résoudre le problème de comment les remettre. Bien que sa curiosité acharnée puisse parfois vous mettre hors de vous, son père et vous-même sont constamment ravis par sa joie exubérante d'apprendre et de découvrir une chose aussi simple que son visage dans le miroir. Plus important encore, l'enfant est devenu une personne parmi d'autres. Il en a également une certaine conscience, car il peut se souvenir des gens, des endroits, des événements et des objets, et sent qu'ils ont une substance indépendante de la sienne.

C'est tellement difficile à croire: vous avez fait énormément de chemin ensemble en très peu de temps. Il est né hier. Ensemble, vous avez appris à vous situer et à manier tous ces mondes que sont l'espace, les gens, la pensée. Maintenant qu'il peut se déplacer, votre bambin s'exercera à se tenir en équilibre en position debout et maîtrisera des techniques qui lui permettront de se débrouiller physiquement dans des situations de plus en plus nombreuses. Son monde, qui s'étend maintenant au-delà du père et de la mère, l'oblige à perfectionner un monde de communication efficace avec des gens qui sont moins centrés sur ses signaux et ses indices silencieux. Il a un but et il est prêt à commencer à maîtriser les mots et à se familiariser avec la grammaire de la langue maternelle. Ayant commencé sa carrière de réciprocité et d'échange avec vous et sa famille immédiate, l'enfant est prêt à se servir de sa langue, de sa culture et de son esprit pour dresser l'itinéraire de sa destinée propre, dans le monde situé au-delà de la première enfance.

Achevé d'imprimer sur les presses de
L'IMPRIMERIE ELECTRA *
pour
LES EDITIONS DE L'HOMME LTÉE

* Division du groupe Sogides Ltée

Ouvrages parus
chez les Éditeurs du groupe Sogides

Ouvrages parus aux
ÉDITIONS
DE L'HOMME

ART CULINAIRE

Art d'apprêter les restes (L'),
  S. Lapointe,
Art de la table (L'), M. du Coffre,
Art de vivre en bonne santé (L'),
  Dr W. Leblond.
Boîte à lunch (La), L. Lagacé,
101 omelettes, M. Claude,
Cocktails de Jacques Normand (Les),
  J. Normand,
Congélation (La), S. Lapointe,
Conserves (Les), Soeur Berthe,
Cuisine chinoise (La), L. Gervais,
Cuisine de maman Lapointe (La),
  S. Lapointe,
Cuisine de Pol Martin (La), Pol Martin,
Cuisine des 4 saisons (La),
  Mme Hélène Durand-LaRoche,
Cuisine en plein air, H. Doucet,
Cuisine française pour Canadiens,
  R. Montigny,
Cuisine italienne (La), Di Tomasso,
Diététique dans la vie quotidienne,
  L. Lagacé,
En cuisinant de 5 à 6, J. Huot,
Fondues et flambées de maman Lapointe,
  S. Lapointe,
Fruits (Les), J. Goode,

Grande Cuisine au Pernod (La),
  S. Lapointe,
Hors-d'oeuvre, salades et buffets froids,
  L. Dubois,
Légumes (Les), J. Goode,
Madame reçoit, H.D. LaRoche,
Mangez bien et rajeunissez, R. Barbeau,
Poissons et fruits de mer,
  Soeur Berthe,
Recettes à la bière des grandes cuisines
  Molson, M.L. Beaulieu,
Recettes au "blender", J. Huot,
Recettes de gibier, S. Lapointe,
Recettes de Juliette (Les), J. Huot,
Recettes de maman Lapointe,
  S. Lapointe,
Régimes pour maigrir, M.J. Beaudoin,
Tous les secrets de l'alimentation,
  M.J. Beaudoin,
Vin (Le), P. Petel,
Vins, cocktails et spiritueux,
  G. Cloutier,
Vos vedettes et leurs recettes,
  G. Dufour et G. Poirier,
Y'a du soleil dans votre assiette,
  Georget-Berval-Gignac,

DOCUMENTS, BIOGRAPHIE

Architecture traditionnelle au Québec (L'),
  Y. Laframboise,
Art traditionnel au Québec (L'),
  Lessard et Marquis,
Artisanat québécois 1. Les bois et les
  textiles, C. Simard,

Artisanat québécois 2. Les arts du feu,
  C. Simard,
Acadiens (Les), E. Leblanc,
Bien-pensants (Les), P. Berton,
Ce combat qui n'en finit plus,
  A. Stanké,-J.L. Morgan,

Charlebois, qui es-tu?, B. L'Herbier,

Comité (Le), M. et P. Thyraud de Vosjoli,

Des hommes qui bâtissent le Québec,
  collaboration,

Drogues, J. Durocher,

Epaves du Saint-Laurent (Les),
  J. Lafrance,

Ermite (L'), L. Rampa,

Fabuleux Onassis (Le), C. Cafarakis,

Félix Leclerc, J.P. Sylvain,

Filière canadienne (La), J.-P. Charbonneau,

Francois Mauriac, F. Seguin,

Greffes du coeur (Les), collaboration,

Han Suyin, F. Seguin,

Hippies (Les), Time-coll.,

Imprévisible M. Houde (L'), C. Renaud,

Insolences du Frère Untel, F. Untel,

J'aime encore mieux le jus de betteraves,
  A. Stanké,

Jean Rostand, F. Seguin,

Juliette Béliveau, D. Martineau,

Lamia, P.T. de Vosjoli,

Louis Aragon, F. Seguin,

Magadan, M. Solomon,

Maison traditionnelle au Québec (La),
  M. Lessard, G. Vilandré,

Maîtresse (La), James et Kedgley,

Mammifères de mon pays,
  Duchesnay-Dumais,

Masques et visages du spiritualisme
  contemporain, J. Evola,

Michel Simon, F. Seguin,

Michèle Richard raconte Michèle Richard,
  M. Richard,

Mon calvaire roumain, M. Solomon,

Mozart, raconté en 50 chefs-d'oeuvre,
  P. Roussel,

Nationalisation de l'électricité (La),
  P. Sauriol,

Napoléon vu par Guillemin, H. Guillemin,

Objets familiers de nos ancêtres, L. Ver-
  mette, N. Genêt, L. Décarie-Audet,

On veut savoir, (4 t.), L. Trépanier,

Option Québec, R. Lévesque,

Pour entretenir la flamme, L. Rampa,

Pour une radio civilisée, G. Proulx,

Prague, l'été des tanks, collaboration,

Premiers sur la lune,
  Armstrong-Aldrin-Collins,

Prisonniers à l'Oflag 79, P. Vallée,

Prostitution à Montréal (La),
  T. Limoges,

Provencher, le dernier des coureurs
  des bois, P. Provencher,

Québec 1800, W.H. Bartlett,

Rage des goof-balls (La),
  A. Stanké, M.J. Beaudoin,

Rescapée de l'enfer nazi, R. Charrier,

Révolte contre le monde moderne,
  J. Evola,

Riopelle, G. Robert,

Struma (Le), M. Solomon,

Terrorisme québécois (Le), Dr G. Morf,

Ti-blanc, mouton noir, R. Laplante,

Treizième chandelle (La), L. Rampa,

Trois vies de Pearson (Les),
  Poliquin-Beal,

Trudeau, le paradoxe, A. Westell,

Un peuple oui, une peuplade jamais!
  J. Lévesque,

Un Yankee au Canada, A. Thério,

Une culture appelée québécoise,
  G. Turi,

Vizzini, S. Vizzini,

Vrai visage de Duplessis (Le),
  P. Laporte,

ENCYCLOPEDIES

Encyclopédie de la maison québécoise,
  Lessard et Marquis,

Encyclopédie des antiquités du Québec,
  Lessard et Marquis,

Encyclopédie des oiseaux du Québec,
  W. Earl Godfrey,

Encyclopédie du jardinier horticulteur,
  W.H. Perron,

Encyclopédie du Québec, Vol. I et Vol. II,
  L. Landry,

ESTHETIQUE ET VIE MODERNE

Cellulite (La), Dr G.J. Léonard,
Chirurgie plastique et esthétique (La),
  Dr A. Genest,
Embellissez votre corps, J. Ghedin,
Embellissez votre visage, J. Ghedin,
Etiquette du mariage, Fortin-Jacques,
  Farley,
Exercices pour rester jeune, T. Sekely,
Exercices pour toi et moi,
  J. Dussault-Corbeil,
Face-lifting par l'exercice (Le),
  S.M. Rungé,
Femme après 30 ans (La), N. Germain,

Femme émancipée (La), N. Germain et
  L. Desjardins,
Leçons de beauté, E. Serei,
Médecine esthétique (La),
  Dr G. Lanctôt,
Savoir se maquiller, J. Ghedin,
Savoir-vivre, N. Germain,
Savoir-vivre d'aujourd'hui (Le),
  M.F. Jacques,
Sein (Le), collaboration,
Soignez votre personnalité, messieurs,
  E. Serei,
Vos cheveux, J. Ghedin,
Vos dents, Archambault-Déom,

LINGUISTIQUE

Améliorez votre français, J. Laurin,
Anglais par la méthode choc (L'),
  J.L. Morgan,
Corrigeons nos anglicismes, J. Laurin,
Dictionnaire en 5 langues, L. Stanké,

Petit dictionnaire du joual au français,
  A. Turenne,
Savoir parler, R.S. Catta,
Verbes (Les), J. Laurin,

LITTERATURE

Amour, police et morgue, J.M. Laporte,
Bigaouette, R. Lévesque,
Bousille et les justes, G. Gélinas,
Berger (Les), M. Cabay-Marin, Ed. TM,
Candy, Southern & Hoffenberg,
Cent pas dans ma tête (Les), P. Dudan,
Commettants de Caridad (Les),
  Y. Thériault,
Des bois, des champs, des bêtes,
  J.C. Harvey,
Ecrits de la Taverne Royal, collaboration,
Exodus U.K., R. Rohmer,
Exxoneration, R. Rohmer,
Homme qui va (L'), J.C. Harvey,
J'parle tout seul quand j'en narrache,
  E. Coderre,
Malheur a pas des bons yeux (Le),
  R. Lévesque,
Marche ou crève Carignan, R. Hollier,
Mauvais bergers (Les), A.E. Caron,

Mes anges sont des diables,
  J. de Roussan,
Mon 29e meurtre, Joey,
Montréalités, A. Stanké,
Mort attendra (La), A. Malavoy,
Mort d'eau (La), Y. Thériault,
Ni queue, ni tête, M.C. Brault,
Pays voilés, existences, M.C. Blais,
Pomme de pin, L.P. Dlamini,
Printemps qui pleure (Le), A. Thério,
Propos du timide (Les), A. Brie,
Séjour à Moscou, Y. Thériault,
Tit-Coq, G. Gélinas,
Toges, bistouris, matraques et soutanes,
  collaboration,
Ultimatum, R. Rohmer,
Un simple soldat, M. Dubé,
Valérie, Y. Thériault,
Vertige du dégoût (Le), E.P. Morin,

LIVRES PRATIQUES – LOISIRS

Aérobix, Dr P. Gravel,
Alimentation pour futures mamans,
  T. Sekely et R. Gougeon,

Améliorons notre bridge, C. Durand,
Apprenez la photographie avec Antoine
  Desilets, A. Desilets,

Arbres, les arbustes, les haies (Les),
  P. Pouliot,
Armes de chasse (Les), Y. Jarrettie,
Astrologie et l'amour (L'), T. King,
Bougies (Les), W. Schutz,
Bricolage (Le), J.M. Doré,
Bricolage au féminin (Le), J.-M. Doré,
Bridge (Le), V. Beaulieu,
Camping et caravaning, J. Vic et
  R. Savoie,
Caractères par l'interprétation des visages,
  (Les), L. Stanké,
Ciné-guide, A. Lafrance,
Chaînes stéréophoniques (Les),
  G. Poirier,
Cinquante et une chansons à répondre,
  P. Daigneault,
Comment amuser nos enfants,
  L. Stanké,
Comment tirer le maximum d'une mini-
  calculatrice, H. Mullish,
Conseils à ceux qui veulent bâtir,
  A. Poulin,
Conseils aux inventeurs, R.A. Robic,
Couture et tricot, M.H. Berthouin,
Dictionnaire des mots croisés,
  noms propres, collaboration,
Dictionnaire des mots croisés,
  noms communs, P. Lasnier,
Fins de partie aux dames,
  H. Tranquille, G. Lefebvre,
Fléché (Le), L. Lavigne et F. Bourret,
Fourrure (La), C. Labelle,
Guide complet de la couture (Le),
  L. Chartier,
Guide de la secrétaire, M. G. Simpson,
Hatha-yoga pour tous, S. Piuze,
8/Super 8/16, A. Lafrance,
Hypnotisme (L'), J. Manolesco,
Information Voyage, R. Viau et J. Daunais,
  Ed. TM,
Interprétez vos rêves, L. Stanké,

J'installe mon équipement stéréo, T. I et II,
  J.M. Doré,
Jardinage (Le), P. Pouliot,
Je décore avec des fleurs, M. Bassili,
Je développe mes photos, A. Desilets,
Je prends des photos, A. Desilets,
Jeux de cartes, G. F. Hervey,
Jeux de société, L. Stanké,
Lignes de la main (Les), L. Stanké,
Magie et tours de passe-passe,
  I. Adair,
Massage (Le), B. Scott,
Météo (La), A. Ouellet,
Nature et l'artisanat (La), P. Roy,
Noeuds (Les), G.R. Shaw,
Origami I, R. Harbin,
Origami II, R. Harbin,
Ouverture aux échecs (L'), C. Coudari,
Parties courtes aux échecs,
  H. Tranquille,
Petit manuel de la femme au travail,
  L. Cardinal,
Photo-guide, A. Desilets,
Plantes d'intérieur (Les), P. Pouliot,
Poids et mesures, calcul rapide,
  L. Stanké,
Tapisserie (La), T.-M. Perrier,
  N.-B. Langlois,
Taxidermie (La), J. Labrie,
Technique de la photo, A. Desilets,
Techniques du jardinage (Les),
  P. Pouliot,
Tenir maison, F.G. Smet,
Tricot (Le), F. Vandelac,
Vive la compagnie, P. Daigneault,
Vivre, c'est vendre, J.M. Chaput,
Voir clair aux dames, H. Tranquille,
Voir clair aux échecs, H. Tranquille et
  G. Lefebvre,
Votre avenir par les cartes, L. Stanké,
Votre discothèque, P. Roussel,
Votre pelouse, P. Pouliot,

LE MONDE DES AFFAIRES ET LA LOI

ABC du marketing (L'), A. Dahamni,
Bourse (La), A. Lambert,
Budget (Le), collaboration,
Ce qu'en pense le notaire, Me A. Senay,
Connaissez-vous la loi? R. Millet,
Dactylographie (La), W. Lebel,
Dictionnaire de la loi (Le), R. Millet,
Dictionnaire des affaires (Le), W. Lebel,
Dictionnaire économique et financier,
  E. Lafond,

Divorce (Le), M. Champagne et Léger,
Guide de la finance (Le), B. Pharand,
Initiation au système métrique,
  L. Stanké,
Loi et vos droits (La),
  Me P.A. Marchand,
Savoir organiser, savoir décider,
  G. Lefebvre,
Secrétaire (Le/La) bilingue, W. Lebel,

PATOF

Cuisinons avec Patof, J. Desrosiers,

Patof raconte, J. Desrosiers,
Patofun, J. Desrosiers,

SANTE, PSYCHOLOGIE, EDUCATION

Activité émotionnelle (L'), P. Fletcher,
Allergies (Les), Dr P. Delorme,
Apprenez à connaître vos medicaments,
R. Poitevin,
Caractères et tempéraments,
C.-G. Sarrazin,
Comment animer un groupe,
collaboration,
Comment nourrir son enfant,
L. Lambert-Lagacé,
Comment vaincre la gêne et la timidité,
R.S. Catta,
Communication et épanouissement
personnel, L. Auger,
Complexes et psychanalyse,
P. Valinieff,
Contact, L. et N. Zunin,
Contraception (La), Dr L. Gendron,
Cours de psychologie populaire,
F. Cantin,
Dépression nerveuse (La), collaboration,
Développez votre personnalité,
vous réussirez, S. Brind'Amour,
Douze premiers mois de mon enfant (Les),
F. Caplan,
Dynamique des groupes,
Aubry-Saint-Arnaud,
En attendant mon enfant,
Y.P. Marchessault,
Femme enceinte (La), Dr R. Bradley,
Guérir sans risques, Dr E. Plisnier,
Guide des premiers soins, Dr J. Hartley,

Guide médical de mon médecin de famille,
Dr M. Lauzon,
Langage de votre enfant (Le),
C. Langevin,
Maladies psychosomatiques (Les),
Dr R. Foisy,
Maman et son nouveau-né (La),
T. Sekely,
Mathématiques modernes pour tous,
G. Bourbonnais,
Méditation transcendantale (La),
J. Forem,
Mieux vivre avec son enfant, D. Calvet,
Parents face à l'année scolaire (Les),
collaboration,
Personne humaine (La), Y. Saint-Arnaud,
Pour bébé, le sein ou le biberon,
Y. Pratte-Marchessault,
Pour vous future maman, T. Sekely,
15/20 ans, F. Tournier et P. Vincent,
Relaxation sensorielle (La), Dr P. Gravel,
S'aider soi-même, L. Auger,
Soignez-vous par le vin, Dr E. A. Maury,
Volonté (La), l'attention, la mémoire,
R. Tocquet,
Vos mains, miroir de la personnalité,
P. Maby,
Votre personnalité, votre caractère,
Y. Benoist-Morin,
Yoga, corps et pensée, B. Leclerq,
Yoga, santé totale pour tous,
G. Lescouflar,

SEXOLOGIE

Adolescent veut savoir (L'),
Dr L. Gendron,
Adolescente veut savoir (L'),
Dr L. Gendron,
Amour après 50 ans (L'), Dr L. Gendron,
Couple sensuel (Le), Dr L. Gendron,
Déviations sexuelles (Les), Dr Y. Léger,
Femme et le sexe (La), Dr L. Gendron,
Helga, E. Bender,
Homme et l'art érotique (L'),
Dr L. Gendron,
Madame est servie, Dr L. Gendron,

Maladies transmises par relations
sexuelles, Dr L. Gendron,
Mariée veut savoir (La), Dr L. Gendron,
Ménopause (La), Dr L. Gendron,
Merveilleuse histoire de la naissance (La),
Dr L. Gendron,
Qu'est-ce qu'un homme, Dr L. Gendron,
Qu'est-ce qu'une femme, Dr L. Gendron,
Quel est votre quotient psycho-sexuel?
Dr L. Gendron,
Sexualité (La), Dr L. Gendron,
Teach-in sur la sexualité,
Université de Montréal,
Yoga sexe, Dr L. Gendron et S. Piuze,

SPORTS (collection dirigée par Louis Arpin)

ABC du hockey (L'), H. Meeker,
Aikido, au-delà de l'agressivité,
M. Di Villadorata,
Bicyclette (La), J. Blish,

Comment se sortir du trou au golf,
Brien et Barrette,
Courses de chevaux (Les), Y. Leclerc,

Ouvrages parus à
L'ACTUELLE

Les nouvelles parutions aux Editions de l'Homme

Art culinaire

Documents, biographies

Encyclopédies

Esthétique et vie moderne

Linguistique

Littérature

Livres pratiques, loisirs

Guide du propriétaire et du locataire, M. Bolduc, M. Lavigne, J. Giroux
Guide du véhicule de loisir, D. Héraud
Guitare (La), P. Collins
Jeu de la carte et ses techniques (Le), C. Durand
Magie par la science (La), W. B. Gibson
Mécanique de mon auto (La), Edition abrégée du Time Life Book of the Family Car
Navigation de plaisance au Québec (La), R. Desjardins-Ledoux, A. Ledoux
Observations sur les insectes (Mes), P. Provencher
Observations sur les mammifères (Mes), P. Provencher
Observations sur les oiseaux (Mes), P. Provencher
Observations sur les poissons (Mes), P. Provencher
Papillons du Québec (Les), B. Prévost, C. Veilleux
Petit livre du vin (Le), A. Arnoldi
Races de chats, chats de race, C. d'Orangeville
Races de chiens, chiens de race, C. d'Orangeville
Scrabble (Le), D. Gallez
Techniques du billard, P. Morin
Terrariums (Les), K. Kayatta et S. Schmidt
Tout sur le macramé, V. I. Harvey
Trouvailles de Clémence (Les), C. Desrochers

Le Monde des affaires et la loi

Abris fiscaux (Les), R. Pouliot et al.
Loi et vos droits (La), Me P.-E. Marchand (Edition revue et corrigée)
Rapport d'impôt (Mon), R. Pouliot et al.
Règles d'or de la vente (Les), G. N. Kahn

Santé, Psychologie, éducation

Aidez votre enfant à lire et à écrire, L. Doyon-Richard
Bien dormir, Dr J.-C. Paupst
Conseils de mon médecin de famille (Les), Dr M. Lauzon (Edition revue et corrigée)
Contrôlez votre poids, Dr J.-P. Ostiguy
Développement psychomoteur du bébé, D. Calvet
Facteur chance (Le), M. Gunther
Futur père, Y. Pratte-Marchessault
J'aime, Y. St-Arnaud
Préparez votre enfant à l'école, L. Doyon-Richard
Santé et joie de vivre, Dr J.-P. Ostiguy
Se connaître soi-même, G. Artaud
Séparation du couple (La), Dr R. S. Weiss
Vaincre ses peurs, Dr L. Auger

Vouloir c'est pouvoir, R. Hull
Yoga des sphères (Le), B. Leclercq

Sexologie

Plaisir partagé (Le), H. G. Bishop
Sexualité et la femme enceinte (La), E. Bing, L. Colman

Sports

Armes de chasse (Les), C. Petit-Martinon
Canadiens, nos glorieux champions (Les), D. Brodeur, Y. Pedneault
Chasse photographique (La), L.-P. Coiteux
Jeu défensif au hockey (Le), H. Meeker
Karaté et la femme (Le), R. Lesourd
Nadia, D. Brodeur, B. Aubin
Pêche à la mouche (La), S. Marleau
Pistes de ski de fond au Québec (Les), C. Veilleux, B. Prévost
Règlements de la ligue nationale du hockey, L.N.H.
Ski avec Nancy Greene (Le), N. Greene, A. Raine
Ski nautique (Le), G. Athans jr, C. Ward
Squash (Le), Jim Rowland
Techniques du hockey en U.R.S.S.

Bricolage Maison

Appareils électro-ménagers: entretien et réparation (Les)
Culture des fleurs, des fruits et des légumes (La)
Décapage, le rembourrage et la finition des meubles (Le)
Décoration intérieure (La)
Dessiner et aménager son terrain
Entretenir et embellir sa maison
Entretien et réparation de la maison: chauffage, plomberie et air conditionné
Fabriquer soi-même des meubles
Menuiserie: les notions de base (La)
Meubles: comment les réparer et les rajeunir (Les)
Outils électriques: quand et comment les utiliser (Les)
Outils manuels: quand et comment les utiliser (Les)
Petits appareils électriques: entretien et réparation (Les)
Piscines, barbecues et patios

A paraître:

Comment aménager une salle de séjour
Comment utiliser l'espace disponible dans sa maison

Imprimé au Canada

Printed in Canada